Fabian Scheidler

Der Stoff, aus dem wir sind

AF643569

PIPER

Zu diesem Buch

Die Klima- und Umweltkrise, die in das größte Artensterben seit 66 Millionen Jahren geführt hat und auch das Überleben der Menschheit infrage stellt, hat ihre Ursachen nicht zuletzt in einem reduzierten, mechanischen Verständnis der Natur. Fabian Scheidler zeigt, wie sich die Vorstellung einer durch und durch berechenbaren, maschinenartigen Welt zusammen mit dem Kapitalismus über die letzten 400 Jahre entwickelt hat – bis hin zum Geo-Engineering und den digitalen Fantasien des Silicon Valley. Währenddessen haben die Wissenschaften selbst jedoch eine ganz andere Entwicklung genommen: Von der Quantenphysik über die moderne Biologie bis zur Bewusstseinsforschung haben sie eine Welt zutage gefördert, die auf Verbundenheit, Selbstorganisation, Empathie und Kreativität beruht. Dieses Buch macht eindrücklich klar, dass diese Prinzipien auch die Grundlage einer zukunftsfähigen Politik, Wirtschaft und Bildung sind.

Fabian Scheidler studierte Philosophie, Geschichte und Theaterregie. Als Publizist schreibt er seit vielen Jahren über globale Gerechtigkeit und wurde mit dem Otto-Brenner-Medienpreis für kritischen Journalismus ausgezeichnet. Außerdem arbeitet er als Autor und Dramaturg für das Theater. Sein Buch »Das Ende der Megamaschine. Geschichte einer scheiternden Zivilisation« wurde in mehrere Sprachen übersetzt. Es folgten »Chaos. Das neue Zeitalter der Revolutionen«, das zum Spiegel-Bestseller im Bereich »Wirtschaft« wurde, »Die volle und die leere Welt. Essays und Bilder« sowie »Das geistige Feld. Essentialien des Theaters«.

www.fabian-scheidler.de

Fabian Scheidler

DER STOFF AUS DEM WIR SIND

Warum wir Natur und Gesellschaft neu denken müssen

PIPER

Mehr über unsere Autorinnen, Autoren und Bücher:

www.piper.de

Inhalte fremder Webseiten, auf die in diesem Buch hingewiesen wird, macht sich der Verlag nicht zu eigen und übernimmt dafür keine Haftung.
Wir behalten uns eine Nutzung des Werks für Text und Data Mining im Sinne von § 44b UrhG vor.

Unser Versprechen für mehr Nachhaltigkeit
• Klimaneutrales Produkt
• FSC®-zertifiziertes Papier
• Hergestellt in Europa

FSC www.fsc.org MIX Papier | Fördert gute Waldnutzung FSC® C021394

Aktualisierte Taschenbuchausgabe
ISBN 978-3-492-32063-4
März 2024
© Piper Verlag GmbH, München 2021
Umschlaggestaltung: Büro Jorge Schmidt, München
Umschlagmotiv: Bilder unter Lizenzierung von Shutterstock.com genutzt
Satz: Eberl & Koesel Studio GmbH, Krugzell
Gesetzt aus der Minion Pro
Litho: Lorenz & Zeller, Inning am Ammersee
Gedruckt von ScandBook in Litauen
Printed in the EU

Inhalt

Einleitung

Die industrielle Zivilisation hat das Antlitz der Erde innerhalb der letzten zwei Jahrhunderte radikal verändert: An die Stelle von beinahe endlosen Wäldern und vielfältigen Kulturlandschaften sind Megastädte und Industriegebiete, Straßengeflechte und Containerhäfen, landwirtschaftliche Monokulturen und Abraumhalden getreten. Gewaltige Flussläufe wurden begradigt, umgeleitet und aufgestaut, Berge untertunnelt und gesprengt. Was auf der einen Seite als Triumph der Zivilisation über die Natur erscheint, als Beweis der Macht und Intelligenz des Menschen, erweist sich auf der anderen Seite als Verhängnis: Der vermeintliche Sieg über die Naturgewalten hat den Planeten in eine der tiefsten Krisen seiner Geschichte gesteuert. Nie zuvor seit 66 Millionen Jahren, als die Dinosaurier von der Erde weitgehend verschwanden, starben so schnell so viele Tier- und Pflanzenarten aus. Das Klimasystem nähert sich gefährlichen Kipppunkten; werden sie überschritten, drohen ganze Erdregionen unbewohnbar zu werden. Ob die Gattung *Homo* diesen Prozess letztlich überleben wird, ist alles andere als gewiss.

Obwohl all dies im Prinzip seit Jahrzehnten bekannt ist, ist unsere Zivilisation offensichtlich unfähig, ihren Kurs zu korrigieren. Weder die immer drängenderen Warnrufe von Zehntausenden Wissenschaftlern noch die Millionen von Menschen, die für die Rettung des Planeten weltweit auf die Straße gehen, haben daran etwas Wesentliches geändert. Wie ich in meinem Buch *Das Ende der Megamaschine. Geschichte einer scheiternden Zivilisation* gezeigt habe, reichen die Gründe dafür tief in die ökonomischen, politischen und ideologischen Fundamente unserer Gesellschaft hinein.[1]

Zu diesen Tiefenstrukturen gehört auch ein besonderes Verhältnis zu dem, was wir »Natur« nennen. Für die Pioniere der mechanistischen Wissenschaft, die in der Frühen Neuzeit entstand und prägend für unsere Zivilisation werden sollte, bestand die Natur aus vom Menschen getrennten Objekten, die sich beliebig zerlegen, analysieren, neu zusammensetzen und kontrollieren ließen. Alles, so schien es, könne der Mensch ergründen und schließlich beherrschen. Doch tatsächlich haben sich, wie wir im Laufe dieses Buches sehen werden, genau diese Annahmen mittlerweile auf allen Ebenen als falsch erwiesen: Erstens zeigt sich der Stoff, aus dem wir sind, als immer rätselhafter, je tiefer die Wissenschaft in ihn eindringt; zweitens lässt er sich nicht in isolierte Objekte auftrennen; und drittens führt der Versuch einer totalen Kontrolle über die Natur geradewegs in den ökologischen Kollaps – und damit in einen zunehmenden Kontrollverlust.

Doch diese Erkenntnisse haben sich bisher in unserem alltäglichen Bewusstsein und Handeln nicht durchsetzen können. Wir sprechen noch immer selbstverständlich so, als sei die Natur etwas, das unabhängig von uns »da draußen« existiert, eine »Umwelt«, die uns umgibt, während wir selbst einer anderen Sphäre angehörten: der »Zivilisation«. Wir tun so, als würden uns die Verwerfungen in der Biosphäre kaum mehr angehen als ein Film auf einer Leinwand, den wir bei Bedarf einfach abschalten können. Inzwischen bewegen wir uns die meiste wache Zeit in einer digitalen Technosphäre, in der die nicht menschengemachte Welt nur noch als Bild, als Datensatz vorkommt. Diese Trennung ist das Ergebnis eines jahrhundertelangen Prozesses, der nicht nur unser Denken und unseren Alltag durchzieht, sondern auch unsere ökonomischen, politischen und wissenschaftlichen Institutionen.

Doch so hoch die Mauern auch sind, die wir durch Technik zwischen uns und der »Umwelt« errichten, so sehr erweisen sie sich am Ende als Illusion. Durch Atmung und Stoffwechsel werden alle zwei Monate sämtliche Atome meiner Leber ausgetauscht, alle sechs Wochen die meiner Haut.[2] Was eben noch »da draußen« war, ist im nächsten Moment ein Teil von mir. Und umgekehrt. Der Stoff da draußen ist unser Stoff. Was wir ihm antun, tun wir letztlich uns selbst an. Die Ausbreitung von Pandemien zeigt das sehr anschaulich, schließlich stammt ein Großteil der neuen Erreger, die unsere Atemwege und Immunsysteme befallen, von wilden Tieren, deren Habitate zerstört wurden.[3] Die Vorstellung, es gebe eine von uns getrennte Natur, mit der wir beliebig verfahren können, die wir abbaggern, aufheizen, zerlegen, neu zusammensetzen und kontrollieren können wie ein Bauingenieur seine Materialien, ist eine tödliche Täuschung.

Dieses Buch erkundet die Ursprünge jener Illusion der Trennung, die tief in der westlichen Zivilisation verankert ist. Dabei zeigt es, wie die modernen Naturwissenschaften, die oft herangezogen werden, um die technische Herrschaft über die Natur zu legitimieren, tatsächlich eine Welt entdeckt haben, die keineswegs auf Trennung, sondern auf Verbundenheit, nicht auf Herrschaft, sondern auf Selbstorganisation beruht. Diese Erkenntnisse können entscheidend dabei helfen, die ideologischen Verengungen unserer Weltsichten zu überwinden und Auswege aus der gegenwärtigen zivilisatorischen Sackgasse zu finden.

Der Stoff, aus dem wir sind

Die meisten von uns haben in der Schule gelernt, dass sich der Stoff, aus dem wir sind, im Innersten aus kleinen Kügelchen zusammensetzt: aus Atomen und Elementarteilchen. Im Chemielabor wurden uns Steckmodule von Molekülen gezeigt und im Physikunterricht Modelle, in denen sich Elektronen um einen festen Atomkern drehen wie Planeten um die Sonne. Fortgeschrittene dürfen das Standardmodell der Elementarteilchenphysik studieren, das die verschiedenen Partikel in einer Tabelle wohlgeordnet auflistet. Die Welt gleicht in dieser Sichtweise einem Lego-Bausatz mit sehr kleinen, fein säuberlich getrennten Bausteinen, aus denen sich alles zusammensetzen lässt, ob Planeten, Bakterien oder Menschen.

Doch diese so überschaubare und praktische Vorstellung von der Welt hat einen Nachteil: Sie ist vollkommen falsch. Seit den Revolutionen der Relativitätstheorie und der Quantenphysik vor einhundert Jahren hat die Physik erkennen müssen, dass im Inneren der Materie nichts Festes, Greifbares existiert, sondern nur schwingende Felder von Energie, die im Prinzip das ganze Universum durchziehen. Die scheinbar getrennten Dinge und Wesen sind tatsächlich in *einem* großen Gewebe miteinander verbunden. Die Felder, welche die Grundlage unserer Existenz bilden, verhalten sich so seltsam, dass sie unsere Vorstellungen von Raum, Zeit und Kausalität grundlegend herausfordern (Kapitel 1).

Zugleich gibt der Stoff, aus dem wir sind, noch aus anderen Gründen Rätsel auf. Denn aus ihm kann etwas entstehen, das sich auch auf der makroskopischen Ebene vollkommen anders verhält als die Kugeln und schiefen Ebenen aus dem Physikunterricht: Leben. Während eine Kugel, die ich sanft anstoße, eine abschüssige Ebene hinunterrollen wird, kann ein Mensch, den ich sanft berühre, einen ganzen Berg hinaufsteigen. Lebewesen agieren und reagieren vollkommen anders als nichtlebende physikalische Objekte, und aus diesem Grund hat eine Biologie, die versucht, Leben allein aus mechanischen Vorgängen zu erklären, bis heute enorme Schwierigkeiten, das Verhalten von lebenden Wesen angemessen zu verstehen, geschweige denn zu erklären. Allen gewaltigen technischen Fortschritten zum Trotz.

Das wohl hartnäckigste Rätsel dabei ist die Tatsache, dass Lebewesen, zum Beispiel Menschen, sich nicht nur vollkommen anders verhalten als andere physikalische Objekte, sondern auch ein Innenleben entfalten, das sich von außen nicht direkt beobachten lässt. Eine farbenblinde Hirnforscherin etwa, die alles über die Biochemie unseres Körpers weiß, kann trotzdem beim besten Willen nichts darüber in Erfahrung bringen, wie es ist, die Farbe Blau zu sehen, denn sie gehört jenem seltsamen Reich der Innenwelten an, das nicht aus messbaren und zählbaren *Dingen* besteht, sondern aus erlebten Qualitäten. Wenn ich einen Apfel esse, dann verwandelt mein Stoffwechsel ihn nicht nur in neues Leber- und Hautgewebe, sondern auch in Gedanken, Träume und Empfindungen. Der Apfel verbrennt zu Geist, zu Gefühl. Was ist das für eine seltsame Substanz, die zugleich Stoff und Nichtstoff, Innen- und Außenwelt, tot und lebendig ist?

Der große Graben

Es gibt zwei Wege, etwas über diesen Stoff zu erfahren. Zum einen unsere unmittelbare Wahrnehmung. Wir wissen, wie es ist, Farben zu sehen, Musik zu hören, etwas zu riechen, Schmerz oder Freude zu empfinden. Wir wissen, wie sich ein rauer Stein anfühlt und die Haut eines anderen Menschen. Wir wissen, was es heißt, sich an jemanden zu erinnern. Dieses weite Land, dieser *Weltinnenraum*, steht jedem offen. Um ihn zu betreten, brauchen wir weder Quantenphysik noch Molekularbiologie. Wir werden in ihn hineingeboren. Er wächst mit uns. Er ist unsere primäre Wirklichkeit.

Der andere Weg ist die Beschreibung der Welt, sofern man sie in Teile zerlegen und *von außen* vergleichen, vermessen, wiegen und zählen kann. Die Naturwissenschaften haben sich auf diesen zweiten Weg begeben. Beide Wege der Erkenntnis erschließen uns etwas über die Wirklichkeit, in der wir leben. Sie lassen sich auch nicht grundlegend voneinander trennen, denn selbst die anspruchsvollste Wissenschaft kann gar nicht anders, als auf der primären Wirklichkeit unserer Wahrnehmung aufzubauen.

Doch über die Jahrhunderte hat sich ein tiefer Graben zwischen diesen beiden Welten aufgetan, ein mittlerweile schier unüberbrückbarer Abgrund. Im Jahr 1970 schrieb der französische Biochemiker und Nobelpreisträger Jacques Monod die denkwürdigen Sätze: »Der Mensch muss endlich aus seinem tausendjährigen Traum erwachen und seine totale Verlassenheit, seine radikale Fremdheit erkennen. Er weiß nun, dass er seinen Platz [...] am Rande des Universums hat, das für seine Musik taub ist und gleichgültig gegen seine Hoffnungen, Leiden oder Verbrechen.«[4] Der Graben, den Monod hier beschreibt, durchzieht die westliche Zivilisation auf allen Ebenen. Es ist die Spaltung von Natur und Kultur, Seele und Körper, Materie und Geist, Innensicht und Außensicht.[5]

Während Monod den Menschen noch als eine einsame Insel in einem tauben Universum sah, auf der es zumindest für ihn selbst noch Musik und Empfindungen gibt, gehen manche, die meinen, im Namen der Wissenschaft zu sprechen, wesentlich weiter. Sie verkünden, dass wir nur biologische Maschinen in einem seelenlosen Universum seien und unsere Innenwelt nicht mehr als eine bunte, gefühlsduselige Fassade vor einer eiskalten Wirklichkeit sei. Einige Vertreter des Silicon Valley behaupten sogar, dass sich der menschliche Geist, da er ja lediglich aus Rechenoperationen bestehe, in wenigen Jahrzehnten auf Computer »uploaden« lasse und den Körper überflüssig mache.[6] Diese »transhumanistische« Mythologie ist Teil einer langen Geschichte der Entfremdung des Menschen, die eng mit der Entwicklung unseres Wirtschafts- und Gesellschaftssystems zusammenhängt.

Dieses Buch soll zeigen, dass diese Spaltung und Entfremdung sich nicht aus den Erkenntnissen der Wissenschaften selbst speist, sondern aus ihrer selektiven und verzerrten Interpretation. Es gilt scharf zu unterscheiden zwischen tatsächlichen Forschungsergebnissen und einer technokratischen Ideologie, die Wissenschaft missbraucht, um ein bestimmtes Weltbild zu verbreiten – und nicht zuletzt auch, um handfeste monetäre Interessen durchzusetzen.

Wenn wir die Forschung von diesem ideologischen Überbau befreien, dann erscheinen die Erkenntnisse von Physik,

Chemie und Biologie der letzten Jahrhunderte in einem vollkommen anderen Licht. Statt uns eine tote Welt isolierter Objekte zu offenbaren, haben sie nämlich etwas ganz anderes zutage gefördert: ein Universum, das auf Verbundenheit, Selbstorganisation und Kreativität beruht. Weder sind wir isolierte Inseln des Empfindens und Denkens in einer tauben, sinnlosen Welt noch biologische Roboter, sondern Teil eines allesverbindenden kosmischen Selbstentfaltungsprozesses, der von der subatomaren Ebene über die Sphäre des Lebens bis in die Weiten des Universums reicht.

Diese neue Sicht wird auch von großer Tragweite dafür sein, wie wir mit der planetaren Krise umgehen, in die uns eine jahrhundertelange Ausbeutung der Natur einschließlich des Menschen gesteuert hat – eine Krise, die inzwischen nicht nur die Fortexistenz unserer Spezies gefährdet, sondern das gesamte Leben auf der Erde. Denn diese Krise beruht nicht zuletzt auf jener tiefen Spaltung zwischen einem entwurzelten, »total verlassenen« Menschen und einer zum toten Objekt degradierten Natur.

Das mechanistische Weltbild und der Tod des Universums

Als die modernen Naturwissenschaften vor gut 400 Jahren in Europa entstanden, war noch nicht ausgemacht, in welche Richtung sie sich entwickeln würden. Der Astronom, Mathematiker und Philosoph Johannes Kepler (1571 – 1630), einer der Wegbereiter der neuen Wissenschaften, glaubte etwa, dass die Erde ein lebendes Wesen sei und eine Seele besitze, die »anima terrae«. Die Vorstellung einer toten, seelenlosen Natur war ihm wie vielen anderen Renaissance-Gelehrten fremd (Kapitel 4). Kepler nahm an, dass der gesamte Kosmos, einschließlich der Erde, *ein* zusammenhängendes Ganzes sei. Das Universum war in seinen Augen in musikalischen Harmonien geordnet, die sich in bestimmten Zahlenverhältnissen spiegelten.[7]

Die Vorstellung eines toten und leeren Universums, wie es Monod später skizzierte, war zu keinem Zeitpunkt seit Kepler Konsens unter führenden Wissenschaftlern (ganz zu schweigen von der übrigen Bevölkerung und außereuropäischen Kulturen). Selbst Isaac Newton, der gemeinhin als Vollender des mechanistischen Weltbildes gilt, sah den gesamten Kosmos als eine Einheit, die zugleich geistig und materiell ist.[8]

Trotz des Einspruches hochrangiger Forscher setzte sich jedoch in Europa seit dem 17. Jahrhundert nach und nach eine »mechanistische« Konzeption der Natur durch. »Mechanistisch« bedeutet hier die Vorstellung, dass alles in der Natur berechenbaren Gesetzen von Ursache und Wirkung folgt, wie man sie etwa beim Stoß von Billardkugeln finden kann: Eine Ursache A bringt durch einen Stoß eine vorhersagbare Wirkung B hervor. Diese Art zu denken wurzelt in einer grundlegenden menschlichen Erfahrung von Kausalität. Kleine Kinder etwa haben große Freude daran, herauszufinden, wie sie durch Schieben, Ziehen und Stoßen Dinge bewegen können. Wenn man etwas ihrem Blick zunächst entzieht und dann heimlich verschwinden lässt, suchen sie intuitiv nach einer mechanischen Ursache: Jemand oder etwas muss dieses Ding verschoben oder weggenommen haben.[9] Diese Hypothese von Kausalität durch Berührung und Krafteinwirkung ist für einen bestimmten Bereich von Erscheinungen ausgesprochen hilfreich und plausibel, sie hat einen wichtigen evolutionären Sinn, vor allem, was die Tätigkeit mit unseren Händen und den Gebrauch von Werkzeugen angeht.

Kinder lernen aber mindestens ebenso früh auch noch eine ganz andere Art von Kausalität kennen, die ohne Berührung funktioniert und weit weniger vorhersagbar ist. Ich weine, und jemand kommt (manchmal aber auch nicht); ich bewege mich ruckartig, und die Katze verkriecht sich blitzschnell unter dem Sofa (manchmal aber auch nicht); ich lache, und jemand anders lacht mit (manchmal aber auch nicht). Das

Kind lernt auf diese Weise, dass die Kausalität in der Welt der Lebewesen ganz anders funktioniert als in der Welt von Bauklötzen und Babyrasseln; dass Lebewesen nicht allein auf Stöße reagieren, sondern auch und vor allem auf Gesten, Zeichen und Laute. Und auch diese Erkenntnis hat einen fundamentalen, lebenswichtigen Sinn.

Die mechanistische Philosophie und Wissenschaft in ihrer reinen Form nun behauptet, dass diese zweite Form der Kausalität eine Illusion sei; dass also auch das Leben, genau wie die Welt der Bauklötze, in Wahrheit auf Stößen von Partikeln beruhe, die nur so klein seien, dass wir sie mit bloßem Auge nicht sehen können. Aus dieser Hypothese formulierten die frühen Mechanisten im 17. Jahrhundert ein umfassendes Forschungs- und Welterklärungsprogramm, das einen ebenso universalen Wahrheitsanspruch wie das Christentum geltend machte – wobei die neuen Gewissheiten nicht aus heiligen Schriften zu beziehen seien, sondern aus überprüfbaren Experimenten.[10]

Doch je mehr die Wissenschaft über die Jahrhunderte in die Materie eindrang und sie in immer kleinere Teile zerlegte, desto mehr entzog sie sich ihr. Atome erwiesen sich nicht als feste Kügelchen, sondern als zusammengesetzt aus lauter noch kleineren Einheiten, die sich bei näherer Betrachtung in substanzlose Energie- oder gar Wahrscheinlichkeitswellen auflösten.

Währenddessen versuchten Biologen, das Leben als eine Art Uhrwerk zu verstehen, so wie man zuvor die Himmelsmechanik wie ein Uhrwerk studiert hatte. Doch die Prämisse, dass die Welt ausschließlich von mechanischen Ursachen bewegt sei, führte unweigerlich dazu, dass die Forscher das, was Leben ausmacht, nicht zu fassen bekamen. Die Eigendynamik, Spontaneität und Kreativität des Lebendigen blieben ebenso unerklärlich wie das Phänomen des Bewusstseins. War zuvor, in einem als lebendig verstandenen Kosmos, der Tod das große Rätsel, so schien nun, in einem Universum aus toter Materie, das Leben ein verwirrendes Mysterium.

Die Entdeckungsreisen und Irrfahrten der Physik und Biologie haben, das ist eine der wesentlichen Thesen dieses Buches, die Rätsel unserer Existenz keineswegs gelöst, sondern vertieft, präzisiert und in immer größerer Deutlichkeit hervortreten lassen. Das ist keineswegs nur eine Niederlage, sondern auch ein großes Verdienst. Denn sie zwingen uns, wenn wir sie ernst nehmen, dazu, unser Bild des Universums und unserer selbst grundlegend zu überdenken.

Naturwissenschaften in der modernen Megamaschine

Die Durchsetzung der mechanistischen Philosophie spielte sich nicht zufällig in der Zeit eines gewaltigen gesellschaftlichen Umbruchs ab: der Entstehung des kapitalistischen Weltsystems. Während Galileo Galilei am Anfang des 17. Jahrhunderts an den Fallgesetzen arbeitete und die Phasen der Venus mit seinem selbstgefertigten Teleskop studierte, eröffnete in Amsterdam die erste Aktiengesellschaft der Welt und wenig später die erste dauerhafte Wertpapierbörse.[11] Zugleich schufteten Zehntausende indigener Zwangsarbeiter in den spanischen Silberminen Boliviens, um den rasant wachsenden Geldhunger Europas zu befriedigen. Ein beträchtlicher Teil dieses Silbers wiederum floss durch die Hände Genueser und Augsburger Bankiers in die boomende Rüstungsindustrie, die Kriege bisher unbekannter Zerstörungskraft ermöglichte.[12] Galileo selbst verwandelte sein Haus in Padua in eine Art Militärakademie, wo er Offiziere in Kriegsführung, Geometrie und Festungsbau unterrichtete. Das von ihm entwickelte Fernrohr sollte ursprünglich vor allem militärischen Zwecken dienen. Und das Silbergeld, das er verdiente, stammte mit einiger Wahrscheinlichkeit aus den Minen Südamerikas.

Die Verbindung von endloser Geldvermehrung, staatlichem Expansionsdrang und rasanter technischer Entwicklung sollte diese moderne »Megamaschine« zum dynamischsten und aggressivsten System der Weltgeschichte machen.[13] Sowohl der Kapitalismus als auch die modernen Naturwissenschaften und ihre technischen Anwendungen haben seit dieser Zeit einen Siegeslauf um die Welt angetreten. In ihrem Zusammenwirken haben sie einem Teil der Weltbevölkerung nie dagewesenen materiellen Reichtum beschert. Doch zugleich befinden wir uns heute in einer ebenso beispiellosen globalen Krise: durch Klimachaos, ein rasantes Artensterben, die Plünderung von Böden, Wäldern und Gewässern und nicht zuletzt durch Atomwaffen. Keine Zivilisation in der Geschichte der Menschheit hat je ein solches planetares Zerstörungspotenzial entfaltet.

Obwohl immer wieder gesagt wird, dass wir in einer Wissens- oder gar Wissenschaftsgesellschaft leben, zeigt sich diese Zivilisation seltsam unfähig, adäquate Antworten auf diese epochalen Krisen zu finden. Klimawissenschaftlerinnen, Atomphysiker und Biologinnen, die seit Jahrzehnten auf einen Kurswechsel drängen, finden bei den politischen und ökonomischen Steuerleuten der Großen Maschine kaum Gehör. Ernsthafte Programme für einen grundlegenden und raschen Umbau der Gesellschaft sind nicht in Sicht. Stattdessen sehen wir Lippenbekenntnisse, Ablenkungsmanöver und bestenfalls einige lächerlich unzureichende kosmetische Reparaturen, während die Zerstörung der Biosphäre nicht nur ungebremst, sondern beschleunigt voranschreitet. Wissenschaft scheint nur so lange willkommen zu sein, wie sie Technologien bereitstellt, die der Geld- und Machtakkumulation dienen; sobald sie aber unbequeme Wahrheiten liefert, die Sand ins Getriebe streuen könnten, werden ihre Erkenntnisse ignoriert. Obwohl unser Leben immer mehr von Technik und Wissenschaft geprägt wird, erweist sich unsere Gesellschaft ausgerechnet, wenn es um unser Überleben geht, als strukturell irrational.

Die Ideologie des Getrenntseins

Der Hauptgrund für die Krise des Lebens auf der Erde ist die Ausbreitung eines Wirtschaftssystems, das ohne permanente Expansion, ohne endloses Wachstum nicht existieren kann. 400 Jahre nach der Gründung der ersten Aktiengesellschaft wird der Planet heute von einigen Hundert bürokratischen Monstern beherrscht und ausgebeutet, deren einziger Zweck die endlose Vermehrung von Geld ist. Koste es, was es wolle.[14]

Die Macht dieses Systems gründet aber nicht nur in seinen wirtschaftlichen und politischen Strukturen, sondern auch in einer Ideologie, die dazu dient, diese Verhältnisse zu rechtfertigen und als Inbegriff der *Natur* erscheinen zu lassen. Und hier kommt die technokratische Mythologie ins Spiel. Obwohl die moderne Physik tatsächlich das mechanistische Weltbild längst überwunden hat, ist im Schulunterricht noch immer von kugelförmigen Elektronen die Rede, die um einen festen Atomkern kreisen – als habe es die quantentheoretische Revolution niemals gegeben. Nicht nur in Schul- und Lehrbüchern, sondern auch in zahllosen populärwissenschaftlichen Schriften und Filmen wird weiterhin der Eindruck vermittelt, die Welt bestehe in ihren tiefsten Schichten aus isolierten *Objekten*. Doch genau diese Sichtweise hat sich bereits vor 100 Jahren als fundamental falsch erwiesen. Wie es der Quantenphysiker Hans-Peter Dürr, ein langjähriger Mitarbeiter von Werner Heisenberg, formulierte: »Wir haben festgestellt, dass die kleinsten Teilchen überhaupt nicht mehr die Eigenschaft von Materie haben, sondern dass die Materie verschwindet. Was bleibt, sind eigentlich nur Beziehungsstrukturen.«[15] Solche Einsichten haben allerdings bisher kaum Eingang in die populäre Vermittlung von Wissenschaft und ins allgemeine Bewusstsein gefunden.

Der Grund dafür ist offensichtlich: Die Ideologie des Getrenntseins, die behauptet, die Welt gleiche einem Baukasten, ist zu fundamental für unsere Wirtschaftsweise, als dass man sie einfach aufgeben könnte. Denn unser Wirtschaftssystem braucht genau diese Art von Welt, nämlich überall frei verfügbare und kombinierbare Ressourcen, die man ohne Rücksicht auf ihre Einbettung in ökologische Zusammenhänge herausreißen und anderswo verwerten kann. Es braucht außerdem atomisierte Menschen, die ebenfalls frei kombinierbar und einsetzbar sind und möglichst wenige soziale und kulturelle Beziehungen unterhalten, die ihre Verwertbarkeit beeinträchtigen könnten.

Daher ist es sehr nützlich zu behaupten, der Mensch sei *von Natur aus* ein verlassenes, beziehungsloses Geschöpf in einer seelenlosen, kalten Welt. Damit lassen sich nämlich die konkreten gesellschaftlichen Vorgänge verschleiern, die zu dieser Situation geführt haben. Der Triumphzug der modernen Megamaschine hat gewachsene soziale Beziehungen und Kulturen über Jahrhunderte zerstört, sowohl in Europa als auch in der kolonisierten Welt. Die »totale Verlassenheit« Monods ist, wie wir in Kapitel 4 sehen werden, das Ergebnis dieses gewaltsamen, traumatisierenden Prozesses, nicht Teil einer unabänderlichen *conditio humana*.

In diesem Buch soll der dunkle Schleier, den die technokratische Ideologie über die Welt und das menschliche Dasein geworfen hat, gelüftet werden, und zwar mithilfe der Wissenschaften selbst. Was darunter zum Vorschein kommt, ist keineswegs eine trostlose Weltmaschine aus toten, isolierten Einzelteilen, sondern ein Kosmos voller Lebendigkeit und Verbundenheit. Mit jedem Atemzug sind wir mit unserer menschlichen, tierischen, pflanzlichen und mikrobiellen Mitwelt und sogar dem gesamten Universum existenziell verknüpft. Diese Verbundenheit und die damit einhergehende Verantwortung wiederzuentdecken, ist ein wesentlicher Teil des tiefen gesellschaftlichen Wandels, den wir brauchen, um der fortschreitenden Zerstörung unserer Lebensgrundlagen zu entgehen.

Teil I

Die verkannte Natur

1 Stoff

Wir sind aus solchem Stoff
wie Träume sind, und unser kleines Leben
ist von einem Schlaf umringt.[1]
William Shakespeare

Aufstieg und Krise der mechanistischen Physik

Die Physik galt lange als die Leitwissenschaft der Neuzeit. Ihr Anspruch war, zu ergründen, »was die Welt im Innersten zusammenhält«, von den kleinsten subatomaren Größenordnungen bis in die Weiten des Universums. Sie war und ist einerseits die philosophischste aller Wissenschaften, weil sie die letzten Fragen über Wesen und Ursprung von Materie, Zeit, Raum und Energie zu beantworten sucht; andererseits bildeten ihre Entdeckungen auch die Grundlage für entscheidende technische Erfindungen, die erhebliche Bedeutung für die Geschichte des modernen Weltsystems erlangten, von der Entwicklung der Feuerwaffen über die Dampfmaschine, den Verbrennungsmotor und das Fernsehen bis zur Atombombe und zum Internet.

Doch die mächtigen Technologien täuschen leicht darüber hinweg, dass die Physik seit langer Zeit in eine tiefe Krise geraten ist, die – wie wir noch sehen werden – bereits mit Isaac Newton begann und sich mit den Entdeckungen der Relativitäts- und Quantentheorie erheblich verschärfte. In den vergangenen 40 Jahren hat sie trotz zahlreicher Erfolge im Bereich technischer Anwendungen keine wirklich großen Erkenntnisdurchbrüche mehr erzielt. Die großen Fragen, welche die Revolutionen Einsteins und der Quantenphysik vor 100 Jahren aufgeworfen haben, sind im Wesentlichen unbeantwortet geblieben. Währenddessen sind neue, noch größere offene Fragen hinzugekommen, die sich hinter Chiffren wie »dunkle Materie« oder »dunkle Energie« verbergen. Um die zunehmenden Rätsel zu lösen, postulieren manche Theoretiker Dinge wie »eingerollte Raumdimensionen« oder »Paralleluniversen«, für die es nicht nur keine Belege gibt, sondern keine denkbaren Experimente, die ihre Existenz bekräftigen oder widerlegen könnten. Die Formelgebäude werden immer imposanter, doch der Stoff, aus dem wir sind, scheint sich zugleich dem Zugriff der Physik immer weiter zu entziehen.

Von Geld und Atomen

Um zu verstehen, was uns die Geschichte der Physik über den Stoff, aus dem wir sind, zu sagen hat, müssen wir zunächst weit in die Vergangenheit zurückgehen, und zwar bis in die griechische Antike, als einige der Grundlagen der neuzeitlichen Physik erstmals formuliert wurden. In der Zeit von 600 bis 500 vor unserer Zeitrechnung ereigneten sich in Kleinasien zwei Umwälzungen, die für die Geschichte der westlichen Zivilisation entscheidende Bedeutung erlangen sollten. In den Griechisch sprechenden Städten Ioniens wurden etwa gleichzeitig das Münzgeld erfunden und die Grundlage der westlichen Wissenschaft und Philosophie geschaffen. Lange wurde diese bemerkenswerte Koinzidenz in Raum und Zeit von der Forschung kaum beachtet. Der britische Historiker Richard Seaford aber wies darauf hin, dass diese Gleichzeitigkeit kein Zufall war.[2] Die »vorsokratischen« Philosophen, von Thales bis Empedokles, spekulierten über den Grundstoff aller Dinge, über die innersten Bausteine der Welt, aus denen sich alle anderen Stoffe, wie sie glaubten, zusammensetzten. Demokrit prägte dafür um 500 v. Chr. den Begriff des A-toms, des Unteilbaren. Demokrit und seine Philosophenkollegen lebten in der ersten durchkommerzialisierten Gesellschaft der Geschichte, in der ein Großteil der Beziehungen durch den Tausch von Geld gegen Waren und Arbeitskraft geregelt wurde. Es war die Heimat des historischen Krösus und des mythischen Königs Midas, dem sich alles, was er anfasste, in Gold verwandelte.[3]

Geld verlieh seinen Besitzern geradezu magische Kräfte. Nicht nur alle denkbaren Güter konnte man kaufen, sondern auch menschliche Beziehungen und Macht, etwa indem man Gefolgsleute, Söldner und Prostituierte mietete. Mit dem Geld gab es erstmals einen Stoff, der sich in fast alles andere konvertieren ließ. Seaford argumentiert, dass es die Erfahrung dieser unpersönlichen und allmächtigen Substanz war, die den Hintergrund lieferte für die atomistische Theorie eines abstrakten Stoffes, der sich in alles verwandeln kann. In Indien, wo das Münzgeld etwa zur selben Zeit eingeführt wurde, entstand ebenfalls ab dem 6. Jahrhundert v. Chr. eine atomistisch-materialistische Naturphilosophie, sowohl in vedischen als auch in jainistischen und etwas später buddhistischen Traditionen.[4]

Die Geldwirtschaft zerschnitt das komplexe Geflecht menschlicher Beziehungen und ersetzte es durch eine Wettkampfarena, in der vereinzelte Individuen (damals ausschließlich freie Männer) miteinander um die Anhäufung von Geld konkurrierten. Das lateinische Wort *in-dividuum* ist nicht zufällig die Übersetzung des griechischen *á-tomos*: das Unteilbare. Die Projektion dieser gesellschaftlichen Verhältnisse auf die Natur trug in Wissenschaft und Philosophie zu der Vorstellung bei, dass die Welt aus unverbundenen Atomen besteht, die durch einen leeren Raum jagen. Oder wie Demokrit es ausdrückte: »Nur scheinbar hat ein Ding eine Farbe, nur scheinbar ist es süß oder bitter; in Wirklichkeit gibt es nur Atome und leeren Raum.«[5] Übertragen auf die gesellschaftliche Realität könnte man es auch so formulieren: Nur scheinbar gibt es echte menschliche Beziehungen, nur scheinbar gibt es Empfindungen; in Wahrheit gibt es nur Geld und einen leeren, kalten Raum zwischen den Menschen. Ein Echo Demokrits hören wir zweieinhalb Jahrtausende später in Monods

Diagnose einer »totalen Verlassenheit« und »radikalen Fremdheit« des Menschen im Universum.[6]

Für den Befund, dass Geldwirtschaft und Atomistik historisch verbunden sind, spricht auch die Tatsache, dass die atomistische Weltsicht mit dem Niedergang der Geld- und Marktökonomie im europäischen Mittelalter weitgehend verschwand[7] und erst in der Neuzeit wiederauferstand – und zwar just zu der Zeit, als die kapitalistische Geldökonomie begann, die westlichen Gesellschaften zu durchdringen. Mit Francis Bacon und mechanistischen Naturforschern wie Pierre Gassendi, René Descartes, Robert Boyle und Christiaan Huygens erlebte der Atomismus im 17. Jahrhundert einen enormen Aufschwung.[8] Die große Hoffnung dieser Forscher war, dass sich alles, was wir in der »materiellen Welt« beobachten können, aus einigen einfachen mechanischen Gesetzen erklären – und damit auch vorhersagen – ließe. Mit »mechanisch« war dabei gemeint, dass jede Bewegung nur durch Stöße von festen Körpern zustande kommen kann. Diese Ideen wurden in einer Zeit dominant, als immer größere Teile der Welt der expandierenden Maschinerie aus endloser Geldvermehrung und Militärstaat unterworfen wurden. Die Idee der Berechenbarkeit und Beherrschbarkeit in der Wissenschaft spiegelte die Verhältnisse in Ökonomie und Staat (siehe Kapitel 4).[9]

Die Rätsel der Gravitation und des Lichts

Doch je weiter die Forscher auf diesem Weg voranschritten, desto größer wurden auch die Schwierigkeiten. Die Krise des mechanistischen Weltbildes begann bereits mit Isaac Newton (1643 – 1727), dessen Werk oft als Gipfelpunkt dieser Weltsicht angesehen wird. Newtons Bewegungsgesetze waren ein entscheidender Durchbruch in der Wissenschaftsgeschichte. Ihr Kern bestand darin, die Schwerkraft und die Bewegung der Planeten, die bisher als vollkommen verschiedene Phänomene wahrgenommen wurden, in *einem* Gedanken- und Formelgebäude zusammenzubringen und aus denselben Prinzipien abzuleiten. Die Schwerkraft, so Newtons Entdeckung, war nicht nur dafür verantwortlich, dass Äpfel von Bäumen fallen, sondern auch dafür, dass Planeten auf ihren Bahnen um die Sonne bleiben, für Ebbe und Flut und viele andere Phänomene. Hatte man zuvor geglaubt, im Himmel und auf Erden gälten verschiedene Gesetze, so konnte Newton erstmals universelle Prinzipien formulieren.[10]

Newtons Triumph hatte allerdings einen entscheidenden Schatten aus Sicht der mechanistischen Philosophie: Er führte unweigerlich zu dem Schluss, dass es mit der Gravitation eine Kraft gab, die offenbar quer durch den leeren Raum ohne jede Berührung wirkte. Die Idee einer solchen »spukhaften Fernwirkung«, wie Einstein es später ausdrückte, bestürzte Newton und erschütterte ihn in seinen Grundüberzeugungen. 1692 schrieb er dazu:

> Dass ein Körper auf einen anderen über eine Entfernung durch Vakuum hindurch und ohne die Vermittlung von etwas Sonstigem wirken soll, ist für mich eine so große Absurdität, dass ich glaube, kein Mensch, der eine in philosophischen Dingen geschulte Denkfähigkeit hat, kann sich dem jemals anschließen. Gravitation muss durch einen Vermittler verursacht werden, welcher beständig und nach bestimmten Gesetzen wirkt.[11]

Newton glaubte daran, dass ein solcher »Vermittler« in der Zukunft gefunden werden könnte. Doch das sollte nie der Fall sein. Newton war nicht der Einzige, der die mysteriöse Anziehungskraft als Absurdum ansah. Sein Zeitgenosse Leibniz etwa beschuldigte ihn, »okkulte Ideen«, die man überwunden geglaubt hatte, wieder in die Physik einzuführen.[12]

In den folgenden zwei Jahrhunderten sah sich die Physik mit einer Reihe von weiteren Problemen ähnlichen Typs konfrontiert. Eines davon war die Frage, was die physikalischen Grundlagen des Lichtes seien. Newton hatte geglaubt, Licht bestehe aus winzigen Partikeln (»Korpuskeln«), die durch den leeren Raum fliegen und auf die Netzhaut treffen. Doch 1802 wies der englische Augenarzt und Physiker Thomas Young durch sein berühmtes Doppelspaltexperiment nach, dass sich Licht wie »Wellen« verhält, und bestätigte damit eine frühere Voraussage von Newtons Konkurrenten Christiaan Huygens. Das Experiment zeigte, dass ein Lichtstrahl, der durch zwei getrennte Spalte gesendet wird und sich anschließend wieder vereint, Überlagerungen und Interferenzmuster bildet, ähnlich wie Wasserwellen. Dieser Befund stürzte die Gelehrten und ihre mechanistischen Vorstellungen erneut in eine tiefe Krise. Denn wie sollten sich solche Wellen in einem leeren Raum ausbreiten können? Wo doch alles »Wirkliche«, wie sie glaubten, nur durch materielle Stöße bewegt werden kann! Um diese »Absurdität« aus der Welt zu schaffen, griffen die Physiker auf die Idee zurück, der leere Raum sei gar nicht leer, sondern mit einer Trägersubstanz, einem Medium gefüllt, das die Lichtwellen überträgt, so wie das Wasser die Wasserwellen oder die Luft die Schallwellen überträgt. Diese hypothetische unsichtbare Substanz nannte man »Lichtäther«. Praktisch alle bedeutenden Physiker des 19. Jahrhunderts waren davon überzeugt, dass er existieren müsse, weil für sie die Vorstellung spukhafter Fernwirkungen inakzeptabel war.

Zu diesen Forschern gehörte auch James Clerk Maxwell, dem es in den 1860er-Jahren gelang, die Theorien des Magnetismus, der Elektrizität und des Lichts in einem einzigen Gedanken- und Formelgebäude zu vereinigen, so wie es fast 200 Jahre zuvor Newton mit der Planetenbewegung und der Gravitation getan hatte. Bereits 1820 hatte der dänische Physiker Hans Christian Ørsted entdeckt, dass bewegte elektrische Ladungen Magnetismus hervorrufen können, etwa indem sie eine Kompassnadel ablenken. Zehn Jahre später wies Michael Faraday nach, dass die Bewegung eines Magneten in einer Drahtspule Strom erzeugt. Elektrizität und Magnetismus waren also offenbar zwei Seiten derselben Medaille. Faraday war auch der Erste, der zur Beschreibung dieser Phänomene den Begriff des *Feldes* benutzte, den man bis dahin nur auf feste Körper angewendet hatte, etwa um die Wärmeverteilung in einer Eisenplatte zu beschreiben. Maxwell nun entwickelte mathematische Gleichungen für das Verhalten dieser Felder. Dabei stellte er fest, dass die Geschwindigkeit ihrer Ausbreitung genau der des Lichts entsprach. Licht ließ sich offenbar mit denselben Formeln beschreiben wie Magnetismus und Elektrizität, und so fasste er alle drei Phänomene unter dem Begriff der »elektromagnetischen Felder« zusammen.

Das Problem war allerdings auch diesmal die Fernwirkung. Denn die maxwellschen Felder breiteten sich auch im Vakuum aus, etwa im interstellaren Raum. Bereits 1675 hatte Robert Boyle festgestellt, dass elektrische Anziehungskraft im Vakuum wirkt.[13] Dass Magneten durch das Vakuum hindurch Kraft ausüben, wusste man ebenfalls schon lange. Auch Radiowellen (die Maxwell voraussagte) verbreiten sich im Vakuum. Das maxwellsche Feld schien also ohne Trägersubstanz im Nichts zu schweben – ein weiterer Spuk, ohne physischen Kontakt von Körpern. Da eine solche Auffassung für Maxwell, ebenso wie einst für Newton, nicht hinnehmbar war, griff auch er auf die Äthertheorie zurück, um dieses erweiterte Spektrum von Phänomenen zu erklären.[14]

Allerdings zeigte sich gegen Ende des 19. Jahrhunderts, dass die Annahme eines Äthers zu unzähligen Widersprüchen führte und sich mit Messergebnissen nicht in Einklang bringen ließ.[15] Trotzdem wehrten sich alle führenden Physiker, darunter Faraday, Hermann von Helmholtz, Heinrich Hertz und Hendrik Lorentz, nach Kräften gegen die für sie inakzeptable Vorstellung, dass es Fernwirkungen geben könne, ohne dass diese auf einer Kausalkette von einander stoßenden, billardkugelartigen Mikrokörpern beruhen würden. Unzählige Experimente wurden durchgeführt, um die Existenz des Äthers nachzuweisen, immer neue Formeln in die immer verwirrenderen Theoriegebäude eingebaut – vergeblich. Auch zur Erklärung der nach wie vor rätselhaften Gravitation gab es seit Newton diverse Äthertheorien, die aber ebenfalls nicht weiterführten. Die wuchernden Hypothesen, die benutzt wurden, um das mechanistische Weltbild zu retten, sind typische Symptome für das, was der Wissenschaftstheoretiker Thomas S. Kuhn als Krise eines herrschenden »Paradigmas« bezeichnete.[16]

Das Verschwinden der Materie

Albert Einstein räumte schließlich mit diesem Wirrwarr auf, indem er die bisherigen Ätherkonzepte aufgab und in der Allgemeinen Relativitätstheorie die Gravitation als geometrische Eigenschaft der Raumzeit beschrieb, nicht als Fernwirkung. (In Einsteins Modell krümmt sich der Raum in der Nähe von schweren Objekten, etwa Planeten, die Zeit läuft langsamer ab.) Doch diese Lösung zerstörte zugleich die traditionellen Vorstellungen von Raum, Zeit, »festen Körpern« und Energie. In Einsteins Modell gibt es keinen präexistenten Raum mehr, in dem sich davon unabhängige Körper bewegen und aufeinanderstoßen können wie Billardkugeln auf einem Billardtisch, der auch ohne die Kugeln existieren würde, sondern die Körper und ihre Bewegung *schaffen* die spezifische Raumzeit erst. Raum, Zeit und Körper sind nicht mehr voneinander zu trennen, sie sind ein einziges dynamisches Gewebe. Erschwerend kommt hinzu, dass die Massen in Einsteins Theorie letztlich als eine Form von Energie verstanden werden und jede Masse im Prinzip in Energie umgewandelt werden kann – ein Umstand, der sich in der berühmten Formel $E=mc^2$ ausdrückt.* Damit war die Idee solider materieller Grundbausteine, aus denen alles andere besteht, dahin. Hatten die Pioniere der modernen Physik geglaubt, dass die ganze

* In der Formel $E=mc^2$ steht E für Energie, m für Masse und c^2 für eine Konstante, die aus dem Quadrat der Lichtgeschwindigkeit besteht. Der sehr große Wert der Konstante zeigt an, dass selbst kleine Massen wie etwa die eines Atomkerns einer sehr großen Energiemenge entsprechen.

Welt aus nichts als Materie besteht, so beruhte Einsteins Modell darauf, dass es nichts als »Felder« gibt: Gravitationsfelder und elektromagnetische Felder. Einstein notierte dazu: »In der modernen Physik ist kein Platz für beides, Feld und Materie, denn das Feld ist die einzige Realität.«[17] Weiter, so schien es, konnte man sich von den Ideen der Mechanisten nicht mehr entfernen.

Bereits einige Jahre bevor Einstein die Masse-Energie-Äquivalenz in der Speziellen Relativitätstheorie formulierte, waren einige Physiker auf ein Phänomen gestoßen, das Einsteins Theorie auf spektakuläre Weise bestätigen sollte. 1896 ließ der französische Physiker Henri Becquerel zufällig ein Stück Uransalz auf einer dicht verpackten Fotoplatte liegen. Als er diese Platte später entwickelte, war ein heller Fleck zu sehen. Offensichtlich hatte das Uran durch die schwarze Verpackung hindurch eine Strahlung emittiert und damit die Platte belichtet. Marie Curie und ihr Mann Pierre nannten diese Strahlung später Radioaktivität (was nichts mit dem Radio, sondern mit dem lateinischen Wort für Strahlung zu tun hat). Wie die Curies im Laufe ihrer Untersuchungen herausfanden, führte diese Strahlungsaktivität dazu, dass sich bestimmte Elemente wie Uran, Thorium oder Radium ohne äußeres Zutun in andere Substanzen verwandelten und dabei an Masse verloren. Das widersprach allem, was man damals über Atome und Elemente zu wissen meinte, die als stabil und unwandelbar galten. Mehr noch: Die Entdeckung der verschiedenen Arten von radioaktiver Strahlung – Alphastrahlung, die aus Heliumkernen besteht, Betastrahlung in Form von Elektronen und der extrem energiereichen Gammastrahlung – bewies anschaulich Einsteins These, dass sich Materie tatsächlich in Energie verwandeln konnte.

Einstein war auch an der Entwicklung einer weiteren Theorie entscheidend beteiligt, die ihm später große Kopfschmerzen bereiten sollte: der Quantentheorie. Das Problem begann damit, dass Max Planck nach jahrelangen Berechnungen und Experimenten feststellen musste, dass rot glühende Körper

Wärmeenergie nicht kontinuierlich und stufenlos abgaben, sondern abgestuft in kleinen »Paketen«. Dieser Befund ließ sich mit den damaligen Auffassungen über »Strahlung« und »Wellen« nicht vereinbaren. Denn Strahlung, so glaubte man, konnte stufenlos zu- oder abnehmen, so wie man beim Dimmen einer Glühlampe die Helligkeit scheinbar stufenlos regulieren kann. Einstein nahm Plancks Entdeckung in seinen Untersuchungen über Lichtemissionen auf und interpretierte diese »Pakete« als »Lichtquanten«, also als Partikel. Plötzlich war Newtons »Korpuskeltheorie« wieder da: Das Licht verhielt sich offenbar wie Teilchen. Aber hatte Youngs Experiment nicht zweifelsfrei erwiesen, dass sich das Licht wie eine Welle verhält? Wie konnte ein und dasselbe Phänomen zugleich Welle und Teilchen sein? Ein Teilchen ist stets nur an einem bestimmten Ort, eine Welle dagegen wirkt zu jedem Zeitpunkt an verschiedenen Punkten. Bei geeigneter Anordnung können sich zwei Wellen sogar gegenseitig aufheben und zum Verschwinden bringen. Dass sich zwei kollidierende Teilchen gegenseitig auslöschen und in nichts auflösen, schien unmöglich.

Nach vielen Jahren unzähliger Experimente und intensiver intellektueller Kämpfe mussten schließlich Werner Heisenberg, Niels Bohr, Max Born, Wolfgang Pauli, Erwin Schrödinger, Louis de Broglie und andere Atomphysiker Mitte der 1920er-Jahre eingestehen, dass sich dieser Widerspruch beim besten Willen nicht auflösen lässt.[18] Mehr noch: Der Doppelcharakter betraf, wie sich zeigen sollte, nicht nur das Licht, sondern auch Elektronen und andere »Teilchen«, die man bisher für solide Materie gehalten hatte und die nun plötzlich auch als »Materiewellen« beschrieben werden mussten.[19] Man einigte sich darauf, dass Phänomene wie Licht und Materie sowohl als Welle als auch als Teilchen aufgefasst werden können.[20] Bei genauerer Betrachtung aber zeigt sich, dass beide Begriffe, »Teilchen« und »Welle«, nur hilflose Metaphern für etwas sind, das sich unseren Begriffen und Bildern weitgehend entzieht.[21] Im Innersten der Materie fanden sich keine *Dinge,* keine winzig kleinen Kügelchen, die im Atom berechenbar umeinander kreisten wie Planeten um eine Sonne, sondern ein schwer greifbares Geflecht von immateriellen Beziehungen, das, wie wir noch sehen werden, im Prinzip mit dem ganzen Kosmos verbunden ist. Die Quantentheorie zertrümmerte damit endgültig die Vorstellung eines Kosmos, der aus isolierten Dingen wie ein Baukasten zusammengesetzt ist.

Was ebenso schwer wog: Exakte und zugleich vollständige Beschreibungen dessen, was auf subatomarer Ebene geschieht, sind in der Quantentheorie grundsätzlich nicht mehr möglich.[22] Die mathematischen Formeln beschreiben keine Bewegungen von Körpern, etwa von Elektronen um Atomkerne, so wie die keplerschen und newtonschen Formeln die Bewegung der Planeten um die Sonne beschreiben, sondern lediglich »Wahrscheinlichkeitswellen«. Außerdem ist in der Quantenphysik der Beobachter samt seinen Messinstrumenten von dem zu beobachtenden Phänomen grundsätzlich nicht zu trennen: Es ist erst der Vorgang der Messung, der dazu führt, dass sich aus dem Möglichkeitsfeld ein konkreter Zustand herauskristallisiert, also ein genauer Aufenthaltsort oder ein bestimmter Impuls.[23] Dieser Zustand ist weder exakt prognostizierbar noch existiert er unabhängig vom Beobachter.[24] Es ist kein Wunder, dass sich Einstein zeitlebens gegen die Quantentheorie wehrte, denn sie bedeutete nichts Geringeres als die Aufgabe der Grundannahmen der neuzeitlichen Naturwissenschaften, die angetreten waren, um die Welt als eine durch und durch *berechenbare* und *objektivierbare* darzustellen. Sein Ausruf »Gott würfelt nicht« ist sprichwörtlich geworden.

Alice im Quantenland

Einsteins Bemühungen, einen grundlegenden Fehler in der Quantentheorie zu finden, um die Idee eines berechenbaren und objektivierbaren Universums zu retten, führten schließlich zur Entdeckung eines Phänomens, das die Grundlagen der Physik noch tiefer erschüttern sollte: der sogenannten Quantenverschränkung. Zusammen mit zwei Kollegen formulierte Einstein 1935 ein Paradox, das als Einstein-Podolsky-Rosen-Paradox in die Geschichte der Physik eingehen sollte. Aus den Quantengleichungen folge, so die Autoren, dass zwei Teilchen, die einmal miteinander interagiert hatten, über beliebig weite Entfernungen so verbunden blieben, dass bei der Messung eines Zustandes von Teilchen A *gleichzeitig* auch der Zustand von Teilchen B festgelegt wird, ohne dass irgendeine Art von Signal zwischen den beiden durch Raum und Zeit wandert.[25] Eine Zustandsänderung des einen Teilchens, das sich, sagen wir, in Berlin befindet, wäre also mit der Änderung eines anderen, das sich auf dem Mars befindet, streng gekoppelt. Wird beim Berliner Elektron zum Beispiel eine bestimmte Rotationsrichtung gemessen, dann wird damit *gleichzeitig* auch die entsprechende Richtung bei dem Teilchen auf dem Mars festgelegt, ohne dass zwischen den beiden irgendeine Art von Kommunikation stattfindet. Eine solche »spukhafte Fernwirkung« aber sei, so Einstein, unmöglich, denn sie widerspräche allem, was wir über Raum, Zeit und Kausalität wissen, insbesondere der Relativitätstheorie, die besagt, dass sich keine Ursache-Wirkungs-Kette, und damit auch keine Kommunikation, schneller als mit Lichtgeschwindigkeit ausbreiten kann.

1964 gelang es dann dem nordirischen Physiker John Stewart Bell, zu zeigen, dass sich das Paradox der Verschränkung experimentell testen lässt, und 1972 wurde der erste entsprechende Versuch durchgeführt: Gleichzeitig erzeugte und damit »verschränkte« Photonen wurden an verschiedenen Stellen auf ihren Drehimpuls (»Spin«) gemessen, und zwar in so großer Zahl, dass sich statistisch gültige Aussagen machen ließen.[26] Das Ergebnis war eindeutig: Die »spukhafte Fernwirkung« war real, Einstein hatte unrecht. Das aber bedeutete, dass die bis dahin gültigen Vorstellungen von Raum, Zeit und Kausalität tatsächlich nicht mehr haltbar waren.

Um sich die Bedeutung dieser Entdeckung bildhaft vor Augen zu führen, können wir uns zum Beispiel zwei Dominosteine vorstellen. Stehen die Steine nah genug beieinander, kann das Umkippen eines Steins den nächsten ebenfalls stürzen. Diese kausale Abfolge spielt sich in Raum und Zeit ab: Der umfallende Stein legt in einer bestimmten Zeit eine Strecke zurück, bevor er den anderen trifft. In der Quantenwelt der Verschränkung dagegen verhält es sich vollkommen anders: Das Umfallen von Dominosteinen in Berlin erzwingt zugleich, ohne jede Berührung, das Kippen anderer Steine auf dem Mars oder gar im Andromedanebel. Es ist so, als würden Raum und Zeit hier überhaupt nicht existieren. Shohini Ghose, Präsidentin des kanadischen Physikerverbandes, formuliert es so: »Die Wissenschaft verlässt damit alle Grenzen des gesunden Menschenverstandes. Es ist fast so, als seien wir bei Alice im Wunderland, wo alles möglich ist.«[27] Zahlreiche weitere Experimente haben seitdem die Realität der geisterhaften Verschränkung nachgewiesen, darunter eine sehr aufwendige Versuchsanordnung im Jahr 2018 an den europäischen Sternwarten auf La Palma, die das Licht von etwa acht Milliarden Lichtjahren entfernten Galaxien benutzte, um lokale Einflüsse auf das Experiment auszuschließen.[28]

Das Phänomen der Verschränkung hat weitreichende Bedeutung für unsere Vorstellung des Kosmos. Denn das Verhalten aller Teilchen des Universums wird nicht nur durch den gegenwärtigen Moment bestimmt, sondern durch ihre Geschichte. Die Quantenphysikerin und Ökologieaktivistin Vandana Shiva formulierte dies so:

> »Nicht-lokale« Zusammenhänge entstehen dadurch, dass jedes Teilchen einen Teil der Information aller Teilchen erinnert, denen es schon begegnet ist. Es ist immer mehr als das, was wir heute von ihm wahrnehmen, weil es die Erinnerung dessen in sich trägt, wo es herkommt, und alle seine Verhaltensweisen aus diesem inneren Gedächtnis entstehen.[29]

Da in der 14 Milliarden Jahre währenden Geschichte des Universums jedes Teilchen mit einer unüberschaubaren Zahl von anderen in Wechselwirkung stand, gleicht der Kosmos einem großen Netzwerk mit einem weitverzweigten Gedächtnis. Dazu der Quantenphysiker Hans-Peter Dürr:

> Es gibt keine isolierten Teile, alles hängt mit allem zusammen. Was in Zukunft mit etwas passiert, hat nicht eine einzelne Ursache, sondern die Ursache ist das gesamte Weltgeschehen. Das »Elektron« schafft ein Erwartungsfeld mit Wellencharakter: ein Feld der Möglichkeit der Realisierung, das sich in die Zukunft entwickelt. Und in diesem Erwartungsfeld realisiert sich der nächste Zustand. Dieses Möglichkeitsfeld wird nicht nur von dem einen Elektron aufgebaut, sondern von allen anderen Elektronen in der Welt.[30]

Die Quantentheorie hat sich durch viele zutreffende Vorhersagen bewährt (einschließlich der »spukhaften« Fernwirkung) und ist damit zu einer der beiden Hauptsäulen der modernen Physik geworden. Die klassischen Begriffe von Materie, Kausalität und Raum, wie sie für die Physik der Neuzeit prägend waren, haben offenbar in der subatomaren Welt – auf der alles andere ja beruht – keine oder nur eine sehr eingeschränkte Gültigkeit.

Welche Verwirrung die Entdeckungen der Quantentheorie bis heute unter Physikern anrichten, zeigt der Streit um die sogenannte Viele-Welten-Interpretation der Quantenmechanik, die 1957 von dem US-Physiker Hugh Everett entwickelt wurde. Um die Vorstellung einer deterministisch organisierten materiellen Welt aufrechtzuerhalten, behauptete Everett, jede mögliche Welt, die von den Wahrscheinlichkeitswellen beschrieben wird, existiere auch real, allerdings in Paralleluniversen, von denen wir nichts erfahren können. Das würde bedeuten, dass in jeder Sekunde Myriaden neuer Universen entstehen. Diese Interpretation mag absurd erscheinen, ist aber durchaus mit dem Formelgebäude der Quantentheorie vereinbar. Ihr Problem besteht allerdings darin, dass sie nicht überprüfbar ist, da wir von den Paralleluniversen grundsätzlich nichts wissen können – und damit verfehlt sie die Anforderungen einer wissenschaftlichen Theorie. Trotzdem hält eine beträchtliche Anzahl von Quantenphysikern, wie Umfragen immer wieder ergeben, auch heute noch diese Deutung für die richtige.[31] Der Grund für dieses seltsame, wissenschaftsfern anmutende Verhalten von Wissenschaftlern ist nicht unbedingt eine Neigung zu spekulativem Unfug, sondern tatsächlich ein hartes Dilemma: Die Grundbegriffe der Kausalität und Berechenbarkeit aufzugeben, wie es die klassische Deutung der Quantenmechanik fordert, erscheint vielen als so schmerzlich, dass sie eine unüberprüfbare Science-Fiction-Hypothese vorziehen.[32] (Die Science-Fiction-Literatur hat diese Spekulationen tatsächlich aufgenommen, etwa Robert Anton Wilson in seinem Buch *Das Universum nebenan*, dem ersten Teil der Trilogie *Schrödingers Katze*.)

Von den 1930er- bis zu den 1970er-Jahren wurde eine Vielzahl neuer subatomarer Phänomene zunächst aus theoretischen Überlegungen vorausgesagt und dann auch tatsächlich experimentell nachgewiesen, darunter Neutrinos und Myonen sowie die von Paul Dirac vorausgesagte »Antimaterie« (Positronen, Antiprotonen etc.).[33] 1968 gelang der Nachweis, dass auch die Protonen und Neutronen des Atomkerns aus kleineren Strukturen bestehen, die man »Quarks« nannte.[34] Der zunehmend unübersichtliche »Teilchenzoo« wurde schließlich im sogenannten Standardmodell systematisiert, das die subatomare Welt in drei Hauptarten von Teilchen gliedert: Quarks, Leptonen (darunter Elektronen und Neutrinos) sowie die sogenannten Austauschteilchen, die für die verschiedenen Formen von Wechselwirkungen der Quarks und Leptonen verantwortlich sein sollen. In einer vierten Kategorie kommt in der Theorie das sogenannte Higgs-Boson hinzu, ein Anregungszustand des hypothetischen Higgs-Feldes.[35]

Die Mikrowesen in diesem Zoo verhalten sich äußerst merkwürdig, und zwar in einer Weise, die mit unseren Vorstellungen von solider Materie nichts zu tun hat. Zunächst einmal können alle Teilchen erzeugt und vernichtet werden, unzerstörbare kleinste Einheiten gibt es nicht. Begegnen sich etwa ein Elektron und ein Positron, können sie »zerstrahlen«; umgekehrt kann ein Materie-Antimaterie-Paar wie aus dem Nichts erzeugt werden. Tatsächlich ist der scheinbar leere Raum, ja sogar ein hochgradiges Vakuum, angefüllt mit einem ständigen Entstehen und Vergehen von Quantenerscheinungen. Man kann von einem Quantenphänomen nicht einmal sagen, dass es in zwei aufeinanderfolgenden Momenten »dasselbe« sei, weil es zwischendurch einfach verschwinden und sich wieder materialisieren kann.[36]

Die Teilchen können sich auch ineinander verwandeln: Bei der Zerstrahlung eines Elektron-Positron-Paares etwa resultieren daraus zwei Photonen – also Lichtwellen –, die sich wiederum in weitere Materie-Antimaterie-Paare verwandeln können. Hans-Peter Dürr wies darauf hin, dass wir angesichts dieser Erscheinungen subatomare Phänomene – und Materie insgesamt – nicht als Objekte, sondern als *Prozesse* verstehen sollten. Die Welt setzt sich offensichtlich nicht aus *Dingen* zusammen, sondern aus Vorgängen und Beziehungen, die sich eher mit Verben als mit Substantiven beschreiben lassen. Unsere Sprache führt uns daher in die Irre, wenn wir sagen: »Da ist ein Elektron«, stattdessen wäre es akkurater zu sagen: »Es elektront«, ähnlich wie wir sagen: »Es regnet.« In der Sprache der Quantenphysik bestehen wir und unsere Welt nicht aus Materie, nicht aus Dingen, sondern aus »Anregungen von Energiefeldern«.[37]

Die vermeintlichen »Teilchen« haben nicht nur keine feste Substanz, sondern auch, nach allem, was bisher bekannt ist, keine messbare Ausdehnung. Die Standardinterpretation der Quantenphysik und alle bisherigen Messungen besagen, dass Elektronen und Quarks »punktförmig«, also ausdehnungslos, sind. Die von Descartes als *res extensa* (ausgedehnte Substanz) beschriebene materielle Welt zeigt sich auf der Quantenebene als Phantom. Hinzu kommt: Das, was wir Masse nennen, also die Tatsache, dass Körper sowohl schwer als auch träge sind, ist bei näherer Betrachtung ausgesprochen mysteriös. 99,9 Prozent der Masse von Atomen konzentriert sich in den Kernen, also in Protonen und Neutronen. Allerdings steuern die drei Quarks, aus denen ein Proton oder Neutron besteht, wiederum nur ein Prozent zu dieser Masse bei. Der Rest stammt, so die heutige Standardlehrmeinung, aus der Bindungsenergie zwischen diesen Quarks, den sogenannten Gluonen, sowie einer endlosen Fluktuation von sich ständig erzeugenden und vernichtenden Paaren von »virtuellen Quarks«, die man auch als »Quarksee« bezeichnet. Der Begriff »Gluon« suggeriert dabei irreführend etwas Gegenständliches, wo doch tatsächlich eine *Beziehung* gemeint ist.[38]

Was in der modernen Atomphysik als Kern allen Stoffes bleibt, sind also im Wesentlichen strukturierte Wechselwirkungen von Energiefeldern, die man eher als Vorgang denn als Ding verstehen sollte. Hans-Peter Dürr formulierte dies so: »Auf der Quantenebene gibt es eigentlich nur das, was man Wechselwirkung nennt. Eine Wechselwirkung ohne Dinge, die miteinander wechselwirken. Und das, was wir dann Materie und Substanz nennen, das sind Verklumpungen dieser Wechselwirkungen.«[39]

Das Überleben von Zombie-Begriffen

In einem Vortrag an der Universität Oslo zog der Linguist und Kognitionswissenschaftler Noam Chomsky folgende Bilanz der Epoche von Galileo bis zur Quantenphysik:

> Die frühe wissenschaftliche Revolution schien den Menschen mit einer unbegrenzten Erklärungsmacht auszustatten. Aber bereits die Begründer dieser Revolution mussten zugeben, dass die menschliche Erklärungskraft nicht nur nicht unbegrenzt ist, sondern nicht einmal in der Lage, die elementarsten Phänomene der natürlichen Welt zu erklären – wobei »erklären« hier meint, sie auf mechanische Ursachen zurückzuführen. Die Hoffnung, die *Welt* zu verstehen,

wurde schließlich aufgegeben. Sie wurde ersetzt durch ein vollkommen anderes und wesentlich weniger anspruchsvolles Ziel, nämlich verständliche *Theorien* der beobachtbaren Welt zu entwickeln. Das bedeutet eine beträchtliche Senkung der Kriterien für Erkenntnis.[40]

Obwohl seit dem Zusammenbruch des mechanistischen Weltbildes 100 Jahre vergangen sind, haben sich diese Einsichten bisher kaum im allgemeinen Bewusstsein durchgesetzt. Populäre Darstellungen präsentieren die Arbeit von Naturwissenschaftlern oft nach wie vor so, als seien sie mit einer »unbegrenzten Erklärungsmacht« ausgestattet – ganz so, als hätte es die geistigen Niederlagen von Newton und Einstein und die Entdeckungen der Quantenphysik nie gegeben. Das beginnt schon bei der Sprache. Der Begriff »Quantenmechanik« etwa, der bis heute gebräuchlich ist, ist eine eklatante Fehlbezeichnung, denn die Quantenwelt ist ja gerade eine nichtmechanische. In Schul- und Lehrbüchern, in Fernseh- und Radiosendungen ist immer wieder von »Elementarteilchen«, den »Bausteinen der Materie« und den »Trägern der Kräfte« die Rede.[41] Damit wird der Eindruck erweckt, die Welt gleiche einem Lego-Bausatz – obwohl genau diese Vorstellung vor 100 Jahren unhaltbar geworden ist. Forscher in weißen Kitteln, die wissend neben gigantischen Teilchenbeschleunigern stehen, suggerieren uns, *Homo faber* habe die Natur fest im Griff und stehe kurz davor, ihre letzten Geheimnisse zu entschleiern. Und wenn dann die Entdeckung eines neuen »Teilchens« gemeldet wird, tut man immer noch so, als sei die Welt aus lauter winzigen Billardkugeln zusammengesetzt.

Der Grund für dieses seltsame Überleben von längst überholten »Zombie-Begriffen« besteht darin, dass sie eine bestimmte Rolle im ideologischen Gebäude der Megamaschine spielen.[42] Die Vorstellung, dass die Welt aus getrennten und berechenbaren Bausteinen besteht, ist zentral für eine technokratische Gesellschaft, in der Mensch und Natur zu verfügbaren Teilen einer gigantischen Wirtschaftslogistik degradiert werden. Mensch und Materie müssen berechenbar sein, damit diese Maschine funktioniert. Sie müssen zu isolierten Atomen gemacht werden können, die durch die Kräfte des Marktes frei in einem präexistenten Raum verschoben werden, um immer dort verfügbar zu sein, wo sie am effizientesten benutzt und neu zusammengesetzt werden können.[43] Das mechanistische Weltbild ist daher zu einer mächtigen Ideologie geworden, die ihre wissenschaftliche Widerlegung hartnäckig überlebt. Die von der Quantenphysik zutage geförderte Einsicht, dass die Welt ein unauftrennbares Gewebe ist, in dem es keine Einzelteile gibt, sondern nur Beziehungen, erscheint in einer technokratisch und kapitalistisch geprägten Gesellschaft einfach nicht akzeptabel.

Die vergebliche Suche nach der Weltformel

Die 100 Jahre seit Heisenberg waren in der theoretischen Physik von dem Versuch geprägt, Relativitätstheorie und Quantenphysik in einer einzigen »Theory of Everything« zusammenzuführen, die alle Bewegungen vom Galaxienhaufen bis zur subatomaren Ebene mathematisch beschreiben könnte. Das Ergebnis ist trotz der enormen Forschungsanstrengungen und Investitionen sehr bescheiden. Weder gibt es heute eine solche Theorie noch weiß irgendjemand, ob es sie überhaupt geben *kann*. Zwar ist verständlich, dass Physiker nach einer Vereinheitlichung verschiedener Theorien suchen, denn solche Vereinheitlichungen waren zuvor bei Newton, Maxwell und Einstein sehr ergiebig. Aber für unvoreingenommene Beobachter ist nicht ersichtlich, warum so etwas wie eine »Theory of Everything« möglich sein sollte. Wir haben ja nicht einmal eine Theorie, die voraussagen könnte, was meine Katze in zwei Minuten tun wird (und aus Gründen, auf die ich im nächsten Kapitel eingehen werde, kann es eine solche Theorie auch nicht geben). Das uns zugängliche Universum ist aus vollkommen verschiedenen Ebenen und Bereichen aufgebaut, die sich nicht aufeinander reduzieren lassen. Die

Jupitersymphonie lässt sich nicht aus der molekularen Zusammensetzung von Wolfgang Amadeus Mozart ableiten. Das *Hörerlebnis* ohnehin nicht, denn es existiert nicht in der Sphäre des Mess- und Zählbaren, auf die sich die Physik notwendig beschränkt. Aber auch die einmalige mathematische Struktur des Stücks kann nicht in einer Weltformel erklärt – und das bedeutet letztlich: vorhergesagt – werden. Aus diesem Grund ist die Idee einer wörtlich verstandenen »Theory of Everything« ohnehin ein Wahngebilde. Aber selbst die viel bescheidenere Idee, das Mess- und Zählbare der unbelebten Welt auf der kleinsten und auf der größten Ebene mit einem einzigen Formelapparat beschreiben zu können, könnte sich als Fata Morgana erweisen. Es ist zumindest kein zwingender Grund erkennbar, warum sich die mathematische Beschreibung einer Galaxie aus der Beschreibung von subatomaren Vorgängen ableiten lassen sollte oder umgekehrt. Der einzige Grund für eine solche Annahme ist ein ästhetischer: Für die meisten Physiker wäre es *schön*, wenn es so wäre. Einstein, Heisenberg und andere haben wiederholt betont, wie wichtig für ihre Forschung die Schönheit relativ einfacher Naturgesetze war.[44] Doch so fruchtbar der ästhetische Sinn in ihrem Fall war, so sehr kann er auch in die Irre führen. Die Holzwege der Physik sind gepflastert mit schönen, aber falschen Theorien.

Auch die Idee, irgendwann ein für alle Mal alles abschließen zu können und eine endgültige und vollständige Erklärung für alles zu erreichen, hat sich bisher stets als trügerisch erwiesen. Immer wieder meinte man, kurz vor der Lösung aller physikalischen Probleme zu stehen. Lord Kelvin etwa, nach dem die gleichnamige Temperaturskala benannt ist, glaubte um das Jahr 1900, dass die Physik ihr Ende erreicht habe, abgesehen von »zwei kleinen Wolken am Horizont«. Diese Wölkchen entpuppten sich als die gewaltigen Gewitter der Relativitäts- und der Quantentheorie, die das gesamte mechanistische Weltbild zum Einsturz bringen sollten. Die Erfahrungen der Wissenschaftsgeschichte zeigen, dass immer, wenn Methoden entwickelt wurden, mit denen man genauer in die kleinsten Strukturen und entferntesten Teile des Universums schauen konnte, sich etwas *Neues* gezeigt hat, das sich nicht aus dem bereits Bekannten ableiten ließ. Das Universum als Ganzes ist offensichtlich nicht in selbstähnlichen, »fraktalen« Strukturen aufgebaut.* Das macht auch seinen unerschöpflichen Reichtum und seine Schönheit aus – auch wenn das nicht unbedingt mit der Schönheit einer Formel korrespondiert.

Der Wille zur Weltformel hat in den vergangenen Jahrzehnten einige seltsame Blüten getrieben. Eine davon ist die Stringtheorie, die seit den 1980er-Jahren die theoretische Physik dominiert hat und einen beträchtlichen Teil der Forschungsgelder für sich beansprucht. Die Vorläufer heutiger Stringtheorien waren entwickelt worden, um die Kraft zu beschreiben, die Quarks in den Atomkernen zusammenhält, die sogenannte »starke Wechselwirkung«. In der Hoffnung, alle vier Grundkräfte der Physik, einschließlich der elektromagnetischen Wechselwirkung und der Gravitation, in einem einheitlichen Formelgebäude zusammenfassen zu können, wurden diese Theorien später weiter ausgebaut. Stringtheorien benutzen das zugegebenermaßen schöne Bild von winzig kleinen schwingenden Saiten *(strings)*, aus denen sich alle Materie beziehungsweise Energie aufbauen soll. Diese Strings existieren laut Theorie allerdings nicht in einer vierdimensionalen Raumzeit, sondern in mindestens zehn Dimensionen, von denen sechs »versteckt« und »eingerollt« sein sollen.[45] Neben der fragwürdigen Annahme verborgener Dimensionen hat diese schöne Theorie allerdings einen Haken: Sie hat in den vergangenen vier Jahrzehnten, trotz enormer For-

---

* Der Begriff »Fraktal« bezeichnet »gebrochene« Strukturen, die bei näherer Betrachtung gewisse Selbstähnlichkeiten auf verschiedenen Größenebenen aufweisen, z. B. bei Farnen. Vgl. Benoît B. Mandelbrot: *Die fraktale Geometrie der Natur*, Basel 1987.

schungsbemühungen und gewaltiger Budgets, nicht eine einzige Vorhersage hervorgebracht, die sich nachprüfen ließe. Und damit verfehlt auch sie das zentrale Kriterium für die Definition von Naturwissenschaft.[46]

Das geben selbst renommierte Vertreter der Stringtheorie zu, etwa Brian Greene, Professor für Physik an der New Yorker Columbia University, der schreibt, dass »wir noch immer keine umfassende Antwort auf die grundlegende Frage haben: Was ist die Stringtheorie?«. Und der Nobelpreisträger Gerard 't Hooft bemerkt: »Gegenwärtig wäre ich noch nicht einmal bereit, die Stringtheorie eine ›Theorie‹ zu nennen.« David Gross, ebenfalls Nobelpreisträger und sogar ein lautstarker Befürworter der Stringtheorie, fügt hinzu: »Wir wissen nicht, worüber wir sprechen. Die Physiker befinden sich heute in der gleichen Situation wie damals, als die Radioaktivität ihnen Rätsel aufgab.« Lee Smolin, der seit den 1970er-Jahren sowohl im Rahmen der Stringtheorien als auch außerhalb geforscht hat, zieht in seinem Buch *Die Zukunft der Physik* folgende Bilanz: »Wir sind gescheitert. Trotz größter Anstrengungen sind wir heute keinen Schritt weiter als in den Siebzigerjahren. […] Was haben wir entdeckt, worauf unsere Generation stolz sein könnte? In Hinblick auf neue grundlegende Entdeckungen, durch Experimente bestätigt und durch Theorien erklärt, muss unsere Antwort lauten: *Nichts.*«[47]

Smolin führt dieses Scheitern auf eine Entgleisung des Forschungsapparates in den letzten 40 Jahren zurück. Das Streben nach Macht, Prestige und Forschungsgeldern habe, besonders in den USA, die strengen Kriterien wissenschaftlichen Arbeitens verdrängt. Eine aggressive Gruppendynamik, zunehmender Konkurrenzdruck und Opportunismus hätten das Feld geprägt und alternative Ansätze unterdrückt. Mit anderen Worten: Die Welt der sozialen Abhängigkeiten, Profilierungswünsche und Machtstrukturen hat die Welt des Forschens und kritischen Prüfens usurpiert.[48]

Es ist auffallend, dass Smolins Diagnosezeitraum exakt mit der Epoche zusammenfällt, in welcher der Neoliberalismus seinen Triumphzug durch alle gesellschaftlichen Bereiche antrat. Ähnliche Prozesse sind in dieser Zeit auch in den Wirtschaftswissenschaften zu beobachten, wo sich seit den 1980er-Jahren »neoklassische« Ansätze als Monokultur durchsetzten, obwohl ihre Voraussagen in allen relevanten Fällen falsch waren, etwa in Bezug auf große Wirtschaftskrisen wie die von 2008. Wie Stringtheoretiker haben auch die Neoklassiker mathematisch extrem ausgefeilte und »schöne« Modelle entwickelt, die sich aber weitgehend von einer beobachtbaren Wirklichkeit entkoppelt haben. Trotz ihres praktischen Scheiterns bevölkern ihre Vertreter jedoch noch immer die Lehrstühle und Talkshows, als sei nichts geschehen.[49]

Die Krise der theoretischen Physik hat aber noch tiefer gehende Ursachen, die etwas mit dem »Gesetz des sinkenden Grenzertrages« zu tun haben.[50] Galileo Galilei brauchte kaum mehr als eine schiefe Ebene und einige Gedankenexperimente, um seine Fallgesetze zu erforschen, und für sein Studium der Jupitermonde reichte ein selbstgebautes Fernrohr. Heute arbeiten in der Physik so viele Forscher wie in der gesamten Wissenschaftsgeschichte davor zusammengenommen. Die Instrumente werden immer gigantischer, allein der Ringbeschleuniger bei Genf mit 27 Kilometern Umfang hat etwa zehn Milliarden Euro gekostet. Und doch wird der Wissensertrag immer kleiner. Galileo, Newton und noch Einstein haben die relativ niedrig hängenden Früchte geerntet. Wir nähern uns möglicherweise einer Grenze, jenseits derer die Methoden der Physik, wie wir sie kennen, kaum mehr große Erkenntnisdurchbrüche bringen.

Hinzu kommt, und das wiegt wahrscheinlich noch schwerer, dass die physische Realität, je tiefer die Wissenschaft in sie vordringt, keineswegs verständlicher und einfacher, sondern immer unverständlicher wird. Die aus unseren sinnlichen Erfahrungen stammenden Begriffe und Wörter – und andere können wir gar nicht haben, wie Werner Heisenberg zu Recht betont hat – erweisen sich als untauglich, um eine Welt zu beschreiben, die mit unseren fundamentalen Anschauungen von Raum, Materie und Kausalität offenbar kaum etwas gemein hat. Wissenschaftliches Sprechen ist – ebenso wie alltägliches oder auch lyrisches Sprechen – auf Metaphern angewiesen, die auf elementare räumlich-sinnliche Erfahrungen und Kategorien zurückgehen. Wo uns solche Metaphern oder Bilder nicht mehr zugänglich sind, um bestimmte Phänomene zu beschreiben, endet auch unsere Vorstellungs- und Erkenntniskraft. Was nützt es, wenn uns auf die Frage nach dem Stoff, aus dem wir bestehen, eine Zahl genannt wird, so wie im Roman *Per Anhalter durch die Galaxis* der Supercomputer Deep Thought die Zahl 42 auf die Frage »nach dem Leben, dem Universum und dem ganzen Rest« ausspuckt?[51]

»Dunkle Materie« und »dunkle Energie«

Aber kommen wir zurück zur Geschichte der Physik. Der Verdruss über die unerreichbare Weltformel erwies sich noch lange nicht als das letzte Ungemach. Die Astronomin Vera Rubin wies 1976 nach, dass die Rotationsgeschwindigkeiten von Galaxien nicht mit ihrer beobachtbaren Masse in Einklang zu bringen sind. Die Galaxien drehen sich so schnell, dass sie eigentlich auseinanderfliegen müssten, wenn es in ihnen nicht wesentlich mehr Masse (und damit Gravitation) gibt, als sich beobachten lässt. Aus diesem Grund haben einige Astrophysiker die Existenz einer »dunklen Materie« postuliert, die für diese Schwerkraft verantwortlich sein soll. Darüber, ob es sie wirklich gibt und woraus sie, wenn sie denn existiert, bestehen soll, ist bis heute nicht das Geringste bekannt. Dabei handelt es sich durchaus nicht um ein Randphänomen: Aus den Berechnungen geht hervor, dass es fünfmal so viel »dunkle Materie« geben müsste wie sichtbare, um das Verhalten der Galaxien zu erklären und dabei die newtonschen und einsteinschen Gleichungen aufrechtzuerhalten. Mit anderen Worten: Entweder sind alle bisherigen Formeln der Kosmologie und das ganze Gebäude der Relativitätstheorie, auf dem die moderne Physik ruht, falsch; oder das, was wir »Materie« nennen (und von dem wir auch schon vor Rubins Entdeckung nicht mehr wirklich wussten, was es ist), macht nur ein Fünftel des Universums aus. Lee Smolin schreibt, dass die erste Variante so schrecklich erschien, dass man deshalb die zweite gewählt hat. Doch nach 40 Jahren fehlt noch immer jede Spur der hypothetischen »dunklen Materie«. Nobelpreishungrige Forscher – oder ihre Assistenten – sitzen seit Jahrzehnten mit hochempfindlichen Detektoren in tiefen Bergwerksschächten, um abgeschirmt von Störeinflüssen Spuren des geheimnisvollen dunklen Stoffes zu erhaschen. So warten sie auf das entscheidende »Bing« ihrer Maschinen. Gefunden haben sie bisher nichts.

Doch damit nicht genug. Bis in die 1990er-Jahre hatte man geglaubt, dass die Ausdehnung des Universums immer langsamer werde und es sich möglicherweise sogar irgendwann wieder zusammenziehen würde, um in einem »Big Crunch« zu implodieren. Der Grund dafür war die Annahme, dass die ursprüngliche Explosionsenergie irgendwann von der Schwerkraft eingeholt würde – ähnlich, wie ein Tennisball, den man in die Höhe schleudert, irgendwann langsamer wird und schließlich wieder zur Erde zurückfällt. Nun haben die neueren Beobachtungen, insbesondere durch das Mauna-Kea-Observatorium auf Hawaii und das Hubble-Weltraumteleskop, aber gezeigt, dass sich das Universum immer weiter ausdehnt, und zwar mit *zunehmender* Geschwindigkeit.[52] Dieser Befund ist extrem seltsam. Nehmen wir an, wir würden einen Tennisball mit so hoher Energie in den Weltraum schleudern, dass er das Schwerefeld der Erde überwindet: Dann würde er irgendwann mit konstanter Geschwindigkeit durchs All fliegen (zumindest so lange, bis er durch irgendetwas abgebremst wird). Dass der Ball aber, wenn er das Schwerefeld überwindet, ohne weiteren Antrieb *beschleunigt* wird, scheint nach all unseren Erfahrungen und dem bisherigen Kenntnisstand der Physik undenkbar. Doch das Universum tut offensichtlich genau das: Es beschleunigt seine Expansion in alle Richtungen, ohne dass irgendein Antrieb dafür auffindbar wäre. Um diese »Erklärungslücke« – die tatsächlich, einmal mehr, das gesamte Weltbild der Physik ins Wanken bringt – zu schließen, wurde kurzerhand der Begriff »dunkle Energie« geprägt, die den gesamten leeren Raum durchziehen und für die beschleunigte Ausdehnung des Kosmos verantwortlich sein soll. (Bisweilen spricht man auch von »Vakuumenergie«, »umgekehrter Gravitation« oder der »kosmologischen Konstante«.[53])

Doch seit die Existenz dieser »dunklen Energie« postuliert wurde, ist inzwischen ein Vierteljahrhundert vergangen, und es gibt nicht den geringsten experimentellen Nachweis dieser mysteriösen Kraft. Der renommierte Physiker und Oxford-Professor Roger Penrose wies außerdem zu Recht darauf hin, dass der Begriff »Energie« in diesem Fall unpassend ist, weil zusätzliche Energie nach allem, was bisher bekannt ist, mehr Masse und damit auch Gravitation bedeutet und nicht Abstoßung.

Wie »dunkle Materie«, so ist auch der Begriff »dunkle Energie« nur ein Platzhalter dafür, dass die bisherigen Theorien versagen und wir nicht die geringste Vorstellung davon haben, woraus 95 Prozent des Universums bestehen. Die beiden dunklen Begriffe funktionieren einfach wie virtuelle Schieberegler, mit deren Hilfe man verschiedene Variablen so anpassen kann, dass die beobachteten Daten wieder in die bekannten Theorien zu passen scheinen – ohne dass wir damit irgendetwas erklärt hätten.[54] Die »dunkle Energie« erinnert ein wenig an die Äthertheorie des 19. Jahrhunderts, die konstruiert wurde, um die Risse im mechanistischen Weltbild zu kitten. In der Wissenschaftsgeschichte sind immer wieder solche Hilfshypothesen konstruiert worden, um wankende Theoriegebäude zu stabilisieren. Bisweilen kann dieses Vorgehen auch sinnvoll sein, wenn daraus neue überprüfbare Vorhersagen erwachsen.[55] Aber das ist bei den »dunklen Begriffen« bislang nicht der Fall.

In seinem Theaterstück *Der eingebildete Kranke* brachte Jean-Baptiste Molière (1622–1673) ein satirisches Beispiel für zirkuläre Erklärungen vom Typ »dunkle Energie«. In einem mündlichen Doktorexamen wird der Prüfling von den gelehrten Herren nach Ursache und Grund dafür gefragt, warum das Opium einschläfernd wirkt. Der Doktorand gibt zurück: »Weil eine einschläfernde Kraft darin wirkt, deren Natur es ist einzuschläfern.« Der US-amerikanische Anthropologe Gregory Bateson nannte in Anlehnung an Molière solche zirkulären Pseudoerklärungen, die eine beobachtete Wirkung einfach zur Ursache erklären, »einschläfernde Hypothesen«. Denn sie lullen uns dort ein, wo es ein Rätsel gibt, und vermitteln uns das trügerische Gefühl, wir hätten etwas verstanden.

Genauso wie die fortgesetzte Rede von den »Teilchen« die Rätselhaftigkeit dessen, was wir Materie nennen, verschleiert, so vernebeln Begriffe wie »dunkle Materie« und »dunkle Energie« die Tatsache, dass die Rätsel immer größer und nicht kleiner werden. Der Astrophysiker David Merritt weist darauf hin, dass viele Standardlehrbücher der modernen Physik unbeirrt obskure Begriffe wie »dunkle Materie« und »dunkle Energie« als erwiesene Tatsachen darstellen, obwohl es sich bisher lediglich um Scheinerklärungen handelt.[56] Das Gleiche gilt für so manche populärwissenschaftliche Fernsehsendung, in der sich Sätze wie dieser finden: »Die dunkle Materie hält unsere Galaxien zusammen wie ein unsichtbarer Klebstoff.«[57] Auf diese Weise wird Unwissen in eine Illusion von Wissen verwandelt, eine pseudowissenschaftliche Mythologie tritt an die Stelle ernsthaften Erkenntnisstrebens. Merritts Kollege Mike Disney, einer der schärfsten Kritiker der dunklen Begriffe, bemerkt dazu: »Das größte Hindernis für den Fortschritt der Wissenschaften ist die Illusion des Wissens.«

Errungenschaften und Grenzen der modernen Physik

Fassen wir den Stand der Dinge zusammen:

- Eine einheitliche mathematische Beschreibung der physikalischen Welt vom Großen bis zum Kleinen ist trotz 100-jähriger intensiver Bemühungen bis heute nicht in Sicht.
- Alle vier Grundkräfte, die nach heutiger Standardlehrmeinung das physikalische Universum bestimmen (Gravitation, Elektromagnetismus, starke und schwache Kernkraft), beruhen auf »spukhaften Fernwirkungen«, nicht auf Stößen von billardkugelartigen Körpern.[58]
- Die moderne Physik, die einst ausgezogen war, um die ganze Welt durch kausale Beziehungen (Stöße) von fester Materie zu erklären, hat erkennen müssen, dass es diese feste Materie tatsächlich gar nicht gibt. Daher muss sie auf kleinster Ebene auf Begriffe wie Wahrscheinlichkeitswellen und Quantenfelder zurückgreifen, um etwas zu beschreiben, was sich einem mechanistischen Naturverständnis entzieht. Was sich auf dieser Ebene zeigt, sind nicht isolierte Dinge, keine »Bausteine der Materie«, sondern Netze von energetischen Beziehungen, die alles mit allem verbinden.
- Die im Universum beobachtbare Dynamik (beschleunigte Expansion, Galaxienrotation) weicht massiv von den Vorhersagen der newtonschen und einsteinschen Gleichungen ab. Entweder sind diese Gleichungen und mit ihnen das gesamte Standardmodell der Kosmologie falsch, oder das Universum besteht zu 95 Prozent aus hypothetischen Phänomenen wie »dunkler Energie« und »dunkler Materie«, über deren Eigenschaften so gut wie nichts bekannt ist und die sich einer Erforschung weitgehend entziehen.

Dies alles ist kein Argument gegen Wissenschaft. Im Gegenteil: Es ist ein Argument für eine ehrliche Wissenschaft, dafür, sowohl ihre Erkenntnisse als auch ihre Erkenntnisgrenzen ernst zu nehmen und nicht durch einschläfernde Hypothesen zu verdunkeln. Die Erkenntnis etwa, dass unser Universum in seiner Tiefenstruktur kein mechanisches ist, dass es nicht dem Bild einer großen Maschine entspricht, ist von enormer Tragweite für die Frage, wer wir sind und in was für einer Welt wir leben – eine Frage, die, wie wir später noch sehen werden, auch weitreichende gesellschaftliche Folgen hat. Die Entdeckungen der modernen Physik haben gezeigt, dass selbst die als unbelebt bezeichnete Welt kein Baukasten ist und sich den Wünschen nach Determinierbarkeit, Isolierbarkeit und Beherrschbarkeit nicht fügt; dass sie ein großes Gewebe ist, in dem alles mit allem verbunden ist; und dass unsere Fähigkeit zu wissen begrenzt ist – wie die eines jeden Lebewesens. All dies lehrt uns jene Physik, die vor 400 Jahren mit dem Anspruch begann, die Welt vollständig verstehbar, zerlegbar und beherrschbar zu machen. Um relevant zu sein, muss die Physik nicht letzte positive Erkenntnisse produzieren; auch die Erkenntnis, wie Dinge *nicht* sind, kann höchst bedeutsam sein.

Die neuzeitliche Physik ist mit einer extremen Beschränkung ihres Betätigungsfeldes angetreten: Sie wollte die Welt beschreiben, insofern sie messbar und zählbar ist. Diese Beschränkung und die daraus folgende Konzentration auf bestimmte Fragen war zugleich ihre große Stärke, denn sie zählte und maß mit einer nie vorher gekannten Genauigkeit und entwickelte Theorien und Formeln, um die Messergebnisse miteinander in Beziehung zu setzen und daraus Vorhersagen abzuleiten. Doch selbst in ihrem beschränkten Feld kam sie schließlich an Grenzen: An die Stelle von handfesten Körpern sind Wahrscheinlichkeitswellen und »dunkle Kräfte« getreten. Der Stoff, aus dem wir sind, ist keineswegs greifbarer geworden, sondern entzieht sich mit zunehmender Beobachtungstiefe immer weiter. Man kann das als große Niederlage begreifen. Oder als Chance für eine Weltsicht, in der Staunen, Nichtwissen und Bescheidenheit einen ebenbürtigen Platz neben Verstehen und Wissen haben.

2 Leben

Durch alle Wesen reicht der *eine* Raum:
Weltinnenraum.
Die Vögel fliegen still durch uns hindurch.[1]
Rainer Maria Rilke

Der Forschungsgegenstand der Physik war von Anfang an das, was wir als »unbelebte Materie« bezeichnen. Dass das Leben gänzlich anderen Gesetzen folgt, bemerkte schon Isaac Newton:

> Materie ist ein passives Prinzip und kann sich nicht von selbst bewegen. Sie verharrt im Zustand der Bewegung oder Ruhe, solange sie nicht gestört wird. Sie empfängt Bewegung proportional zu der Kraft, die auf sie wirkt. […] Das sind passive Gesetze, und zu behaupten, dass es keine anderen gibt, widerspricht der Erfahrung; denn wir finden in uns selbst die Macht, den Körper durch den Willen zu bewegen. Leben und Wille sind aber aktive Prinzipien, durch die wir den Körper bewegen, und aus ihnen erwachsen andere Gesetze der Bewegung, die uns unbekannt sind.[2]

Newton mischte sich mit dieser Bemerkung in eine Debatte ein, die die gesamte neuzeitliche Biologie prägen sollte. Mit dem Aufstieg der mechanistischen Wissenschaften seit dem frühen 17. Jahrhundert waren Forscher auf den Plan getreten, die behaupteten, dass sich nicht nur die Bewegungen toter Objekte, sondern auch die des Lebens vollständig aus den Prinzipien der Mechanik erklären ließen. Newton wies jedoch auf die entscheidende Schwäche dieser Auffassung hin: Wenn Lebewesen rein mechanische Apparaturen sind, wie ist dann die Erfahrungstatsache zu erklären, dass wir unseren Körper durch bewusste Entscheidungen bewegen können? Wo kommt überhaupt unsere Innenwelt, unser Fühlen, Denken und Wollen, her, wenn es doch nichts geben soll als die Stöße fester Körper? René Descartes, der selbst ein entscheidender Wegbereiter des mechanistischen Weltbildes war, hatte einige Jahrzehnte vor Newton versucht, dieses Problem zu lösen, indem er die Welt in zwei Sphären teilte: eine tote, maschinelle Natur auf der einen Seite und den menschlichen Geist auf der anderen. Dieser Geist gebiete, so Descartes, über den Körper wie Gott über die Schöpfung und wie ein König über seine Untertanen. Tiere waren in seiner Sichtweise nichts als geistlose Automaten. Doch gegen diese Interpretation regte sich von Anfang an heftiger Widerstand in der Forschergemeinde, und zwar von zwei Seiten. Auf der einen Seite versuchten die »Materialisten« zu beweisen, dass auch der Geist durch die Gesetze der mechanischen Physik und der Chemie restlos erklärbar sei. Auf der anderen Seite standen die sogenannten »Vitalisten«, die nicht nur im Menschen, sondern in allen Lebensformen ein Prinzip am Werk sahen, das sich nicht auf materielle Ursachen reduzieren ließe. Der Streit zwischen diesen beiden Lagern sollte über Jahrhunderte die Wissenschaften vom Leben durchziehen, und zwar bis weit ins 20. Jahrhundert.[3]

Inzwischen müssen allerdings beide Ansätze als gescheitert betrachtet werden. Der Vitalismus gilt unter heutigen Biologen zu Recht als Sackgasse, weil er wenig mehr zu bieten hat als zirkuläre, einschläfernde Hypothesen vom Typ »Ein Lebewesen ist lebendig, weil eine besondere Lebenskraft in ihm wirkt«.[4] Der Materialismus wiederum, der scheinbar triumphiert hat, hat sich bisher als unfähig erwiesen, das zentrale Problem zu erklären: die Existenz von Innenwelten, von Bewusstsein. Erschwerend kommt hinzu, dass sich seit den Revolutionen der modernen Physik der Begriff der Materie radikal gewandelt hat. Anstelle von kleinen, festen Körperchen sind im Inneren der Dinge nur fluktuierende Energiebeziehungen zu finden, die unsere Vorstellungen von Kausalität und Logik vollkommen sprengen. Es zeichnen sich daher die Konturen eines doppelten Rätsels ab, das in das Herz der neuzeitlichen Auffassung von der Natur reicht: Beide Seiten des Körper-Geist-Dualismus entziehen sich unserem Verstehen. In diesem Kapitel wollen wir uns diesem Doppelrätsel von der biologischen Seite aus nähern. Dabei wird die Frage nach Herkunft und Wesen der Innenwelten im Zentrum stehen.

Zu den Sonderbarkeiten der Biologie zählt es, dass keine allgemein akzeptierte Definition ihres Forschungsgegenstandes, des Lebens, existiert. Dutzende Kriterien sind vorgeschlagen worden, darunter Selbstorganisation, Selbstregulation (»Homöostase«), Stoffwechsel, Vermehrung, Wachstum, Informationsverarbeitung und vieles mehr. Sie alle spielen zweifellos eine Rolle, aber wie sie zu gewichten sind, bleibt umstritten.

Trotz dieser Schwierigkeiten ist uns intuitiv in den meisten Fällen jedoch schnell klar, was lebt und was nicht. Schon Kleinkinder erfahren früh den Unterschied zwischen dem Tier- und Pflanzenreich auf der einen Seite und unbelebten Dingen andererseits. Lebewesen wachsen und entwickeln sich. Aus Eiern werden Hühner, aus Samen Bäume, aus Babys große Kinder. Bei unbelebten Dingen ist dergleichen nicht zu beobachten; Kristalle etwa können zwar wachsen, aber von einer echten Entwicklung kann kaum die Rede sein. Und was lebt, kann sterben: die abgeschnittenen Blumen, die überfahrene Katze, die eigene Großmutter. Dass ein und derselbe Körper gestern noch eine lebendige Person war, aus deren Augen und Bewegungen ein ganzes geistiges Universum sprühte, und am nächsten Tag nur noch ein Gegenstand ist, bleibt ein kaum begreiflicher Vorgang, den auch Jahrtausende von Philosophie und Wissenschaft nicht weniger geheimnisvoll gemacht haben.[5]

Lebendige Wesen reagieren außerdem vollkommen anders auf ihre Umgebung als etwa Steine oder Wassertropfen. Der

Anthropologe Gregory Bateson beschrieb diesen Unterschied einmal so: »Wenn ich gegen einen Stein trete, dann gebe ich dem Stein Energie, und er bewegt sich mit dieser Energie. Wenn ich einen Hund trete, bewegt er sich mit der Energie, die aus seinem Stoffwechsel kommt.«[6] Während ich die Flugbahn des Steins vorausberechnen kann, kann ich niemals sicher wissen, ob der Hund mich beißen oder weglaufen wird, geschweige denn seine genauen Bewegungen voraussagen.

Eine andere Form der Kausalität

Durch eine physikalische Brille betrachtet sind Lebewesen nichtlineare Systeme. Das bedeutet, dass sehr kleine Ursachen sehr große und oft nicht vorhersagbare Wirkungen entfalten können. Nichtlineare Systeme kommen in einfacher Form bereits in der unbelebten Natur vor. Der belgische Chemiker und spätere Nobelpreisträger Ilya Prigogine hat solche Strukturen seit den 1960er-Jahren systematisch untersucht. Die Luftströmungen der Erdatmosphäre etwa sind nichtlineare Systeme, die sehr empfindlich auf Einflüsse reagieren können: Selbst kleine Temperaturveränderungen können zum Beispiel dazu führen, dass sich Tornados oder Hurrikane bilden. Der Meteorologe und Mitbegründer der Chaostheorie Edward Lorenz prägte dafür den Begriff »Schmetterlingseffekt«: Theoretisch kann der Flügelschlag eines Schmetterlings in Texas einen Tropensturm in Indonesien erzeugen.[7] Minimale Unterschiede der Ausgangsbedingungen können also zur Folge haben, dass das System in die eine oder andere Richtung »kippt« – und dieses Kippen lässt sich nicht exakt vorhersagen.[8] Die Voraussetzung für diese Empfindlichkeit besteht, so Prigogine, darin, dass sich das System sehr weit von seinem thermodynamischen Gleichgewicht entfernt hat und einen gewissen Grad von Selbstorganisation erreicht hat. »Mit einer etwas anthropomorphen Ausdrucksweise könnte man sagen«, schreibt Prigogine, »dass die Materie unter gleichgewichtsfernen Bedingungen beginnt, Unterschiede in der Außenwelt wahrzunehmen, die sie unter Gleichgewichtsbedingungen nicht spüren konnte. Im Gleichgewicht ist die Materie sozusagen ›blind‹.«[9]

Leben beruht, in biochemischer Perspektive, auf der Verknüpfung einer unüberschaubaren Zahl von solchen selbstorganisierenden, gleichgewichtsfernen Prozessen. Und es zeichnet sich entsprechend durch eine besonders hohe Sensibilität aus. Eine winzige Menge Säure etwa löst bei einem Pantoffeltierchen eine panikartige Fluchtbewegung aus. Die zarteste Berührung einer Mimose hat zur Folge, dass sie ihre Blätter rasch einklappt. Ein hingeworfener Brotkrümel kann eine große Schar von Spatzen in heftige Bewegung versetzen. Das physikalische Ereignis der heruntergefallenen Brotkrume steht in keinem proportionalen Verhältnis zur Wirkung. Die Hand eines Schiedsrichters geht in die Höhe; daraufhin bricht in den Rängen des Stadions ein gewaltiges Gewoge los. Die Welt der Lebewesen gleicht nicht der Welt der Physik. Wenn ich einen Stein bewegen will, so muss ich dazu physische Kraft aufwenden, und es lassen sich Proportionen zwischen der aufgewendeten Kraft und der Wirkung, die ich hervorbringe, aufstellen. Wenn ich einen Menschen bewegen will, kann ich das natürlich auch auf physikalische Weise tun, und zwar am einfachsten dann, wenn er tot oder bewusstlos ist; will ich mir aber dazu beispielsweise einen lebenden Passanten greifen, so werde ich feststellen, dass er auf eine Weise reagiert, die mit den Gesetzen der klassischen Mechanik nicht zu erklären ist, dass es merkwürdige Rückstöße gibt, dass ich seine Bewegung einfach nicht kontrollieren kann.

Während Hunde und Passanten dem Versuch, sie durch mechanische Krafteinwirkung zu bewegen, erheblichen Widerstand entgegensetzen können, stelle ich umgekehrt jedoch fest, dass unter Umständen eine winzige Geste – ja, manchmal sogar nur die Intention einer Geste – genügt, um beispielsweise den Hund dazu zu bringen, plötzlich loszurennen.

Man kann es auch so formulieren: Die Welt von Lebewesen ist durch *Bedeutung* organisiert. Das betrifft nicht nur den

Bereich der Sprache, der Gesten und Zeichen, sondern die elementaren Ebenen der biologischen Existenz. Zellen etwa kommunizieren miteinander durch *Botenstoffe*, zum Beispiel Hormone oder Neurotransmitter. Winzige Mengen dieser Substanzen können gewaltige und lang anhaltende Vorgänge im Körper auslösen. Eine Ausschüttung von einigen Mikrogramm Adrenalin etwa kann in einem Menschen Berserkerkräfte in Gang setzen. Auch Allergene und Drogen können in kleinsten Dosen enorme Wirkungen entfalten. Und selbst die Abwesenheit eines bestimmten Stoffes kann Menschen in Bewegung setzen – man denke nur an einen Alkoholiker, dem der Schnaps ausgeht. Oder an die Verzweiflung eines Menschen, der dringend auf Post wartet, angesichts eines leeren Briefkastens. In der Welt der Lebewesen kann selbst das Nichts Wirkungen hervorbringen.

Das Leben ist also durch eine besondere Art von »spukhaften Wirkungen« gekennzeichnet, die sich jedoch von physikalischen Kräften grundsätzlich unterscheiden. Gregory Bateson sprach in diesem Zusammenhang von dem »Unterschied, der einen Unterschied macht«.[10] Ein kleiner Unterschied in der Handstellung des Schiedsrichters führt zu einem winzigen Unterschied auf der Netzhaut der Zuschauer, der wiederum im Nervensystem in eine »Information« übersetzt wird, die den Menschen dann dazu bringt, aufzuspringen und in Jubelgesänge oder Pfeifkonzerte auszubrechen. »Wir verlassen hier«, schreibt Bateson, »die ganze Welt, in der Wirkungen durch Kräfte, Stöße und Energieaustausch hervorgerufen werden. Stattdessen betreten wir eine Welt, in der ›Wirkungen‹ – und ich bin nicht sicher, dass wir immer noch dasselbe Wort benutzen sollten – durch *Unterschiede* hervorgerufen werden.«[11]

Die Wirkung der Handbewegung und der Lichtwellen, die auf die Netzhaut der Zuschauer treffen, beruht nicht in erster Linie auf ihrer physikalischen Energie, sondern darauf, dass sie *als Nachricht interpretiert* werden. Und dazu muss sich dieser Organismus selbst mit Energie versorgen und eine bestimmte Empfindlichkeit, eine *Wahrnehmungsfähigkeit* besitzen. Die Eigenschaft, »Information« oder Nachricht zu sein und »Bedeutung« zu haben, liegt weder in der Handbewegung des Schiedsrichters noch in den Lichtwellen, noch in dem Bild auf der Netzhaut, sondern darin, dass all dies eine bestimmte »Wirkung« in einem lebenden System auslöst, dass es also als Nachricht interpretiert wird. Ohne diese Wirkung, ohne diese Interpretation, bleiben all diese Vorgänge bedeutungslos, irrelevant. Die jeweilige Interpretation wiederum hängt entscheidend von der Geschichte des lebenden Systems ab, von seinem momentanen inneren Zustand, sie kann zu verschiedenen Zeiten und an verschiedenen Orten sehr unterschiedlich ausfallen. (Aus diesem Grund kann man auch niemals sagen, wie viel Information es in der Welt oder in einem bestimmten System gibt. Bedeutung und Information sind keine zählbaren *Dinge*, sondern *Beziehungen* zwischen Welt und interpretierendem Lebewesen.)

Die Kausalität in der Welt der Lebewesen unterscheidet sich aus diesen Gründen fundamental von der Kausalität in der Welt der klassischen Physik. Wenn wir bei Lebewesen von »Kausalität«, von »Ursache« und »Wirkung« sprechen, müssen wir uns klar sein, dass wir es hier nicht, wie in der Mechanik, nur mit *actio* und *reactio*, sondern immer mit dreierlei zu tun haben, nämlich erstens mit einer »Ursache«; zweitens mit einem Vorgang der Wahrnehmung und drittens mit einer »Wirkung« – wobei die Wahrnehmung überhaupt erst bestimmt, was wann in welchem Maße und in Hinsicht auf welche »Wirkung« relevant, das heißt »Ursache« sein kann.[12] Und diese Wahrnehmung kann zu verschiedenen Zeitpunkten eine vollkommen andere sein. Die Bewegung etwa, die einen Hund einmal dazu brachte, loszurennen, kann in einer anderen Situation vollkommen folgenlos bleiben oder etwas ganz anderes bewirken.

Nun haben klassische naturwissenschaftliche Gesetze aber die Form »*Immer* wenn X, dann Y«. Vorgänge, auf die solche Aussagen passen, spielen sich natürlich auch in lebenden

Organismen ab. Bei einer bestimmten Dosis von Arsen wird zum Beispiel jeder Mensch sterben. Aber solche Immer-wenn-dann-Relationen sind nicht das, was für Lebendiges charakteristisch ist, was Leben *als Leben* ausmacht.

In Anschluss an Batesons Überlegungen sind daher Versuche unternommen worden, Leben nicht als klassisches physikalisch-chemisches Geschehen zu verstehen, sondern als Bedeutungsgefüge. Der relativ junge Forschungszweig der Biosemiotik etwa betrachtet alle Lebensprozesse als Zeichensysteme. In dieser Perspektive erscheint die menschliche Sprache nur als eine späte Variante eines Prinzips, auf dem alle Lebensformen, bis hin zum Pantoffeltierchen, gründen, nämlich der Organisation durch Bedeutung.

Das betrifft zum Beispiel auch die Embryonalentwicklung: Die Aussendung und Interpretation bestimmter Proteinsignale entscheidet darüber, wie sich verschiedene Teile eines Embryos entwickeln, welche unterschiedlichen Körpergewebe und Organe sie bilden und wie sie auf diese Weise schließlich die komplexen Formen eines Frosches oder eines Menschen hervorbringen. Der Weg von der befruchteten Eizelle zum Erwachsenen gleicht einem ununterbrochenen Gespräch, in dem Tausende, Millionen und schließlich Milliarden Zellen mithilfe von chemischen Botschaften durcheinanderreden und sich doch verstehen. Das Verhalten der einzelnen Zellen und des gesamten Lebewesens wird nicht durch mechanische Stöße bestimmt, sondern durch codierte Botschaften.

Der Stoff, aus dem wir sind, entzieht sich also in mehrfacher Hinsicht den Vorstellungen eines mechanischen Universums. Schon in unbelebtem Zustand entsprechen die Atome und Moleküle unseres Körpers nicht dem Bild einander stoßender Billardkugeln, sondern bilden eher ein Netzwerk von schwingenden Energiefeldern. Dort, wo sich diese Felder als Leben organisieren, verändert sich ihr Verhalten noch einmal radikal: Was von außen dazukommt, wird nicht durch einfachen Energieaustausch resorbiert oder abgestoßen, sondern kann hochkomplexe selbstorganisierte Prozesse auslösen. Mit anderen Worten: Der Stoff, selbst schon kein Ding, sondern ein Prozess, wird zu etwas noch Unstofflicherem, nämlich zur Nachricht.

Weltinnenräume

Bisher haben wir »Bedeutung« und »Wahrnehmung« nur von außen beschrieben. Doch das reicht bei Weitem nicht aus, um zu verstehen, was Leben ist. Denn Bedeutung ist für uns oft auch mit einem inneren *Er*leben verbunden. Die Freude, die wir empfinden, wenn wir einen geliebten Menschen wiedersehen, die Wut, die in uns aufsteigt, wenn uns eine Ungerechtigkeit widerfährt: All dies sind besondere Erlebnis*qualitäten*, die von einer rein äußerlichen Beschreibung nicht erfasst werden können.[13]

Dass Kinder Steine treten, aber in der Regel keine Hunde, liegt nicht nur daran, dass sie mit nichtlinearen Reaktionen zu rechnen haben, sondern auch daran, dass sie in Hunden empfindungsfähige Wesen erkennen oder vermuten, die – wie sie selbst – über ein Innenleben verfügen. Sie gehen davon aus, dass Hunde etwas *er*leben, wahrnehmen, fühlen.

1974 veröffentlichte der US-amerikanische Philosoph Thomas Nagel einen Artikel, der in Fachkreisen für einiges Aufsehen sorgte. Der Titel lautete: »Wie ist es, eine Fledermaus zu sein?« (»What is it like to be a bat?«) Nagel stellt darin eine einfache Frage: Können wir von außen erkennen, was eine Fledermaus wahrnimmt, was sie erlebt? Fledermäuse orientieren sich, indem sie sehr hohe, für Menschen unhörbare Laute ausstoßen und aus den Reflexionswellen ein »Bild« des Raumes generieren, ähnlich wie wir es anhand der Reflexionen von Lichtwellen tun. Äußerlich können wir dieses Orientierungssystem beschreiben, indem wir die Laute, das Verhalten des Tieres und sein Nervensystem untersuchen. Aber wie *sieht* die Welt *aus*, wie *hört* sie sich *an* für die Fledermaus? Hört die Fledermaus den Raum oder sieht sie ihn? Über all das, so argumentiert Nagel zu Recht, können wir keinerlei Aussagen treffen, gleich wie detailliert und umfassend unsere äußeren Beschreibungen sind. Wir werden nie wissen, wie es sich anfühlt, eine Fledermaus zu sein, wie sich anhört, was sie hört, und wie aussieht, was sie sieht.[14]

Das Gleiche gilt auch für den Magnetsinn von Zugvögeln. Jüngste Forschungen zeigen, dass dieser Orientierungssinn wahrscheinlich im Auge der Vögel lokalisiert ist und eng mit den visuellen Zentren im Gehirn verbunden ist. Vermutlich »sehen« Vögel also das Magnetfeld, aber wir haben keinerlei Möglichkeit, herauszufinden, wie es für sie aussieht.[15]

Was für die Wahrnehmung von Fledermäusen und Zugvögeln gilt, trifft indes nicht nur auf diese besonderen Tiere, sondern potenziell auf *alle* Lebewesen zu. Unsere Farbwahrnehmung ist dafür ein gutes Beispiel. Farben haben für den Sehenden sehr klare Qualitäten. Das tiefe Blau des Abendhimmels, das leuchtende Türkis des Meeres in der Sonne, das Gelb eines blühenden Rapsfeldes: Diese Qualitäten sind das Erste, was uns als sehenden Wesen begegnet. Sie sind unmittelbar da. Sie sind unsere primäre Wirklichkeit. Alles, was wir später tun, zum Beispiel die Wellenlängen des Lichts oder Vorgänge im Gehirn mit Messgeräten zu untersuchen, findet nur auf der Grundlage dieser primären Wirklichkeit statt. Messungen sind nichts weiter als Abstraktionen solcher Wahrnehmungsqualitäten, ob es sich um das Ablesen eines Zollstocks oder Spektrometers oder um die Betrachtung der Monitore eines Magnetresonanztomografen handelt.

Es ist einer der merkwürdigsten Züge der westlichen Geistesgeschichte, dass so viele Anstrengungen unternommen wurden, diesen einfachen Befund auf den Kopf zu stellen und die von allen Qualitäten gesäuberten sekundären Ableitungen zur primären Wirklichkeit zu erklären, während die primäre Realität als bloße »Subjektivität« abgewertet wurde.[16] Aber davon später, im 4. Kapitel, mehr.

Das Besondere an dieser primären Wirklichkeit besteht darin, dass jeder Mensch unmittelbar nur zu seiner eigenen

Wahrnehmung Zugang hat. Sie ist von außen nicht einsehbar. Ich kann nicht direkt durch die Augen eines anderen Menschen, eines Schimpansen oder einer Eidechse sehen. Ich kann zwar das Blau, das ich wahrnehme, mit einem anderen Blau in meinem Gesichtsfeld vergleichen, nicht aber mit dem Blau, das ein anderer Mensch oder gar eine Eidechse sieht. Um etwas über die Farbwahrnehmungen anderer Wesen zu erfahren, brauche ich daher andere, vermittelte Zugänge zu ihrer Welt. Im Falle von Menschen kann ich zum Beispiel mit ihnen sprechen. So kann ich herausfinden, unter welchen Bedingungen jemand etwa von »blau« und wann von »grün« spricht. Dabei kann es zwischen verschiedenen Menschen erhebliche Unterschiede geben.[17] Ich kann diese Aussagen auch mit dem Verhalten eines Spektrometers vergleichen, das Wellenlängen misst, und feststellen, welchem Spektrum von Wellenlängen jemand bereit ist, das Wort »blau« zuzuordnen. Ich kann außerdem ein Elektroenzephalogramm (EEG) erstellen, um neuronale Vorgänge bei Menschen zu untersuchen, die gerade bereit sind, Licht einer bestimmten Wellenlänge »blau« zu nennen.

Doch mit all diesen Methoden erfahre ich nichts über das Blau selbst, über seine erlebte Qualität, die nicht von außen einsehbar, aber doch unbestreitbar da ist. Die unmittelbar anwesende, unreduzierbare Qualität des Farblichen ist weder in den elektromagnetischen Wellen enthalten noch in den Gehirnströmen. Wie bereits in der Einleitung bemerkt, könnte eine farbenblinde Wissenschaftlerin, selbst wenn sie über ein vollständiges Wissen der biochemischen Vorgänge im Gehirn verfügte, daraus niemals schließen, wie es ist, die Farbe Blau zu sehen.[18] Die Bläue des Blau ist nirgendwo außerhalb der eigenen Wahrnehmung zu finden. Auch ein Neurochirurg, der die graue Masse eines lebenden Gehirns aufschneidet, wird sie dort nicht finden. Aber deswegen ist die Bläue des Blau um nichts weniger real als das von außen beobachtbare Gehirn, das der Chirurg untersucht.

Ein weiteres anschauliches Beispiel dafür, dass äußere Beschreibungen uns nichts über erlebte Qualitäten verraten können, ist die Musik. Keine noch so genaue Analyse der akustischen Wellen, der mathematischen Verhältnisse zwischen den Tönen und meiner Gehirnströme kann etwas darüber sagen, was ich *höre*, was ich *erlebe*, wenn ich Debussys *Nocturnes* oder John Coltranes *After the Rain* lausche. Ich kann zwar allgemeine Aussagen treffen, etwa dass Quinten oder Terzen auf relativ einfachen (»harmonischen«) Zahlenverhältnissen von Wellenlängen beruhen; ich kann auch untersuchen, welche Hirnregionen beim Hören besonders aktiv sind; aber die gehörte Qualität, der spezifische emotionale Gehalt einer Akkordfolge oder einer Melodie lässt sich daraus nicht ableiten. Das Gehörte ist weder in den Schallwellen noch in den Gehirnströmen zu finden, es existiert nirgendwo außerhalb meiner Wahrnehmung. Diese Wahrnehmung ist unreduzierbar und nicht wegzudiskutieren, sie ist die primäre Wirklichkeit der Musik. Sie ist Teil des Stoffs, aus dem wir sind.

Für mich als erlebendes Wesen ist die Welt zunächst nicht in eine Innen- und eine Außenperspektive geschieden. Der Apfelbaum, den ich sehe, ist ebenso eine primäre Qualität wie die Musik, die ich höre, oder der Schmerz in meinem Fuß. Die Schwierigkeit beginnt, wenn es um den Schmerz *im Fuß des anderen* geht. Denn dieser Schmerz ist mir nicht in derselben Weise zugänglich wie mein eigener Schmerz oder die Erscheinung des Apfelbaums. Ich kann ihn nur erahnen und durch Interpretation erschließen. Auf den Apfelbaum aber können wir beide direkt zeigen und sagen: »Da steht ein Apfelbaum.« Wir können ihn zeichnen, botanisch bestimmen und mit anderen Bäumen vergleichen und so zu einem Konsens darüber kommen, was wir – in der Außensicht – vor uns haben. Das ist die Grundlage jeder wissenschaftlichen Arbeit. Sie ist streng genommen niemals objektiv, sondern stets intersubjektiv, denn ihr Kern ist der Dialog von Menschen, die etwas primär (»subjektiv«) wahrnehmen.[19]

Über den Schmerz im Fuß der jeweils anderen Person können wir uns aber nicht in derselben Weise unterhalten. Weder können wir darauf zeigen noch uns ein Bild von ihm machen, noch diesen Schmerz mit einem anderen Schmerz vergleichen. Wir können nur die Worte, Gesten, Gesichtsausdrücke und EEG-Messdaten bei verschiedenen Menschen vergleichen, die davon berichten, dass sie Schmerzen haben.

Es gibt also, wenn wir uns den Fragen nach dem Leben und seiner Entstehung und Entwicklung nähern, stets zwei Perspektiven, die nicht aufeinander reduzierbar sind: die Außensicht, die die Funktionen lebendiger Organismen und ihr Zusammenwirken in Ökosystemen *von außen* beschreibt; und das *Er*leben dieser Organismen aus der Innensicht. Diese beiden Perspektiven müssen sich keineswegs widersprechen. Der Verhaltensforscher und Nobelpreisträger Konrad Lorenz wies zu Recht darauf hin, dass ich, wenn ein Freund zur Tür hereinkommt, nicht einerseits ein äußeres biologisches Etwas wahrnehme und andererseits eine davon getrennte erlebende Persönlichkeit, sondern ihn selbstverständlich als Einheit auffasse.[20]

Die Einheit, als die mein Freund ins Zimmer kommt, ist mir jedoch nicht auf allen Ebenen gleichermaßen zugänglich. Während ich zu meiner eigenen Innensicht einen direkten Zugang habe, kann ich mir die Innensicht eines anderen Menschen – die Art, wie er die Welt erlebt – nur durch *Einfühlung*, durch *Interpretation* seiner Mimik, seiner Gesten und Worte erschließen. Unsere Sinne und unsere Gefühlswelt haben hier ihre größten und verblüffendsten Fähigkeiten. Menschen – und auch viele Tiere – können die feinsten Regungen bei anderen wahrnehmen. Ein großer Teil unserer geistigen Tätigkeit ist täglich damit befasst, die Äußerungen und das Verhalten anderer Menschen zu interpretieren. Wenn ich mich frage, was A mit ihrer Bemerkung *gemeint* hat, was die hochgezogenen Augenbrauen von B bedeuten, ob das Ausbleiben einer Antwort von C auf meine letzte E-Mail Abkühlung oder Missfallen signalisiert, dann versuche ich durch Interpretation etwas über die Innensicht anderer Wesen in Erfahrung zu bringen. Diese Interpretationen sind der Stoff, aus dem unser soziales und ein beträchtlicher Teil unseres emotionalen Lebens gemacht sind. Menschen wenden auch viel Zeit und Energie auf, um die Innensichten anderer Menschen – obwohl sie ihnen nie direkt einsichtig sind – bewusst oder unbewusst zu beeinflussen. Wenn wir etwa Eindruck machen oder Zuneigung gewinnen wollen, dann bemühen wir uns, in anderen Menschen bestimmte Bilder von uns zu erzeugen oder zu verändern.[21]

Wie wir auf der Quantenebene durch ein alles verknüpfendes Feld verbunden sind, wie wir durch Atem und Stoffwechsel im steten Austausch mit den Elementen stehen, so sind wir überdies durch ein Netz von Bedeutungen und Interpretationen mit unserer lebendigen Mitwelt verbunden. Die Vorstellung eines isolierbaren, atomistischen Individuums ist daher sowohl auf physikalischer und biologisch-chemischer als auch auf psycho-sozialer Ebene eine Illusion.

Menschen haben in allen uns bekannten Kulturen neben der alltäglichen Körper- und Wortsprache außerdem weitere höchst subtile und differenzierte Methoden entwickelt, um über Innensichten mit der Mitwelt zu kommunizieren, zum Beispiel durch Musik, Dichtung, Tanz und bildende Künste. Diese Sphäre kann weder durch äußere Beschreibungen ersetzt werden noch durch eine Übertragung in die gesprochene Sprache. Die Innenwelt, die sich in Schuberts Klaviertrios oder in Clare Torrys Interpretation von Pink Floyds *The Great Gig in the Sky* manifestiert, lässt sich auf keine andere Weise als eben in dieser Musik ausdrücken.

Bei anderen Lebewesen wird die Einfühlung mit zunehmendem evolutionären Abstand allerdings immer schwieriger. Bei Hund oder Katze kommt man zum Beispiel mit Lyrik und bildender Kunst als Verständigungsmittel nicht weit. Trotz dieser Einschränkung gibt es aber noch einen sehr großen Bereich des Teilens und Einfühlens, und es ist verblüffend, dass Menschen, wie einst René Descartes, ernsthaft glauben konnten, dass diese Wesen kein Empfindungsvermögen hätten, das dem unseren verwandt ist. Viele Menschen entwickeln mit Hunden, Katzen, Pferden, Affen, bisweilen auch mit Vögeln und anderen Tieren, innige Beziehungen. Sie erkennen schnell, wie es dem Tier geht, und antworten intuitiv oder aus Erfahrung auf empathische Weise. Umgekehrt nehmen auch die Tiere unsere Stimmungen oft sehr feinfühlig war.

Doch schon bei einer Eidechse ist nicht mehr klar, was sich aus der Innensicht abspielt. Wir können vermuten, dass es bei ihr ein Innenleben gibt, aber wie es aussieht, darüber können wir nur spekulieren. Auch dem Kartoffelkäfer, der Ameise oder der Schnecke können wir ein Empfinden nicht prinzipiell absprechen, nur weil sie noch weniger Ähnlichkeit mit uns haben. Wir haben einfach keinen Zugang zu ihrer Welt, einen direkten ohnehin nicht, aber auch kaum noch einen vermittelten.

Aufgrund dieser prinzipiellen Grenzen des Wissens ist es nicht verwunderlich, dass sich die biologische Forschung der letzten 400 Jahre fast ausschließlich der Außensicht gewidmet hat.[22] Dagegen ist zunächst auch gar nichts einzuwenden, solange nicht versucht wird, diese Außenperspektive als das einzig Reale darzustellen und der Innensicht einen minderen Rang als bloße »Subjektivität« zuzuweisen oder gar ihre Existenz zu bestreiten. Doch genau diese Abwertung der Innensicht ist ein wesentlicher Strang der westlichen Geistesgeschichte. Zum einen wurde in den Naturwissenschaften seit Galileo mess- und zählbaren Quantitäten nach und nach ein höherer Realitätsstatus zugesprochen als erlebten Qualitäten. Was mess- und zählbar ist, galt tendenziell als »real« und »objektiv«.[23] Darüber hinaus gab und gibt es immer wieder einflussreiche Stimmen, die eine Innensicht sogar vollständig leugnen. Descartes etwa sprach allen nichtmenschlichen Wesen eine Innenwelt ab, eine Tradition, die sich in vielen europäischen Rechtsordnungen fortgesetzt hat, in denen Tiere als Sachen definiert wurden, in Deutschland zum Beispiel noch bis zum Jahr 1990. Die fortgesetzte Misshandlung unserer Mitgeschöpfe in Tierversuchen und in der Massentierhaltung zeugt davon, dass die Ignoranz gegenüber dem Innenleben anderer Wesen bis heute anhält. Im 20. Jahrhundert haben radikale Vertreter des Behaviorismus und eines »eliminativen Materialismus« die Existenz von Innenwelten auch beim Menschen bestritten oder für irrelevant erklärt.[24] Dabei handelte es sich keineswegs um Randgruppen der wissenschaftlichen Welt, sondern zum Teil um führende Vertreter ihrer Zunft.[25]

Lebewesen verfolgen Ziele

Doch ohne die Berücksichtigung der Innenwelt ergibt auch die Außensicht gar kein verständliches Bild des Lebens. Wir können zum Beispiel die Tatsache, dass Lebewesen etwas zielgerichtet und absichtsvoll tun und nicht einfach nur mechanisch reagieren, ohne die Innenwelt nicht verstehen. Der Schimpanse, der mit einem Stock nach einer Banane angelt und sich dabei die Lippen leckt, tut dies wohl nicht ohne ein inneres Bild davon, wie lecker es sein wird, diese Banane zu essen. Das können wir zumindest aus unserer eigenen direkt zugänglichen Innensicht vermuten. Dass wir Ziele verfolgen, hat damit zu tun, dass wir Qualitäten *er*leben und uns an sie erinnern: ob es das kühlende Eis in der Sommerhitze ist, für das wir noch einen Extrakilometer laufen, oder die enormen Anstrengungen, derer Menschen fähig sind, um einen geliebten Menschen für sich zu gewinnen: Unsere Ziele werden, ob im Großen oder Kleinen, zu einem beträchtlichen Teil von unserer Innensicht geführt.

Diese grundlegende Erfahrung kollidiert allerdings mit einem zentralen Dogma der modernen Biologie: dass nämlich biologische Systeme allein von mechanischen beziehungsweise chemischen Ursachen angetrieben werden und nicht von Zielen und Zwecken. Mit anderen Worten: Die Welt des Erlebens und Wollens kann nach diesem Dogma nicht Ursache für Verhalten sein. Doch genau solche Ursache-Wirkungs-Ketten erlebe ich jeden Tag, zum Beispiel wenn ich mich *entscheide*, jetzt noch einen Spaziergang zu machen, weil ich *sehe*, dass das Wetter draußen *sehr schön* ist. Meine *Wahrnehmung* führt zu einer Entscheidung, die eine Kette biochemischer Prozesse in Gang setzt, die wiederum dazu führen, dass in meinen Ober- und Unterschenkelmuskeln Adenosintriphosphat ausgeschüttet wird und ich ein Bein vor das andere setze. Der Quantenphysiker und Nobelpreisträger Erwin Schrödinger formulierte dies in seinem berühmten Buch *What is Life?* einst so: »Ich bin die Person, die die Bewegung der Atome gemäß den Gesetzen der Natur kontrolliert.«[26]

Die meisten Biologen würden hingegen versuchen, diesen ganzen Vorgang vollkommen anders darzustellen. Zum Beispiel so: Im evolutionären Kampf um das Überleben wurden vor Jahrmillionen diejenigen Exemplare der Gattung Homo positiv selektiert, die sich gern und viel bewegen, folglich einen robusten Körperbau ausbildeten und sich reichlich vermehrten. Als Ergebnis dieses Variations- und Selektionsprozesses befindet sich in mir ein genetisch angelegtes biochemisches Programm, das bei entsprechenden Umweltreizen auf das Zentralnervensystem den motorischen Apparat in Bewegung setzt.

Diese Darstellung ist zwar nicht unbedingt vollkommen falsch. Sie erklärt nur nicht, warum ich bei diesem ganzen Vorgang etwas erlebe und mich sogar entscheiden kann, trotz meiner ererbten Neigung zur Bewegung im Freien doch im Zimmer zu bleiben. Sie schildert, mit anderen Worten, die Entstehung einer Veranlagung, einer Verhaltenstendenz, erklärt aber weder das konkrete Verhalten in einem bestimmten Moment noch meine Fähigkeit, echte Entscheidungen zu treffen.

Die Abneigung vieler Biologen, die Welt des Erlebens als Ursache für Verhalten zu akzeptieren, hängt mit einem Begriff zusammen, der in der Geschichte der Biologie für sehr viel Verwirrung gesorgt hat: der *Teleologie*. Das griechische Wort *telos* bedeutet »Ziel«, Teleologie im weitesten Sinne beschäftigt sich mit ziel- und zweckorientierten Prozessen. In Bezug auf Lebewesen können damit sehr verschiedene Dinge gemeint sein. Wirft man sie in einen Topf, entsteht ein heilloses Durcheinander – und genau das ist in der Geschichte der Biologie geschehen.

Erstens kann Teleologie bedeuten, dass Menschen und andere Lebewesen Ziele verfolgen, dass sie etwas *wollen*. Das kann einen sehr weiten Bereich umfassen, von sogenanntem Instinktverhalten bis hin zu bewussten Entscheidungen und planmäßigem Handeln. Zweitens kann damit auf den Umstand verwiesen werden, dass die Entwicklung von Lebewesen von der befruchteten Eizelle bis zum Erwachsenen (Ontogenese) auf einen bestimmten Endzustand, ein Ziel zusteuert. Drittens kann damit aber auch gemeint sein, dass die Entwicklung des Lebens insgesamt, also die Evolution, einem festgelegten Ziel, einem Plan folge, eine Ansicht, die beispielsweise von Anhängern des Kreationismus und des »Intelligent Design« vertreten wird.

Dieser dritte Typ von Teleologie ist es, der Generationen von Biologen zu Recht zum Widerspruch herausgefordert hat. Die Kirche hatte über Jahrhunderte behauptet, dass Gott seine Geschöpfe zielgerichtet nach einem Plan erschaffen habe und diese Wesen – zumindest die Menschen – bestimmten Zwecken in seinem Heilsplan dienten. Der einzige Ausweg, um eine von solchen Dogmen freie Forschung sicherzustellen, schien vielen Biologen darin zu bestehen, Zwecke aus ihrer Wissenschaft vollkommen zu verbannen. So orientierte man sich am Vorbild der Physik, deren Anspruch darin bestand, alle Bewegungen von Körpern auf mechanische Ursachen zurückzuführen. Zwar ist dieser Anspruch, wie wir gesehen haben, angesichts von »spukhaften Fernwirkungen« und den Erkenntnissen der Quantenphysik längst nicht mehr haltbar. Doch bis heute hat sich die Idee hartnäckig gehalten, dass die Natur und das Leben, wenn schon nicht immer von »mechanischen«, so doch zumindest von »blinden« Ursachen angetrieben sei. Formal gesprochen bedeutet das, Ursache-

Wirkungs-Ketten können nur von der atomaren und biochemischen Ebene hin zu den höheren Funktionen verlaufen und nicht umgekehrt vom erlebenden Gesamtwesen zu den Teilen.[27] Anders gesagt: Nur die im Labor analysierbaren einzelnen Komponenten der Körperchemie können als Ursache von Verhalten betrachtet werden, nicht aber die wahrnehmende Persönlichkeit. Nun mögen Billardkugeln blind sein, aber Menschen und die meisten Tiere sind es nicht. Sie agieren zu einem beträchtlichen Teil aufgrund erlebter Wahrnehmung. Doch dafür hat die klassische Biologie keine angemessenen Begriffe.

Daher ist es nicht verwunderlich, dass teleologisches Denken, wiewohl offiziell diskreditiert, immer wieder durch die Hintertür zurückkehrt, einfach weil Beschreibungen von tierischem und menschlichem Verhalten sonst nicht plausibel werden. Der berühmte britische Biologe John B. S. Haldane hat es einst so formuliert: »Teleologie ist für einen Biologen wie eine heimliche Geliebte: Er kann nicht ohne sie leben, aber er will mit ihr nicht in der Öffentlichkeit gesehen werden.«[28] Um dieser Schizophrenie zu entrinnen, führte der US-Biologe Colin Pittendrigh in den 1950er-Jahren den Begriff »Teleonomie« in die Debatte ein, der später von dem Evolutionsforscher Ernst Mayr präzisiert wurde. Der Begriff meint, dass die scheinbaren Ziele eines Lebewesens in Wirklichkeit nur Überlebensprogramme seien, die in der Evolution Vorteile bei der natürlichen Auslese bieten. Nicht die Ziele – zum Beispiel »Ich will die Banane« – sind Ursache für Verhalten, sondern »Programme«, die vor langer Zeit entstanden sind. Mayr verglich dies mit computergesteuerten Maschinen, die für bestimmte Zwecke programmiert wurden und diese verfolgen, ohne bewusst von Zielen geleitet zu sein.[29]

Der Teleonomiebegriff kann in einem bestimmten Bereich durchaus hilfreich sein. In vielen tierischen und menschlichen Verhaltensweisen gibt es eine ererbte, angeborene Komponente, etwa bei den Flugbewegungen und Nestbautechniken mancher Vögel oder den Saugbewegungen von jungen

Säugetieren einschließlich des Menschen. Solches Verhalten wird wesentlich von stammesgeschichtlich älteren Prägungen mitbestimmt, die auf eine nicht näher bekannte Weise vererbt werden. Ernst Mayrs Maschinenmetapher ist hier allerdings fehl am Platze, denn die neuere Forschung hat gezeigt, dass es sich dabei keinesfalls, wie man noch in den 1950er-Jahren glaubte, um starre, fest verschaltete »Auslösemechanismen« handelt, sondern um das Ergebnis eines komplexen Dialogs mit der Umwelt.[30]

So richtig und bedeutsam die Erkenntnis ist, dass die Ursachen eines bestimmten Verhaltens oft in der Vergangenheit und nicht in der Gegenwart zu suchen sind, so wenig bietet der Teleonomiebegriff aber eine echte Lösung, solange er die Innensicht ausblendet. Denn nach allem, was wir beobachten können, in uns und außerhalb von uns, ist beides wahr: Es gibt angeborenes Verhalten, es gibt Prägungen *und zugleich* – zumindest im Fall von Menschen, wahrscheinlich aber auch bei vielen anderen Tieren – Ziele, die auf einem inneren Erleben beruhen und nicht auf mehr oder minder deterministischen Programmen, die wie ein blindes Uhrwerk ablaufen.

Ob ich mich in einer bestimmten Situation für ein Schoko- oder ein Vanilleeis entscheide, ist nicht von der Evolution vor Jahrmillionen festgelegt worden, auch wenn Geschmacksneigungen natürlich auch eine evolutionäre Komponente haben. Ob sich jemand in einer Diktatur dafür entscheidet, einen Verfolgten zu schützen, statt ihn zu verraten, ist nicht im Pleistozän determiniert worden. Vielleicht war es ein persönliches Erlebnis, eine Begegnung, die bei einem Menschen Empathie und Mut freigesetzt hat. Das stammesgeschichtliche Erbe und persönliche Prägungen tragen zweifellos dazu bei, einen Ausschlag in die eine oder andere Richtung zu geben, aber wir verfügen über erhebliche Spielräume für Entscheidungen. Nur weil solche Spielräume existieren, kann es im menschlichen Bereich überhaupt so etwas wie Gewissen, Schuld, Mut, Ethik und gesellschaftliche Weiterentwicklung geben.

Einige Neurowissenschaftler und populärwissenschaftliche Autoren bestreiten, dass wir echte Entscheidungen treffen können, und verweisen auf die Experimente des US-Physiologen Benjamin Libet aus den 1980er-Jahren. Libet hatte Probanden an EEGs angeschlossen und gebeten, willkürlich die Finger einer Hand zu selbstgewählten Zeitpunkten zu heben. Es zeigte sich, dass der bewussten Entscheidung unbewusste Hirnaktivitäten in der entsprechenden Region jeweils um etwa eine halbe Sekunde vorausgingen. Libet selbst allerdings betonte, dass die Ergebnisse keineswegs gegen echte Willensentscheidungen sprechen, da das bewusste Ich stets noch ein »Veto« einlegen könne. Jüngere Untersuchungen haben diese Autonomie bestätigt.[31] Hinzu kommt, dass all diese Experimente auf Entscheidungsprozesse in extrem kurzen Zeitspannen von Millisekunden beschränkt sind. Relevantere Entscheidungen als das willkürliche Heben einer Hand erfordern deutlich mehr Zeit und lassen damit auch wesentlich mehr Raum für die Willensbildung.

Auch bei Tieren lassen sich echte Entscheidungsprozesse beobachten, wenn auch nicht aus der Innenperspektive, sondern nur auf dem Weg der Interpretation. Eine Katze etwa, die vor einem Sprung auf eine hohe Mauer immer wieder von ihrem Aufenthaltsort die Mauer hinaufschaut, unschlüssig auf und ab läuft, dann eine Weile konzentriert still sitzt und sich schließlich sei es für den Sprung, sei es für einen Abbruch des ganzen Unternehmens entscheidet, verhält sich ganz ähnlich wie ein Mensch in einer solchen Situation. Obwohl wir in ihr Innenleben nicht direkt hineinschauen können, kommen wir doch kaum umhin, anzunehmen, dass die Katze in ihrem Geist verschiedene Möglichkeiten durchprobiert, Pläne fasst, die sie sich visuell konkret vorstellt, und schließlich eine Entscheidung trifft, und zwar aufgrund dessen, was sie vor ihrem geistigen Auge – und in ihrem ganzen Körper – erlebt. Jahrzehntelange Forschungen mit Schimpansen, Bonobos, Orang-Utans und Gorillas zeigen ebenfalls, dass diese Tiere Pläne fassen und Entscheidungen treffen, die ohne ein inneres Vorstellungsvermögen undenkbar sind.[32] Ähnliches gilt bei Raben- und Papageienvögeln, Elefanten und zahlreichen anderen Tieren.[33] Nicht nur handeln diese Tiere zum Teil planmäßig, sie sind oft auch in der Lage, die Absichten anderer Lebewesen zu deuten, sich also in sie hineinzuversetzen.[34]

Eine Biologie, die sich dem Leben als Ganzes widmen und widerspruchsfreie Beschreibungen bieten will, muss aus diesen Gründen die Innenperspektive gleichberechtigt miteinbeziehen. Das bedeutet zum einen, mit dem Dogma zu brechen, dass allein die Kenntnis von außen beschreibbarer physikalisch-chemischer Prozesse genügt, um Leben verstehen zu können. Zum anderen werden entscheidende Fragen über die Natur des Stoffes, aus dem wir sind, aufgeworfen. Was befähigt diesen Stoff, zu fühlen, wahrzunehmen und Entscheidungen zu treffen? Handelt es sich überhaupt nur um *einen* Stoff, oder muss etwas anderes hinzukommen, damit wir etwas erleben und Entscheidungen treffen können, wie manche religiöse Traditionen und einige Vitalisten annehmen?

Bewusstsein und Nervensystem

Zunächst einmal erscheint es offensichtlich, dass Innen- und Außensicht nicht unabhängig voneinander existieren. Wir wissen zum Beispiel, dass bestimmte Empfindungs-, Wahrnehmungs- und Denkvermögen verschwinden oder erheblich beeinträchtigt werden, wenn entsprechende Teile des Nervensystems beschädigt oder zerstört werden. Wenn bei einem Menschen die Nerven der Hand durchtrennt sind, kann er zwar noch Phantomschmerz empfinden, aber nicht mehr die Wärme und das Gewicht einer anderen Hand auf der seinen spüren. Anatomen und Neuropsychologen haben seit 150 Jahren anhand von Fallbeispielen eindrücklich beschrieben, wie sich Verletzungen bestimmter Hirnregionen auf die Wahrnehmungs-, Sprach- und Bewegungsfähigkeiten der Betroffenen auswirken.[35] Bildgebende Verfahren haben diese Erkenntnisse in den vergangenen Jahrzehnten erheblich präzisiert und gezeigt, dass bestimmte lokalisierbare Hirnregionen für spezialisierte Funktionen unverzichtbar sind. Patienten etwa, die aufgrund der Schädigung einer bestimmten Region unter »Gesichtsblindheit« (Prosopagnosie) leiden, können noch alles präzise sehen, nur keine Gesichter mehr erkennen und unterscheiden. Der Neuropsychologe Oliver Sacks hat in seinem Buch *Der Mann, der seine Frau mit einem Hut verwechselte* einen solchen Fall beschrieben.[36]

Angeregt von diesen Untersuchungen haben viele Biologen geglaubt, es ließe sich ein anatomisch umgrenztes Substrat des Bewusstseins finden. Schon René Descartes hatte vermutet, das menschliche Bewusstsein habe seinen Sitz in einer bestimmten Region, der Zirbeldrüse, spätere Forscher wollten es im Thalamus oder in anderen Regionen lokalisieren. Doch muss man die bisherigen Anstrengungen, einen Sitz des Bewusstseins dingfest zu machen, als gescheitert betrachten. Zwar ist das Gehirn modular aufgebaut, und bestimmte Funktionen, etwa Hören und Sehen, werden in verschiedenen Regionen bearbeitet, aber die Dimension bewussten Erlebens lässt sich offenbar nicht anatomisch eingrenzen, sondern ist mit weitverzweigten Aktivitäten über große Teile des Nervensystems verbunden.

Das trifft auch für das Gedächtnis zu, das nicht mit einer Festplatte zu vergleichen ist, wo Daten an einem bestimmten Ort gespeichert sind, sondern das über das gesamte Gehirn verteilt zu sein scheint. In der kognitiven Neurowissenschaft gehen die meisten Forscher heute davon aus, dass Erinnerungsfähigkeiten mit einer mehr oder minder dauerhaften Veränderung von Synapsen (den Verbindungen zwischen Neuronen) zusammenhängen, und zwar verstreut über verschiedene Hirnareale. Darüber hinaus aber existiert bis heute keine allgemein anerkannte und überprüfbare Theorie über die neuronalen Grundlagen des Gedächtnisses. Der Neurowissenschaftler und Stanford-Professor Karl Pribram hat, angeregt durch den Quantenphysiker und Einstein-Mitarbeiter David Bohm, ein Modell vorgeschlagen, das die Gedächtnisfunktionen des Gehirns mit einem Hologramm vergleicht, bei dem alle Informationen in jedem seiner Teile enthalten sind.[37]

Die Suche nach einem im Gehirn lokalisierbaren Korrelat des Bewusstseins führt auch noch aus einem anderen Grund womöglich in die Irre. Unser Nervensystem ist weit mehr als das Gehirn. Das enterische Nervensystem, bisweilen auch Bauchhirn genannt, ist beispielsweise an vielen emotionalen Prozessen beteiligt.[38] Auch die Haut – das größte Organ des menschlichen Körpers – spielt eine zentrale Rolle für unser Erleben und unsere Persönlichkeit, wie der dänische Biosemiotiker Jesper Hoffmeyer an einem Fallbeispiel zeigt. Er zitiert den Bericht eines Mannes, der von einer seltenen Nervenerkrankung befallen war und seinen Tastsinn vorübergehend verlor:

> Die schlimmste Erfahrung war das Verschwinden des Tastsinns. Die Grenzen meines Selbst verschwanden gewissermaßen. Wenn meine Hand auf meine Brust gelegt wurde, fühlte es sich so an, als würde sie in der Luft schweben. Es war nicht auszumachen, wo meine Brust endete und wo meine Hand begann. Die Bettdecke schwebte in der Luft über etwas, das nicht ich war. Ich konnte Streicheln nicht fühlen, es war nur eine undeutliche Ahnung von etwas, das längst vergangen war. In dieser Situation erlebte ich ein intensives Gefühl, in mir eingeschlossen zu sein, ohne jede Möglichkeit, in einen physischen Kontakt mit der Umwelt zu treten. Ich sah die Reaktionen und hörte die Worte meiner Angehörigen, aber ich war abgeschnitten von meiner körperlichen Gegenwart. Diese verworrene Körperwahrnehmung war, wie ich glaube, geradezu psychotisch. […] Es war eine Erfahrung hoffnungsloser Einsamkeit.[39]

Der renommierte britische Biologe Denis Noble weist ebenfalls darauf hin, dass unser Bewusstsein nicht auf das Gehirn reduziert werden kann: Wenn ein Mensch seine Beine und Arme, Augen und Gehör, seine Haut und seinen Tastsinn verlöre und eine allgemeine Lähmung, einschließlich Stummheit, hinzukäme, wenn er mit anderen Worten auf sein Gehirn reduziert würde, was bliebe dann von seiner Persönlichkeit, seinem erlebten Selbst noch übrig?[40] Das Gehirn, schließt Noble, ist nicht der Sitz des Bewusstseins, der Persönlichkeit oder des Selbst. Es ist der ganze Mensch, als physisch-geistig-emotionale Ganzheit. Seine Haut gehört ebenso dazu wie sein Gehirn.

Zugleich ist aber auch eine Gleichsetzung des Nervensystems als Ganzem mit bewusstem Erleben nicht möglich. Viele Nervenaktivitäten laufen vollkommen unbewusst ab. Unser Gleichgewichtssinn etwa ist ständig damit beschäftigt, unsere relative Lage im Raum und zur Schwerkraft zu bestimmen. Dabei werden sowohl Veränderungen im Gleichgewichtsorgan des Innenohres, dem sogenannten Vestibularapparat, als auch visuelle und taktile Informationen ausgewertet und in stabilisierende Muskelbewegungen übersetzt. Auch die sogenannte Tiefensensibilität, die Informationen über Lage, Muskelspannung und Bewegungszustände unserer Glieder liefert, spielt dabei eine wesentliche Rolle. Von diesem ganzen komplexen Vorgang bekommen wir meistens kaum etwas mit, zumal wenn unsere Aufmerksamkeit anderen Dingen gewidmet ist. Dieser Umstand wirft allerdings die Frage auf, warum bestimmte Nervenaktivitäten mit Erleben verbunden sind und andere nicht.

Eine Alternative zu der erfolglosen Suche nach einem lokalisierbaren Sitz des Bewusstseins ist die Annahme, nicht ein bestimmter *Ort* sei für Bewusstsein verantwortlich, sondern eine bestimmte *Art* der Nerventätigkeit. Der Chemie-Nobelpreisträger Francis Crick, der zusammen mit James Watson die DNA entschlüsselt hatte, entwickelte in den 1990er-Jahren gemeinsam mit dem Neurowissenschaftler Christof Koch eine Theorie für die bewusste visuelle Wahrnehmung. Crick und Koch vermuteten, dass nicht eine bestimmte Hirnregion für bewusstes Sehen verantwortlich ist, sondern das synchronisierte Feuern von Neuronen in langwelligen Mustern von etwa 40 Herz, die über große Teile des Gehirns verbreitet sind.[41] Anfang der 2000er-Jahre aber mussten die beiden Forscher ernüchtert feststellen: »Wir glauben nicht mehr, dass synchronisiertes Feuern – etwa die sogenannte 40-Hz-Oszillation – hinreichend für das neuronale Korrelat des Bewusstseins ist.«[42]

Was neurophysiologisch unserem bewussten Erleben entspricht, ist also nach wie vor weitgehend ungeklärt.[43] Innensicht und Außensicht lassen sich bisher nicht eindeutig einander zuordnen – und es ist offen, ob dies überhaupt möglich ist.

Diese Bilanz hat auch Folgen für die Frage, was andere, nichtmenschliche Wesen erleben. Wir können zwar vermuten, dass eine abnehmende Komplexität des Nervensystems auch mit einem abnehmendem Reichtum, einer abnehmenden Tiefe der Innensicht einhergeht. Doch sicher ist das nicht. Da sich *Er*leben als ganzheitliche Erfahrung nicht bestimmten Hirnregionen zuordnen lässt, können wir zum Beispiel nicht einfach sagen, eine Eidechse erlebe die Welt vermutlich wie ich, nur abzüglich der Sphäre, die mit der Großhirnrinde von Säugetieren beziehungsweise Menschen korreliert ist.[44] Sie kann die Welt auch *ganz anders* erleben. Vielleicht sogar intensiver. Könnten wir in sie hineinschlüpfen und die Welt *als ihre Welt* erleben, wären wir vielleicht beeindruckt von einer Geistesverfassung, die bestimmten tiefen Meditationszuständen ähnelt; vielleicht würden wir ihre Welt aber auch als flach, hohl und ereignislos erleben; oder alles wäre unglaublich verwirrend wie auf einem Drogentrip. Vielleicht würden *verschiedene Eidechsen* die Welt ja auch sehr unterschiedlich erleben, wie das bei verschiedenen Menschen auch der Fall ist.

Da Nervenaktivität und inneres Erleben offenbar miteinander verknüpft sind, wenn auch auf eine bisher unverstandene Weise, lässt sich vermuten, dass Wesen, die kein Nervensystem besitzen, auch nichts erleben. Das erscheint auch deswegen plausibel, weil wir Ausdrucksbewegungen, die auf inneres Erleben schließen lassen, nur von höheren Tieren kennen. Sicher wissen können wir aber auch dies nicht. Denn es ist ja durchaus denkbar, dass auch andere Zellorganisationen eine Innensicht haben – wenn auch vielleicht eine von ganz anderem Typ –, etwa eine Pflanze oder organlose Tiere wie Schwämme, die über kein Nervensystem verfügen. Schließlich sind unsere Nervenzellen aus denselben Keimzellen entstanden wie alle anderen Zellen, und die Zellen von Tieren, Pflanzen und Pilzen sind eng verwandt. Auch die Form der Kommunikation in einem Gehirn mittels Neurotransmittern ist, von der Außensicht aus betrachtet, nur eine Sonderform der zellulären Kommunikationswege im übrigen Körper, etwa durch Enzyme und Hormone. Überall im Körper werden Nachrichten gesendet und interpretiert, darauf beruht Leben. Warum sollte es nur für eine Art der Zellformation und Zellkommunikation eine Innensicht geben und für alle anderen nicht?

Die meisten Substanzen, die bei Tieren als Neurotransmitter dienen, etwa Dopamin, Serotonin, Acetylcholin, Histamin und Glutamat, kommen auch in Pflanzen vor. Pflanzen verfügen außerdem über Kommunikationswege mit elektrischen Signalen, die einige Ähnlichkeiten mit Nerven haben – wobei sie allerdings etwa tausend Mal langsamer sind. Schon Charles Darwin hatte den sensiblen Wurzelbereich von Pflanzen, der aktiv auf Gravitation, Berührung, Licht und Wasservorkommen reagiert und sich danach ausrichtet, als eine Art »Wurzelgehirn« bezeichnet.[45] Bäume kommunizieren darüber hinaus auf bemerkenswert komplexe Weise durch Botenstoffe mit Artgenossen und anderen Pflanzen, und zwar über ein unterirdisches Netzwerk von Wurzeln und Pilzmyzelien, das bisweilen auch »Woodwide Web« genannt wird. Über dieses Netz können sie beispielsweise Signale an andere Bäume übermitteln, wenn sie von Schädlingen angegriffen werden.[46]

Offensichtlich verständigen sich Pflanzen also untereinander. Daraus aber zu schließen, dass sie ähnlich wie Menschen oder Tiere empfinden, wie es etwa manche Vertreter der »Pflanzenneurobiologie« tun, ist jedoch etwas vorschnell. Denn aus den Beschreibungen biochemischer Vorgänge in der Außensicht lässt sich die Innensicht, wie wir gesehen haben, nicht ableiten.[47] Ob Pflanzen etwas *er*leben und ob es in diesem Erleben Gemeinsamkeiten mit dem unseren gibt, all das kann nur Gegenstand unserer Imagination, nicht des Wissens sein.

Wir können auch nicht wissen, ob größere Lebenszusammenhänge nicht ebenfalls über eine Innensicht verfügen. Mit welchem Argument könnte etwa eine Insektenforscherin behaupten, dass der Termitenhaufen, den sie untersucht, nicht denkt oder fühlt? Immerhin verfügen Termiten über eine bemerkenswerte kollektive Intelligenz. Die Forscherin befindet sich hier in einer ähnlichen Lage wie jemand, der das Gehirn eines menschlichen Wachkomapatienten untersucht und keine Chance hat, herauszufinden, ob da eine Innenwelt drinsteckt oder nicht. Und wer kann mit Gewissheit sagen, dass die Bewegung des Rehs im Wald nicht ein *Gedanke des Waldes* sei? Dass nicht nur das Reh selbst, sondern auch das lebende Gesamtsystem, von dem das Reh ein Teil ist, eine Innensicht hat?[48]

Die Ursprünge des *Er*lebens

Jenseits der Frage, wo genau in der Evolution die Welt des Erlebens, der Innensichten beginnt, ob bei dem Pantoffeltierchen, der Pflanze, der Eidechse oder der Maus, und wo es endet, erhebt sich eine noch tiefergehende Frage: Wie kommt es überhaupt dazu, dass irgendwann aus fühlloser Materie plötzlich eine gänzlich neue Sphäre entsteht und ab einer bestimmten Schwelle Dinge oder Wesen nicht nur das sind, was sie von außen scheinen, sondern noch eine verborgene, für Außenstehende unzugängliche Innenseite haben? Diese Frage stellt sich sowohl in Bezug auf die Evolution (Phylogenese) als auch auf die Entwicklung vom befruchteten Ei zum ausgewachsenen Tier oder Menschen (Ontogenese): Wann und vor allem *warum* beginnt das Ganze ein *er*lebendes Wesen zu sein?

Auf diese Fragen gibt es im Prinzip drei mögliche Arten von Antworten. Die erste und in der heutigen Biologie am weitesten verbreitete lautet, dass im Laufe der Evolution die biologische Organisation so komplex wurde, dass vollkommen neue systemische Eigenschaften auftraten, sogenannte *emergente* Eigenschaften (von lateinisch *emergere* »auftauchen«). Emergenz meint Phänomene, die sich nicht aus der tieferliegenden Organisationsebene erklären lassen. Die Bildung von Schneekristallen etwa ist eine emergente Eigenschaft von Wasser unter bestimmten Bedingungen: Die extrem vielfältigen Formen dieser Kristalle lassen sich nicht unmittelbar aus den atomaren und chemischen Eigenschaften von H_2O vorhersagen.[49]

In der Biologie ist Emergenz allgegenwärtig. Das Verhalten eines Bakteriums lässt sich nicht aus den chemischen Eigenschaften der einzelnen Moleküle, aus denen es besteht, ableiten, das Jagdverhalten eines Tigers nicht aus seiner Zellstruktur, die Handlungen von Mahatma Gandhi nicht aus seinem Lymphgewebe. Emergenz ist ein sehr hilfreiches Konzept, das von den Pionieren der Systembiologie eingeführt wurde, um dem reduktionistischen Mythos entgegenzutreten, alles lasse sich aus den kleinsten Einheiten ableiten.

So wichtig Emergenz für das Verständnis der Natur ist, so wenig bietet sie jedoch eine Erklärung für die Entstehung von Innensichten, da die Beschreibungen emergenter Phänomene sich lediglich auf die Außensicht beziehen. Die Entstehung von Innenwelten ist von grundsätzlich anderem Typ als die Entwicklung neuer Regelkreisläufe, wie sie die Systembiologie beschreibt. Denn es geht hier nicht um eine neue biologische *Funktion*, die sich von außen beschreiben ließe, sondern um eine ganz neue Dimension, eine Art Paralleluniversum, das nur dem erlebenden Wesen selbst offensteht. Da Biologen ebenso wenig Zugang zu den Innenwelten von Eidechsen oder Termiten haben wie andere Menschen, können sie weder sagen, wo das Erleben in der Natur genau beginnt, noch warum. Emergenz liefert aus diesem einfachen Grund für das Phänomen unseres Erlebens keine oder bestenfalls eine zirkuläre, einschläfernde Erklärung vom Typ »Innenwelten sind aufgetaucht, weil sie auftauchten (›emergierten‹)«. Es ist zwar durchaus möglich, dass Innensichten im Laufe der Evolution erst ab einer bestimmten Komplexität hinzugekommen sind. Das Konzept der Emergenz trägt aber nichts dazu bei, die entscheidende Frage zu beantworten, nämlich wann, wie und warum »tote Materie«, die sich in lebenden Strukturen organisiert, plötzlich eine Innenseite entwickelt hat.[50]

Die zweite Art von Antworten läuft darauf hinaus, dass ab einer bestimmten evolutionären Stufe den Wesen, sei es bei ihrer Zeugung, sei es während ihrer Embryonalentwicklung, eine Seelen- oder Geistessubstanz hinzugefügt wird. Diese dualistische oder vitalistische Deutung ist insofern der ersten ähnlich, als sie das Auftauchen der Innensicht nicht wirklich erklärt, sondern eine (in diesem Fall etwas verstecktere) Tautologie bildet. Sie fügt dem Geschehen eine Substanz hinzu, die dadurch definiert ist, dass sie grundsätzlich durch äußere Beschreibung nicht auffindbar ist, sondern nur auf der Ebene des inneren Erlebens zugänglich ist.[51] Diese immaterielle Substanz aber ist nichts anderes als eine Verdinglichung des zu erklärenden Phänomens selbst, nämlich der Innenwelt. Auf die Frage »Warum erlebe ich etwas?« wird hier geantwortet: »Weil mir eine Erlebnissubstanz beigegeben wurde.« Die logische Form ist ähnlich wie bei zirkulären Hypothesen vom Typ »Warum wirkt Opium einschläfernd?« – »Weil eine einschläfernde Kraft darin wirkt«. Wenn ein Elefant plötzlich im Raum aufgetaucht ist und man als Erklärung angibt, dem Raum sei zu einem bestimmten Zeitpunkt eine »elefantische Substanz« beigefügt worden, dann ist das zwar nicht unbedingt falsch, aber es trägt zur Klärung der Frage, wo der Elefant *herkommt*, nichts bei.

Fühlende Materie und erwachende Quantenfelder

Da die ersten beiden Antworten tendenziell im Kreis führen, mag es lohnend sein, sich noch mit einer dritten Möglichkeit zu befassen, die allerdings unser Vorstellungsvermögen erheblich herausfordert. Sie lautet kurz gefasst: Was wir Materie nennen, ist gar nicht so tot, wie wir glauben. Die Trennlinie zwischen Lebendigem und Unbelebtem reicht nicht in eine absolute Tiefe, das Unbelebte trägt bereits Vorformen, Potenziale, Keimformen lebendigen Erlebens in sich. Mit anderen Worten: Der Fehler, der uns in die Sackgasse geführt hat, liegt in einem falschen Begriff der Materie, wie er zu Beginn der neuzeitlichen Wissenschaften gefasst wurde.

Die Ursprünge dieser bisweilen als »Panpsychismus« bezeichneten Position reichen weit in die Geschichte von Philosophie und Wissenschaften zurück. In der indischen Samkhya-Tradition etwa, die vor mehr als 2500 Jahren entstand, ist der Urstoff des Universums, *prakriti*, nicht als tot und passiv gedacht, sondern als aktives Prinzip, das auch Empfindungs- und Wahrnehmungsvermögen umfasst. Auch in der buddhistischen Lehre bilden Stoff und Erleben als *namarupa* eine Einheit. In der westlichen Tradition wurden ähnliche Positionen von vorsokratischen Naturforschern wie Thales und Anaxagoras und in der Neuzeit von Giordano Bruno, Baruch de Spinoza, Gottfried Wilhelm Leibniz, Johann Wolfgang von Goethe, Alfred North Whitehead, Bertrand Russell und dem Quantenphysiker Wolfgang Pauli vorgebracht. Es handelt sich also keineswegs um eine esoterische Randposition, sondern um eine wichtige Denktradition, auch im Westen, die allerdings lange von dem Streit zwischen christlich-cartesischem Dualismus und materialistischen Emergenztheorien überschattet wurde.

Der britische Philosoph Colin McGinn unterscheidet zwei Arten des »Panpsychismus«, eine harte und eine weiche. Die harte Variante behauptet, alles in der Natur, selbst Steine und Atome, würden über ein voll entwickeltes Empfindungs- und Denkvermögen verfügen. Diese Version hat allerdings kaum ernstzunehmende Verfechter und überzeugende Argumente zu bieten. Weder deutet irgendetwas im Verhalten von Steinen auf ein solches Innenleben hin, noch ist klar, warum Lebewesen dann überhaupt ein Nervensystem bräuchten, um ihre Innenwelt zu entfalten. Die schwache – und ernster zu nehmende – These hingegen besagt, dass das, was wir Materie nennen, Vorformen oder Keime dessen besitzt, was sich in Lebewesen dann zu einer ausgebildeten Innenwelt organisieren kann.[52]

Der französische Universalgelehrte Denis Diderot, einer der geistreichsten Vertreter der Aufklärung und Mitherausgeber der epochalen *Encyclopédie*, hat in den 1760er-Jahren eine Reihe von Argumenten angeführt, warum wir uns mit der Möglichkeit auseinandersetzen sollten, dass das, was wir Materie nennen, zumindest einen rudimentären Keim, eine Potenzialität von Erlebensfähigkeit besitzt. In seinen fiktiven Dialogen *Gespräch zwischen d'Alembert und Diderot* und *D'Alemberts Traum* setzt er sich mit der Frage auseinander, wie aus lebloser Materie ein fühlendes Wesen, etwa ein Küken, entstehen kann:

Sehen Sie dieses Ei? Mit ihm stürzen wir alle Theologenschulen und alle Tempel der Erde um. Was ist dieses Ei? Eine nicht empfindungsfähige Masse. […] Wie gelangt diese Masse zu einer anderen Organisation, zur Empfindungsfähigkeit, zum Leben? Zunächst ist es nur ein schwingender Punkt, ein Faden, der sich ausdehnt und färbt. Ein Schnabel wird erkennbar, die Ansätze von Flügeln, von Augen, von Beinen erscheinen. Eine gelbliche Substanz teilt sich und bildet die Organe: Ein Tier ist entstanden. Dieses Tier bewegt sich, es schüttelt sich, es schreit, ich höre es durch die Schale hindurch rufen. Es entwickelt Daunen, es beginnt zu sehen. Sein schwerer, hin und her taumelnder Kopf führt den Schnabel ohne Unterlass gegen die Innenwand seines Gefängnisses. Und schon bricht die Schale, es verlässt das Ei, es läuft, es fliegt, es regt sich auf, es rennt weg, es kommt wieder heran, es beklagt sich, es leidet, es liebt, es begehrt, es freut sich. Es verfügt über alle Gefühle, die auch die Ihren sind; es handelt wie Sie. Wollen Sie, wie es Descartes tat, behaupten, dass es sich bloß um eine Maschine handelt, die Gefühle imitiert? Jedes kleine Kind wird Sie dafür auslachen. [...] Wenn Sie zugeben, dass zwischen dem Tier und Ihnen nur ein Unterschied der Organisation besteht, dann beweisen Sie gesunden Menschenverstand.[53]

Anzunehmen, dass »aus lebloser, rein passiver Materie Empfindungsfähigkeit, Leben, Gedächtnis, Bewusstsein, Leidenschaften und Denken entstehen«, so Diderot weiter, »stürzt uns in einen Abgrund aus Mysterien, Widersprüchen und Absurditäten«.[54] Die einzige Lösung bestehe darin, eine allgemeine potenzielle Empfindungsfähigkeit der Materie, eine »sensibilité universelle«, anzunehmen, die durch die besondere Organisationsform dieser Materie gleichsam zum Leben erweckt würde. Wie der Philosoph David Chalmers bemerkt, würde das bedeuten, den grundlegenden physikalischen Kategorien des Universums wie Raum, Zeit, Masse und Energie noch eine weitere hinzuzufügen, die für die Innensicht steht.[55] Diesen Ansatz vertritt inzwischen auch Christof Koch, der zuvor vergeblich mit Francis Crick an einer tragfähigen neuronalen Theorie des Bewusstseins gearbeitet hatte.[56] Eine ähnliche Sichtweise hatte bereits William Kingdon Clifford vorgeschlagen, einer der bedeutendsten Mathematiker des 19. Jahrhunderts, der den Begriff »Mind-stuff« (Geist-Stoff) prägte[57], welcher später von dem britischen Astrophysiker Arthur Eddington aufgegriffen wurde.[58]

Zu Diderots »potenzieller Erlebnisfähigkeit« gibt es im menschlichen Leben eine interessante Analogie: den traumlosen Tiefschlaf. Der Schlafende verfügt in dieser Phase zweifellos über das Potenzial, etwas zu erleben – schließlich kann er jederzeit aufwachen oder zu träumen beginnen –, aber diese Möglichkeit schläft ebenfalls. Nach allem, was wir aus der Schlafforschung wissen, findet in diesen Phasen nichts statt, was Ähnlichkeit mit unserem bewussten Erleben oder auch mit Träumen hat, und das, obwohl es messbare Hirnaktivitäten gibt.[59] Wir sind über mehrere Stunden jede Nacht zugleich da und nicht, wir leben und atmen, aber das *er*lebende Ich scheint verschwunden und existiert nur als Potenzialität.[60] Auch bei ausgewachsenen Menschen haben wir es also immer wieder mit Übergängen zu tun, die denen vom (mutmaßlich) erlebnislosen Ei zum erlebenden Küken durchaus ähnlich sind. Ein Patient, der aus tiefer Narkose oder einem Koma erwacht, durchlebt ebenfalls einen solchen Übergang.

Diderots Spekulationen erscheinen außerdem in einem neuen Licht, wenn wir sie mit den Entdeckungen der Quantenphysik verbinden. Wer kann uns garantieren, dass die Anregungen von Quantenfeldern, die wir unvorsichtigerweise »Elementarteilchen« nennen, keinerlei Innensicht hätten, und sei sie nur im Modus Schlaf? Aus der Perspektive der modernen Physik handelt es sich schließlich gar nicht um isolierte Partikel, sondern um lokale Zustände von »Feldern«, die im Prinzip alles mit allem verbinden. Diderots Frage lautet in dieser Perspektive also nicht, ob sehr kleine billardkugelartige Materiestücke eine potenzielle Erlebnisfähigkeit besitzen, sondern ob Quantenfelder dies tun.[61] Woher wollen wir wissen, dass diese Felder nichts weiter sind als das, was wir *von außen* beobachten und messen können? Woraus schließen wir, dass es keine wie auch immer geartete Innensicht von Spiralgalaxien und Supernovae gibt – oder auch eines Ozeans wie in Stanisław Lems Science-Fiction-Roman *Solaris*? Vielleicht hat ja sogar der Kosmos als Ganzes eine verborgene Innenperspektive. Vielleicht befindet er sich im traumlosen Tiefschlaf und schlägt nur in uns die Augen auf?

Auf all diese Fragen gibt es keine abschließenden Antworten. Weder können wir sie bejahen noch kategorisch verneinen. Die Auseinandersetzung zwischen »Panpsychisten«, Dualisten und Vertretern von »radikaler Emergenz« wird bereits seit der Antike ausgetragen und ist einer Lösung seither um keinen Schritt nähergekommen, weder in den Wissenschaften noch in der Philosophie. Das liegt in der Natur der Sache:

Da wir keinen direkten Einblick in die Innenwelten anderer Wesen haben und selbst der indirekte Zugang schwindet, wenn sie von uns evolutionär weit entfernt sind, lässt sich weder das eine noch das andere je beweisen. Rein logische Argumente helfen letztlich auch nicht weiter. Denn bereits unsere kurze Geschichte der Physik und Biologie hat gezeigt, dass die Erforschung der Welt immer wieder Phänomene zutage fördert, die der Logik und dem gesundem Menschenverstand auf eklatante Weise widersprechen. Unsere Begriffe von Kausalität und unsere Intuition sind für einen gewissen Bereich von Erscheinungen, auf den wir evolutionär vorbereitet sind, sehr nützlich und treffsicher. In anderen Sphären scheitern sie spektakulär.

Die Frage nach Tod und Jenseits

Die Frage nach dem Stoff, aus dem wir sind, ist auch zentral für die Frage, was geschieht, wenn unser Herz und unser Nervensystem aufhören zu arbeiten und der Körper beginnt, sich in seine Bestandteile aufzulösen.

Aus der medizinischen Außenperspektive ist der Tod von komplexen Wesen, etwa höheren Tieren oder Menschen, kein Ereignis, sondern ein Prozess. Bei einem Einzeller kann man sagen, dass der Tod in dem Moment eintritt, wo sich die Zellmembran auflöst. (Ein Beispiel dafür, dass die Membran, wie wir im nächsten Kapitel sehen werden, grundlegend für das Leben ist.) Doch bei höheren Lebewesen ist die Grenze wesentlich unschärfer. In der Regel versagen nach und nach verschiedene Organe oder schränken ihre Funktion ein. Erst nach Stunden kommen alle lebendigen Prozesse in den Zellen zum Stillstand und die Zellen beginnen zu zerfallen.

Was aber geschieht dabei aus der Innensicht? Stirbt diese Innensicht zusammen mit den Zellgeweben vollständig ab? Oder bleibt etwas von ihr übrig, selbst nach dem Erlöschen der Gewebefunktionen?

Für die Beantwortung dieser Fragen gibt es leider keine Augenzeugenberichte, da Menschen, die vollständig tot sind, nichts mehr erzählen können. Begrenzte Einblicke können aber die sogenannten Nahtoderfahrungen geben. Damit sind Berichte von Menschen gemeint, die bereits einen Herzstillstand erlitten hatten und anschließend wiederbelebt wurden.

Nahtoderlebnisse werden in der westlichen Welt seit den 1970er-Jahren erforscht. Während dieser Bereich lange als »Parapsychologie« belächelt wurde, haben sich in jüngerer Zeit auch anerkannte große Forschungseinrichtungen dem Thema gewidmet. Ein Forscherteam von der University of Southampton etwa hat auf drei Kontinenten umfangreiche Studien an mehr als 2000 Patienten durchgeführt, die einen Herzstillstand erlitten hatten und wiederbelebt wurden. Etwa 40 Prozent von ihnen berichteten über bewusste Wahrnehmungen nach dem klinischen Tod. Dass es sich bei vielen dieser Erlebnisse nicht um Einbildungen handelte, konnten die Forscher an einem Vergleich der Erzählungen mit den von außen beobachtbaren Ereignissen im Krankenzimmer feststellen. Ein 57-jähriger Sozialarbeiter etwa berichtete, er habe seine Wiederbelebung aus einer Ecke des Raumes beobachtet. Er konnte en détail die Arbeit der Ärzte bis zu seiner Wiederbelebung schildern, die erst gut drei Minuten nach dem Herzstillstand gelang. Die zeitliche Zuordnung dieser Erlebnisse war möglich, weil der Mann von bestimmten Pieptönen einer Maschine berichtete, die tatsächlich erst nach drei Minuten zu hören waren.[62] Die Ergebnisse der Studie sind eine Herausforderung für die Hirn- und Bewusstseinsforschung. Denn bisher war man davon ausgegangen, dass bewusstes Erleben mehrere Minuten nach dem klinischen Tod unmöglich ist, weil die messbaren Hirnsignale bereits 20 bis 30 Sekunden nach Ende der Herztätigkeit aufhören.

Jenseits akkurater Beobachtungen ihrer Umgebung haben zahlreiche Patienten auch von anderen Erfahrungen in der Nähe des Todes berichtet, etwa intensiven Lichterlebnissen. In anderen Untersuchungen, etwa durch den US-Psychologen Kenneth Ring, berichteten viele Betroffene auch von einem tiefen Gefühl der Verbundenheit mit der Welt und den übrigen Geschöpfen – ein Gefühl, das oft für das ganze weitere Leben anhalten sollte.[63] Bisweilen gibt es auch negative Erfahrungen. So erzählten einige Überlebende von dem Gefühl, unter Wasser gezogen zu werden und zu ertrinken.

Die Erforschung von Nahtoderlebnissen kann wichtige Einblicke in die Innensicht des Sterbevorgangs bieten. Allerdings liegt es in der Natur der Sache, dass sie nur bis an eine gewisse Schwelle reichen. Wie es sich anfühlt, wenn der ganze Körper zerfällt, und was dann übrig bleibt, kann niemand mehr berichten.[64] Aus diesem Grund bleibt die Frage nach dem, was jenseits dieser Schwelle liegt, notwendigerweise offen. Je nachdem, welcher der drei Auffassungen über die Herkunft unseres seelisch-geistigen Lebens wir zuneigen, werden wir auch unterschiedliche Erwartungen darüber hegen, was nach dem Tod geschieht.

Wer eine Emergenz der Innenwelt annimmt, wird davon ausgehen, dass jedes Erleben mit dem Körper, mit dem es einst entstanden war, auch wieder zerfällt. Eine solche Sichtweise ist nicht nur in westlichen Gesellschaften zu finden, sondern auch in anderen Kulturen. Bei den teilweise noch nomadisch lebenden Hadza in Tansania zum Beispiel gibt es nach derzeitigem Kenntnisstand keinen Glauben an eine wie auch immer geartete Fortexistenz nach dem Tod.[65] Das Gleiche gilt für die altindische Charvaka-Tradition, eine philosophische Schule, die etwa zur Zeit der Vorsokratiker und Buddhas ihre Blüte hatte.

Wer hingegen an eine unsichtbare Seelensubstanz glaubt, wird irgendeine Art von Leben nach dem Tod annehmen – wobei es sehr viele Varianten davon geben kann. Die australischen Aborigines etwa gehen davon aus, dass ein seelischer Anteil des Menschen nach dem Tod unzerstörbar ist und mit den mythischen Ahnen der »Traumzeit« verschmilzt. Im alten Ägypten, in bestimmten chinesischen Traditionen und in der jüdischen Kabbala gibt es die Vorstellung verschiedener Seelenanteile, denen nach dem Tod unterschiedliche Schicksale beschieden sind. Andere Traditionen gehen von einer Reinkarnation aus.

Für »Panpsychiker« wiederum existiert ebenfalls ein breites Spektrum von Möglichkeiten. Nimmt man an, dass wir Teil eines alles verbindenden kosmischen Gewebes sind, das sich Gegensatzpaaren wie »Materie« und »Geist« entzieht, dann ist die Auflösung unserer individuellen Form zugleich auch der Wiedereintritt in ein großes Ganzes, das keineswegs gänzlich tot und seelenlos ist, wenn auch nicht mit einem Ich-Bewusstsein ausgestattet. Dieser Sichtweise entspricht zum Beispiel das Konzept der altindischen Vedanta-Philosophie von der Einzelseele *atman*, die in ein Weltganzes *brahman* eingeht. Es ist kein Zufall, dass sich viele Quantenphysiker, darunter Niels Bohr, Erwin Schrödinger, Robert Oppenheimer und Werner Heisenberg, intensiv mit der Philosophie des Vedanta beschäftigt haben.

Rätsel und Mysterien: die Grenzen unserer Erkenntnisfähigkeit

Noam Chomsky weist darauf hin, dass wir mit dem Zusammenbruch des mechanistischen Weltbildes einen greifbaren Begriff der Materie verloren haben. Aus dem klassischen cartesischen Dualismus von Geist und Materie ist keinesfalls, wie man lange geglaubt hatte, der Geist verschwunden, sondern die Materie. Das Rätsel vom »Gespenst in der Maschine« hat sich aufgelöst, weil es die Maschine gar nicht gibt.[66] Es habe, so Chomsky, daher auch keinen Sinn mehr, vom »Leib-Seele-« oder »Körper-Geist-Problem« zu sprechen, weil die Rede von physikalischen Körpern ihren einstigen Gehalt verloren hat.[67] Hans-Peter Dürr formulierte dies so: »Der eigentliche Hintergrund der Wirklichkeit ist nicht materieller Art, sondern geistiger Art. Dass dieses Informationsfeld zu Materie geronnen ist, gibt uns die Möglichkeit, es von außen zu sehen. Was wir sehen, ist die materielle Kruste des Geistes.«[68] Wenn man die alten Begriffe überhaupt noch benutzen will, so bleibt, je nach Geschmack, entweder »Geist«, der die Gestalt von Materie annehmen kann, oder potenziell denkfähige, *er*lebnisfähige Materie beziehungsweise Energie.

Chomsky argumentiert weiter, dass den Menschen – wie allen Lebewesen – bestimmte prinzipielle Grenzen ihres Erkenntnisvermögens eigen sind und dass die Rätsel um den Stoff, aus dem wir sind, möglicherweise genau diese Grenzen markieren. Bienen etwa können das Wesen einer Glasscheibe nicht begreifen. Sie summen an einer halb geöffneten Glastür bis zur völligen Erschöpfung herum, während eine Katze rasch versteht, wie man hinauskommt. Ratten können in einem Labyrinth lernen, nur jede zweite oder jede dritte Abzweigung zu nehmen, um damit schließlich zum Ausgang zu gelangen. Sie können aber prinzipiell nicht lernen, nur Abzweigungen zu nehmen, die auf Primzahlen beruhen. Ihre kognitiven Fähigkeiten sind dafür nicht ausreichend. Während die Labyrinthe mit einer Zweier- oder Dreierstruktur für die Ratte lediglich »Probleme« darstellen, die sie lösen kann, bleibt das Primzahlen-Labyrinth für sie ein ewiges *Mysterium* – so wie für uns Menschen die innere Beschaffenheit dessen, was wir die »materielle Welt« nennen, oder für die Biene das Wesen einer Glasscheibe. Während sich Rätsel (*puzzles*) durch Forschung im Prinzip lösen lassen, sind Mysterien für uns unlösbar.[69]

Vielen Forschern und auch Nichtwissenschaftlern fällt es ausgesprochen schwer, die Möglichkeit solcher prinzipiellen Grenzen der Erkenntnis zu akzeptieren, widerspricht sie doch dem Bild des Menschen, der außerhalb der übrigen Schöpfung steht, sie mit seinem Geist und seinen Werkzeugen durchdringt und schließlich über sie gebietet wie ein allmächtiger Gott über seine Geschöpfe. Aber wenn wir einen Moment innehalten und uns aus dieser Herrschaftsperspektive verabschieden, dann fragt sich, warum die Existenz von wissenschaftlichen Mysterien eine so tragische Nachricht sein sollte. Ist es nicht wesentlich interessanter, in einem unerschöpflichen Universum zu leben, das wir niemals ganz kennen und verstehen können, als in einer durch und durch bekannten und nur allzu verstandenen Welt, die sich auf ein paar allgemeine Formeln reduzieren ließe? Und wie sollte eine Welt, die solche seltsamen, unerklärlichen Geschöpfe wie uns selbst hervorbringt, überhaupt auf einfache Formeln reduzierbar sein? Die Reise durch Jahrhunderte physikalischer und biologischer Forschung hat jedenfalls unsere Welt keineswegs, wie immer wieder behauptet wird, ihrer Geheimnisse beraubt, sondern diese Geheimnisse nur immer schärfer hervortreten lassen. Der Quantenphysiker und Nobelpreisträger Richard Feynman bemerkte dazu einmal: »Die Wissenschaft fügt dem aufregenden Mysterium einer Blume nur etwas hinzu. Sie fügt immer nur hinzu und nimmt nie etwas weg.«[70]

Die »Entzauberung der Welt« (Max Weber) ist nicht das Ergebnis wissenschaftlicher Forschung als solcher, sondern einer Mythologie, die Wissenschaft ideologisch verzerrt, um das täuschende Bild einer total durchschaubaren und beherrschbaren Welt zu erschaffen. Dieses Bild dient nicht zuletzt dazu, Menschen ihre Reduktion zu Zahnrädchen in einer globalen Wirtschaftsmaschinerie als naturgegeben und alternativlos zu verkaufen. Denn wenn wir in einem durch und durch mechanischen und berechenbaren Universum leben, dann ist die adäquate Organisationsform menschlicher Gesellschaften logischerweise eine technokratische »Megamaschine«. Dann können wir, wie es Ray Kurzweil, dem Chefentwickler von Google, und anderen Silicon-Valley-Pionieren vorschwebt, den Menschen auch in einen downloadbaren Datensatz verwandeln, in eine reine Funktion ohne Innenwelt.[71]

Doch unser Leben ist viel größer und rätselhafter, als uns die technokratische Ideologie glauben zu machen versucht.

Mehr zu wissen schärft nur den Sinn für die Grenzen des Wissens. Das sokratische Motto »Ich weiß, dass ich nichts weiß«[72] – und vielleicht auch gar nicht wissen kann – bildet die Grundlage von echter, aufrichtiger Wissenschaft. Mit einer solchen Haltung, gleich weit entfernt von szientistischer Mythologie wie von dogmatischen Religionen, lässt sich der schmale Grat an der Grenze dessen, was uns zu wissen gestattet ist, beschreiten.

3 Evolution und Kreativität

Das Schönste, was wir erleben können, ist
das Geheimnisvolle. Es ist das Grundgefühl, das an
der Wiege von wahrer Kunst und Wissenschaft steht.[1]
Albert Einstein

Zu den bemerkenswerten Eigenschaften des Universums im Ganzen sowie des Lebens und der Menschen im Besonderen gehört es, dass sie beständig Neues hervorbringen: ob Spiralnebel, Sonnen und Planeten, neue Elemente und Moleküle, neue Tier- und Pflanzenarten oder, im Fall der Gattung *Homo*, neue Gedanken, Melodien, Gesellschaftsformen und technische Erfindungen. »Neu« bedeutet hier nicht allein, dass es Veränderung gibt (so, wie man etwa Kugeln auf einem Billardtisch verschieben kann), sondern dass etwas qualitativ und strukturell anderes entsteht, für das es bis dahin kein Vorbild gab.

In der Epoche, als die modernen Wissenschaften geboren wurden, war die Geschichte des Universums und des Lebens noch unbekannt. Die sich damals durchsetzende Vorstellung, dass die Welt aus kleinen festen Körpern besteht, die einander stoßen, war mit einer kreativen Entwicklung des Universums auch schwerlich vereinbar. Denn was sollte in einem rein mechanischen Kosmos anderes geschehen, als dass die immer selben Teilchen sich stießen und neu anordneten? Um zu begründen, wie die enorme Vielfalt und Komplexität der Dinge und Wesen zustande kam, brauchte es in dieser Weltsicht daher einen Schöpfergott, der all dies irgendwann geschaffen hatte. Der Glaube an einen solchen Gott war durch die christliche Tradition überliefert und zur Zeit der Entstehung der modernen Wissenschaft allgemein akzeptiert, auch unter den führenden Forschern, von Galileo über Descartes bis Newton. Mechanistisches Weltbild und Kreationismus sind kein Gegensatz, sondern historisch eng verknüpft. Ein beliebtes Bild dafür war die Vorstellung, dass der Kosmos einem Uhrwerk gleiche, das einst von Gott geschaffen und in Gang gesetzt wurde und seither nach ewigen Gesetzen funktioniert. Einzig der Mensch, das Ebenbild Gottes, ist in dieser Sichtweise zu echter Kreativität fähig – und auf diese Weise abgespalten von der übrigen Schöpfung.

Seit dem 18. und 19. Jahrhundert stellten allerdings die Entdeckungen der Geologie, Paläontologie und Astronomie diese Sichtweise vollkommen auf den Kopf, zeigten sie doch, dass die Erde, das Leben, der Mensch und auch das Universum eine sehr lange Entwicklung durchgemacht hatten. Weder der Schöpfergott noch die Vorstellung eines ewig vor sich hin tickenden Uhrwerks passten noch zu diesem evolvierenden Kosmos. Was aber trieb die Entstehung von Neuem an, was war das kreative Prinzip, wenn es kein außerhalb der Schöpfung stehender Gott war? Wie konnte tote Materie sich zu lebenden Wesen formen? Und ist die menschliche Kreativität tatsächlich von der übrigen Natur zu trennen?

Um diesen Fragen nachzugehen, zeichnet dieses Kapitel in einem kurzen Abriss die Geschichte des Universums und des Lebens nach. Es erzählt von den Bemühungen seit Darwins Epoche, die Entwicklung des Lebens zu erklären, und von der Suche nach einem neuen Verständnis der Evolution, das die Irrtümer der mechanistischen Weltsicht überwinden kann.

Die Geschichte unseres Universums begann vermutlich vor knapp 14 Milliarden Jahren. Da das Licht aufgrund der begrenzten Lichtgeschwindigkeit Zeit braucht, um aus fernen Galaxien zu uns zu gelangen, können wir mit Teleskopen sehr weit in die Frühzeit des Kosmos zurückblicken; denn je weiter Objekte entfernt sind, desto älter sind sie. Auf der »Hubble Deep Ultra Field«-Fotografie etwa schauen wir 13,4 Milliarden Jahre in die Vergangenheit, bis zur Grenze des für uns sichtbaren Universums, als sich die ersten Sterne und Galaxien bildeten. Noch etwas weiter zurück reicht die aus Mikrowellen bestehende »kosmische Hintergrundstrahlung«. Was davor geschah, können wir nicht sehen oder messen, es ist einer direkten Beobachtung verschlossen. Die in der Astronomie heute dominierende Theorie geht davon aus, dass sich vor 13,8 Milliarden Jahren ein »Urknall« ereignete, auf den eine Phase sehr rascher Ausdehnung folgte (»Inflation«). Die Hintergrundstrahlung wird in dieser Theorie als ein Überrest des Urknalls gedeutet.[2] Ein anderes Modell nimmt keinen einmaligen »Big Bang« an, sondern einen Wechsel von Ausdehnung und Kontraktion des Universums, wobei auf jeden Kollaps (»Big Crunch«) wieder eine Expansion folgt (»Big Bounce«). Nach diesem Modell würde das Universum als eine Kette von »Äonen«, die jeweils durch einen Big Bounce getrennt sind, im Prinzip ewig existieren. Einige Unregelmäßigkeiten der kosmischen Hintergrundstrahlung könnten, so die Theorie, auf Gravitationswellen vorangegangener Äonen hindeuten.[3]

Die Begrenzung der Lichtgeschwindigkeit hat auch zur Folge, dass von der Erde prinzipiell nur ein Teil des Universums beobachtet werden kann. Dieses »beobachtbare Universum« enthält nach gegenwärtigem Wissensstand mindestens 2000 Milliarden Galaxien. Über die Größe des Gesamtuniversums ist nichts bekannt.

In der Entwicklung des Kosmos ist eine bemerkenswerte Zunahme von Komplexität zu erkennen. Statt sich gleichmäßig im Raum zu verteilen, hat sich der Stoff des Universums immer weiter ausdifferenziert und unterschiedliche Strukturen gebildet: Galaxien, Sterne und Sonnensysteme formten sich, in den brennenden und explodierenden Sonnen entstanden neue chemische Elemente, aus denen sich wiederum Moleküle bildeten.[4] Diese Moleküle organisierten sich schließlich vor etwa vier Milliarden Jahren auf der Erde in einer vollkommen neuartigen Form: den komplexen, eigendynamischen lebenden Systemen. Das Leben ist aus dem Sternenstaub explodierender Sonnen hervorgegangen.

Auch innerhalb der Geschichte des Lebens setzte sich die Entwicklung zu immer komplexeren Formen der Organisation fort, von den kernlosen Einzellern bis zu gesellig lebenden Vögeln und Säugetieren, von der »Ursuppe« bis zu Ökosystemen, in denen Tausende von Arten auf fein austarierte Weise miteinander interagieren. Aus einer Perspektive der bloßen Selbsterhaltung, des *Über*lebens, wäre diese Entwicklungsrichtung nicht zwingend nötig gewesen, denn bereits die ältesten Einzeller, die Archaeen, waren an ihre Umgebung optimal angepasst. Noch heute gibt es enge Verwandte dieser ersten Lebewesen, und sie sind auf wechselnde Umweltbedingungen wesentlich besser vorbereitet als die meisten anderen Spezies. Manche Archaeen gedeihen sogar bei Temperaturen von über 80 Grad besonders gut oder können in extrem sauren oder basischen Milieus leben. Ein Lachs, Wellensittich oder Mensch hat es wesentlich schwerer zu überleben als ein Archaeon. Wie es dazu kam, dass sich das Leben trotzdem in Richtung zunehmender Komplexität entwickelt hat, ist eine bis heute zentrale Frage der Biologie.

Die großen Sprünge in der Geschichte des Lebens

Die Geschichte des Lebens war keine gleichmäßige Entwicklung, sondern charakterisiert durch lange Phasen, oft über Hunderte von Millionen Jahren, in denen wenig Neues geschah, und plötzlichen »Sprüngen«, bei denen in verhältnismäßig kurzer Zeit vollkommen neue Organisationsformen entstanden. Der Evolutionsbiologe Stephen Jay Gould und der Paläontologe Niles Eldredge sprachen angesichts dieser stark schwankenden Geschwindigkeiten auch von einem »punktierten Gleichgewicht«.[5]

Evolutionäre Sprünge zeichnen sich oft dadurch aus, dass zuvor getrennte Elemente zu neuen integrierten Einheiten verbunden werden, die vollkommen neue Eigenschaften aufweisen. Diese neuen Eigenschaften lassen sich nicht aus dem Verhalten der einzelnen Teile ableiten oder auf sie reduzieren, sie tauchen erst auf der höheren Integrationsebene auf. Die Entstehung solcher emergenter Systemeigenschaften durch Integration zuvor getrennter Teile bezeichnete Konrad Lorenz einst als »Fulguration« (von lateinisch *fulgur*: »Blitz«).[6]

Die Evolution ist voller solcher Fulgurationen, deren bedeutendste und bislang rätselhafteste die Entstehung des Lebens selbst ist. Glaubten manche Forscher noch bis ins 19. Jahrhundert, dass sich kleine Lebewesen, etwa Schimmelpilze oder Maden, spontan aus nichtlebender Materie bilden können, so führte die systematische Untersuchung der mikrobiologischen Welt den Biochemiker Louis Pasteur (1822–1895) letztlich zu dem berühmten und bis heute gültigen Satz: *Omne vivum ex vivo* (»Alles Lebendige entsteht aus Lebendigem«). Zwar versuchten Wissenschaftler immer wieder, Leben im Labor aus Nichtlebendigem künstlich herzustellen, aber abgesehen von Viren – die in vieler Hinsicht nicht als Lebewesen bezeichnet werden können – ohne Erfolg.[7] Irgendwann einmal muss Leben aber aus der nichtlebenden Welt entstanden sein. Doch wie, das ist bis heute nicht geklärt und wird möglicherweise auch niemals eindeutig zu klären sein.

Die am weitesten verbreitete Theorie geht davon aus, dass sich vor etwa vier Milliarden Jahren im Urozean aus einfachen Atomen und Molekülen durch die hohe Energie von Blitzen oder Unterwasservulkanen die ersten Aminosäuren und Nukleotide bildeten, die wiederum die chemische Grundlage von Eiweißen und den Nukleinsäuren der »Erbsubstanz« (RNA/DNA) sind.[8] Der Biochemiker Manfred Eigen konnte in den 1970er-Jahren zeigen, dass solche Moleküle unter bestimmten Bedingungen selbstorganisierte Prozesse in Gang setzen können, die sich selbst sowohl stabilisieren als auch vervielfältigen können.[9] Von dieser chemischen Selbstorganisation zu einer lebenden Zelle ist es aber noch ein weiter Weg, und es gibt bisher keine allgemein anerkannte und falsifizierbare Theorie, die diesen Sprung erklären kann. Die Hypothese von der »RNA-Welt« nimmt an, dass sich ein dynamisches Spiel von Ribonukleinsäuren (RNA) und Eiweißen entwickelt hat, bei dem die Nukleinsäuren auch als Katalysatoren (Beschleuniger) des gesamten Prozesses wirkten.[10]

Die alleinige Konzentration auf die RNA und DNA blendet allerdings ein Element aus, das mindestens ebenso wichtig für die Entstehung und Existenz lebender Wesen ist: die Zellmembran. Zellmembrane schließen nicht einen bestimmten Bereich von der Umgebung hermetisch ab, sondern sie sind Organe eines höchst selektiven Austausches, einer *Kommunikation* mit der Umgebung. Die Membrane bestehen aus sogenannten Lipiden, also fettähnlichen Stoffen, die durch ihre Anordnung eine halbdurchlässige Schicht bilden. In diese Schicht sind wiederum Eiweiße eingelagert, von denen einige Kanäle bilden, andere darauf »warten«, dass weitere Eiweiße an ihnen andocken und dadurch komplexe Reaktionen auslösen. Diese Reaktionen entsprechen dem, was Gregory Bateson einen »Unterschied, der einen Unterschied macht«, nannte. Zellmembrane lassen sich also als Orte verstehen, an denen physikalisch-chemische Ereignisse in »Bedeutungen« und »Informationen« übersetzt werden. Wo Zellmembrane die Außenschicht eines Organismus bilden, dienen sie als Schwellen zwischen dem Reich des Lebendigen und dem der nicht belebten Materie. Die Membran ist also sowohl ein Wahrnehmungs- als auch ein Steuerungsorgan, sie beeinflusst das, was innerhalb und außerhalb der Zelle geschieht, nicht weniger als die DNA. Die Zellmembran wird mit der Mutterzelle auch vererbt und prägt damit die Eigenschaften des neuen Lebewesens, insofern ist sie ebenso Teil der Erbsubstanz wie die DNA.[11]

Wie Membranen erstmals entstanden und, vor allem, wie sie mit RNA und Eiweißen vor vier Milliarden Jahren die extrem komplexe Einheit namens Zelle bildeten, ist allerdings bis heute nicht bekannt. Eine Vermutung, die schon Darwin hegte, geht davon aus, dass das Leben in von Thermalquellen beheizten kleinen Tümpeln entstand, wo sowohl genügend Energie für die Synthese komplexer Moleküle bereitstand als auch eine sehr hohe Stoffkonzentration und eine Vielzahl von getrennten »Experimentierfeldern«.[12] Eine andere, relativ junge Hypothese nimmt an, dass die ersten Zellen in porösen Gesteinsformationen am Meeresgrund entstanden, den sogenannten Schwarzen Rauchern, die von warmen Thermalquellen durchströmt waren. In den mikroskopisch kleinen Hohlräumen könnte sich sowohl das für Leben notwendige chemische Milieu gebildet haben als auch die ersten Membranen, die sich an den Wänden der kleinen Kammern anlagerten. Irgendwann, nach millionenfachen »Experimenten« in den unzähligen Hohlräumen, hätten sich, so die Theorie, die ersten lebensfähigen Zellen gebildet, die schließlich aus ihren Gefängnissen ausbrachen.[13] Da die Entstehung des Lebens auf der Erde wohl ein einmaliger Prozess war, der sich vor vier Milliarden Jahren im Meer abspielte, kann die Hypothese allerdings weder archäologisch belegt noch experimentell getestet werden.

Die zweite epochale Fulguration war die Entstehung der modernen »eukaryotischen« Zellen, auf denen alle pflanzlichen und tierischen Lebensformen beruhen, vor etwa zwei Milliarden Jahren. Eukaryoten unterscheiden sich von den älteren Prokaryoten durch eine wesentlich größere innere Differenzierung. So gibt es in ihnen etwa einen Zellkern, der von einer Membran umschlossen ist, und eine Vielzahl von weiteren »Kompartimenten« und kleinen Organellen.

In den vorangegangenen zwei Milliarden Jahren existierten dagegen nur kernlose Einzeller: die Archaeen und die Bakterien.[14] Unter diesen hatten die sogenannten Cyanobakterien die Fähigkeit erworben, Photosynthese zu betreiben, und damit gewaltige Mengen von Sauerstoff freigesetzt. Die Folge war ein dramatischer Umbau der Erdatmosphäre und des Lebens, den man als »Große Sauerstoffkatastrophe« bezeichnet. Was die Existenz höherer Lebensformen überhaupt erst ermöglichte, war für die meisten damals lebenden Einzeller zunächst katastrophal, weil giftig. Während sich unter den übrigen Bakterien Arten entwickelten, die den Sauerstoff für ihren Stoffwechsel verwerten konnten, bekamen die Archaeen erhebliche Probleme mit der neuen Atmosphäre. Doch statt einfach als »schlecht angepasst« auszusterben, geschah etwas vollkommen Neues: Einige Archaeen verleibten sich die neu entstandenen sauerstoffverbrauchenden Bakterienarten ein – ohne sie zu verdauen. Manche integrierten außerdem Cyanobakterien in ihr Inneres. Über viele Jahrmillionen entwickelten sich daraus Kooperationsformen, in denen die verschluckten Einzeller zu kleinen Organen der neuen komplexen Zellen wurden. Jene Archaeen, die Cyanobakterien verschluckt hatten, wurden zur Urform aller Algen und Pflanzen. Die Zellen mit ausschließlich sauerstoffkonsumierenden Organellen dagegen wurden die Ahnen aller Tiere einschließlich des Menschen.[15]

Die Theorie der Entstehung eukaryotischer Zellen durch diese Formen der »Endosymbiose« wurde in den 1960er-Jahren von der britischen Biologin Lynn Margulis entwickelt. Lange war sie von ihren überwiegend männlichen Kollegen dafür ignoriert oder belächelt worden, bevor sich dieser Ansatz schließlich durchsetzte.[16] Später resümierte sie: »Das Leben hat die Erde nicht durch Kampf erobert, sondern durch Vernetzung« – also durch Kooperation.[17]

Die Endosymbiose ist ein anschauliches Beispiel dafür, dass die Evolution oft durch Fulgurationssprünge voranschreitet und nicht allein durch gleichmäßig auftretende zufällige Mutationen und deren Selektion.

Die Zelle: ein Kosmos voller seltsamer Wesen

In Schulbüchern werden Zellen oft als übersichtliche, zweidimensionale Spielfelder dargestellt, in denen sich sauber aufgeräumt ein Zellkern und diverse Organellen befinden. Die chemischen Prozesse in der Zelle, etwa die Ablesung von DNA oder die Synthese von Proteinen, werden symbolisch durch kleine Bausteine dargestellt, die wie Steckmodule ineinanderpassen. So entsteht das Bild eines aufgeräumten Kinderzimmers, in dem alles seinen Platz hat.

Könnten wir uns aber so klein machen, dass wir eine Zelle tatsächlich von innen beobachten und jedes einzelne Molekül sehen könnten, wären wir Zeugen eines Prozesses, der uns extrem verwirrend erscheinen würde. Nicht weniger als zehn Billionen (zehntausend Milliarden) Moleküle, viele von ihnen Riesenmoleküle, die ihrerseits aus Tausenden von Atomen bestehen, rasen kreuz und quer durch den Raum. Diese Moleküle würden uns keineswegs als leblose chemische »Bausteine« erscheinen, sondern als höchst lebendige Akteure, die aus rätselhaftem Antrieb auf unbekannte Ziele zuschnellen.[18] Der Raum wäre ringsum erfüllt von einem Feuerwerk von Reaktionen: Wo bestimmte Moleküle zusammenstoßen, verändern sie, wie magische Fabelwesen, blitzartig ihre Gestalt oder bringen neue Formen hervor. Aus herumschwimmenden Elementen würden sich vor uns, wie von Geisterhand bewegt, quer durch den Raum ragende Trägerstrukturen aufbauen (die Filamente des »Cytoskeletts«), den Gitterstrukturen von Hochhäusern ähnlich, die im nächsten Moment wieder zerfallen und sich neu zusammensetzen. Währenddessen könnte uns plötzlich aus der Tiefe des Raums ein großes rundes Etwas entgegenkommen, ein »Vesikel«*, das sich mit zwei fußähnlichen Gebilden an einem dieser vergänglichen Träger entlanghangelt. Wenn wir uns tiefer in die Zelle hineinbewegten, würden wir weiteren höchst seltsamen Wesen begegnen, die sich wie Wale oder organische Raumschiffe durch die Zelle bewegen, darunter die einst verschluckten und nun zu Mitochondrien oder Chloroplasten gewordenen Bakterien. Oder wir würden in das Innere eines riesigen wabernden Schlosses mit einer verwirrenden Zahl von Zimmern gelangen (das »endoplasmatische Retikulum«), das ständig seine

* Vesikel sind von einer Membran umgebene Blasen innerhalb der Zelle, die unter anderem dem Transport von Proteinen dienen.

Form verändert, sich teilweise auflöst und neu zusammensetzt, während sich aus seinen Wänden immer wieder neue Formen ablösen und durch den Raum schweben.

Was uns hier begegnete, wäre keine Welt von toten chemischen Elementen und Bausteinen, sondern ein Kosmos von handelnden Akteuren, die alle genau zu wissen scheinen, was zu tun ist, und in extrem komplexer Weise zusammenarbeiten. Würden wir uns nach einer solchen Erfahrung noch zu behaupten trauen, wir wüssten, *was ein Molekül ist*? Wären wir noch in der Lage, an die statischen Modelle zu glauben, wie man sie uns im Chemieunterricht gezeigt hat, mit ihren leblosen, fein säuberlich aufgereihten Kugeln? Wie können wir uns erklären, dass diese steifen Atomskulpturen in einer Zelle plötzlich zum Leben erwachen und sich wie in einer gewaltigen anarchistischen Kommune höchst effektiv selbst organisieren? Denn was wir hier vor Augen haben, funktioniert tatsächlich »ohne Chef«; selbst die DNA ist, wie wir später noch sehen werden, keineswegs eine Kommandozentrale der Zelle, sondern Teil dieses selbstregulierenden Prozesses. Dass zehn Billionen Einheiten ohne einen dirigierenden Mastermind alle »wissen, was zu tun ist«, und auf sinnvolle Weise miteinander interagieren, ist ein schwindelerregender Grad von Selbstorganisation.

Die Komplexität einer Zelle sprengt nicht nur unsere Vorstellungskraft, sondern auch alle denkbaren maschinellen Rechenleistungen um viele Größenordnungen. Der Biologe Denis Noble hat errechnet, dass man, um mit Computern die molekularen Vorgänge zu simulieren, die sich auch nur in einer einzigen Zelle abspielen, 10^{27} Superrechner benötigen würde. Um diese Maschinen herzustellen, bräuchte man mehr Materie, als das gesamte Sonnensystem bieten kann.[19] Und ein Mensch wiederum besteht aus 30 Billionen solcher Zellen, von denen jede einzelne unser Fassungsvermögen weit übersteigt.[20]

Diese Komplexität steigert sich nochmals um viele Größenordnungen, wenn wir von der Ebene der Moleküle und

Atome auf die Quantenebene wechseln, wo sich die scheinbar festen »Bausteine des Lebens« als ein pulsierendes Netzwerk von Energiefeldern zeigen, in denen alles im Universum im Prinzip miteinander verbunden ist.[21] Spätestens hier versagt jede bildliche Vorstellungskraft, und das Wort »Wunder« erscheint als hoffnungslos unzureichend, um diese organisierte Unermesslichkeit zu beschreiben. Angesichts der Realität auch nur einer einzigen lebenden Zelle erscheint es unverständlich, warum man auf »übernatürliche« Phänomene angewiesen sein sollte, um einen Sinn für Erhabenheit zu gewinnen, oder warum irgendjemand behaupten kann, wissenschaftliche Erkenntnisse als solche würden die Natur ihrer Geheimnisse berauben. Das Gegenteil ist wahr: Mit jeder Entdeckung wird die Welt interessanter und geheimnisvoller. Und je weiter die Forschung die kleinsten Strukturen, sowohl der Zellen als auch der Atome, erkundet, desto weniger scheint diese Welt tot, sondern immer lebendiger.

Mehrzelligkeit und Kambrische Explosion

Ein weiterer Sprung der Evolution ereignete sich mit der Entstehung der ersten mehrzelligen Organismen vor etwa einer Milliarde Jahren. Vielzelligkeit entstand wahrscheinlich erstmals dadurch, dass Bakterien sich zu Kolonien zusammenschlossen, ein Vorgang, der auch heute noch zum Beispiel bei Cyanobakterien zu beobachten ist. Dabei findet bereits eine (vorübergehende) Aufgabenteilung und Spezialisierung zwischen den einzelnen Zellen statt. Vermutlich vor 600 Millionen Jahren entstanden dann die ersten Wesen, bei denen sich Zellen dauerhaft zu zusammenhängenden Organismen verbanden. Diese neue Kooperationsform erforderte die Herausbildung von Kommunikationswegen zwischen den Zellen mittels Botenstoffen und Rezeptoren, die sich später bei den Tieren zu hochkomplexen Kommunikationsnetzwerken wie dem Hormon- und dem Nervensystem weiterentwickeln sollten. Gleichzeitig begann die dauerhafte Differenzierung verschiedener Zelltypen, die unterschiedliche Aufgaben im Organismus übernahmen, zunächst durch die Unterscheidung einer Außenschicht (»Epithel«) und einer Innenschicht. Die Organisation in Kugelform erlaubte es frühen Mehrzellern, in ihrem Inneren ein besonderes Flüssigkeitsmilieu zu schaffen, das die Kommunikation zwischen den Zellen erheblich erleichterte und den Organismus vor schädlichen Umwelteinflüssen schützte.[22] Noch heute durchlaufen alle Tiere in ihrer frühen Embryonalentwicklung dieses Kugelstadium, auch Blastula genannt.

Die vielzelligen Wesen sind so organisiert, dass nicht mehr die einzelne Zelle ausschlaggebend für das Verhalten ist, sondern das Gedeihen und die Bedürfnisse des übergeordneten Ganzen.[23] In ihnen wirkt damit, wie es der Biosemiotiker Jesper Hoffmeyer ausdrückte, eine grundsätzlich andere Art der Kausalität als in der klassischen Physik: Das Ganze bestimmt entscheidend mit, was in den Teilen geschieht.[24] Ursache-Wirkungs-Ketten verlaufen nicht nur von der atomaren und zellulären Ebene nach oben, wie es die klassischen mechanistischen und reduktionistischen Theorien behaupteten, sondern auch vom Ganzen in die Teile.[25] Dieses Prinzip gilt auch bereits für die einzelnen Zellen. Denn das Wohl des Zellganzen bestimmt das Verhalten der Teile entscheidend mit. Bei mehrzelligen Organismen wirkt diese »Abwärtskausalität« auf zwei ineinander verschachtelten Ebenen: den Zellen und dem Organismus.

Die Entstehung der Mehrzelligkeit ist auch ein weiteres Beispiel dafür, dass Kooperation – und nicht allein Wettbewerb – ein entscheidendes Prinzip der Evolution ist. Der Entwicklungs- und Evolutionsbiologe Scott Gilbert weist darauf hin, dass kooperative, symbiotische Beziehungen keineswegs die Ausnahme in der Evolution sind, sondern die Regel. Menschen bestehen nicht nur aus den 30 Billionen kooperierenden Zellen ihres eigenen Körpers, sondern beheimaten außerdem weitere Billionen von Mikroorganismen im Darm und auf der Haut, ohne die wir nicht existieren könnten. Etwa die

Hälfte aller Zellen in unserem Körper gehört zu Hunderten verschiedener Arten von Einzellern, mit denen unsere Entwicklung seit Jahrmillionen co-evolutionär verbunden ist. »Wir existieren und entwickeln uns als Gemeinschaften«, so Gilbert, »als komplexe Ökosysteme. Jeder von uns ist eine Vielheit von Organismen, die zu einem gemeinsamen Zweck zusammengefunden haben. Die Idee des ›Zusammenwerdens‹ kann die Vorstellung des Wettbewerbs in der Natur ergänzen und korrigieren.«[26]

Ein weiteres Beispiel für eine Fulguration, in der durch einen kreativen Schub in relativ kurzer Zeit etwas vollkommen Neues entstand, ist die sogenannte Kambrische Explosion. Damit ist die evolutionäre Phase vor etwa 540 Millionen Jahren gemeint, als die »Baupläne« fast aller heutigen Tierarten, einschließlich der Insekten, Reptilien, Vögel, Fische und Säugetiere, entstanden sind. Der Begriff »Explosion« verweist dabei auf den evolutionsgeschichtlich betrachtet extrem kurzen Zeitraum von nur wenigen Millionen Jahren, in denen mehr neue Arten entstanden als in den Hunderten von Millionen Jahren davor. Das Neue dabei war das erstmalige Auftauchen von Lebewesen mit einem *symmetrischen* Körperbau, der sich entlang einer Achse entwickelte. Ob Ameisen, Schnecken, Frösche, Barsche, Kolibris, Pferde oder Menschen: All diese Wesen sind *Zweiseittiere*, sie sind spiegelsymmetrisch aufgebaut, und sie haben ein eindeutig definiertes Vorne und ein Hinten, beides durch Körperöffnungen definiert. Bei anderen entwicklungsgeschichtlich älteren Vielzellern wie Quallen oder Schwämmen ist dies nicht der Fall. Neu war außerdem die Entstehung von Skeletten, die wiederum die Entwicklung von wesentlich größeren Tierarten als bisher ermöglichten. Die Entstehung dieser vollkommen neuen Typen von Körperbau in so kurzer Zeit stellt für die Evolutionsforschung bis heute eine enorme Herausforderung dar.

Von der Genesis zu Darwin: Geschichten von der Entwicklung des Lebens

In allen Kulturen gibt es Erzählungen davon, wie Leben entstanden ist und sich entwickelt hat. Dabei ist die Idee einer schrittweisen Veränderung von Lebewesen keineswegs erst von europäischen Forschern zur Zeit Darwins aufgebracht worden. Der chinesische Daoismus etwa kannte schon vor mehr als 2000 Jahren die Vorstellung, dass sich Arten fortwährend verändern. Anaximander, ein griechischer Philosoph des 6. Jahrhunderts v. Chr., ging ebenfalls von fortwährenden Metamorphosen der Lebewesen aus. Er nahm außerdem an, dass das Leben im Wasser entstanden sei. Der arabisch-andalusische Philosoph Ibn Chaldun aus Tunis vertrat im 14. Jahrhundert die Ansicht, dass sich Menschen aus Affen entwickelt haben könnten.[27]

Im Gegensatz dazu steht die Vorstellung, dass die Tier- und Pflanzenarten sowie der Mensch zu einem bestimmten Zeitpunkt in ihrer jetzigen Form geschaffen wurden und sich nicht wesentlich verändern, eine Auffassung, die etwa von Platon vertreten wurde und von jenen Teilen der christlichen Kirchen, welche die Schöpfungsgeschichte der Genesis wörtlich auslegen.[28]

Schon lange vor Darwin forderten Philosophen und Forscher, darunter Denis Diderot, die platonisch-kirchliche Dogmatik einer statischen Schöpfung heraus. Die erste ausgearbeitete Theorie zur Entwicklung des Lebens legte Jean-Baptiste de Lamarck am Anfang des 19. Jahrhunderts vor. Im Unterschied zur späteren Theorie Darwins nahm Lamarck an, dass verschiedene Arten von Lebewesen unabhängig voneinander entstanden seien. Neue Entwicklungslinien des Lebens würden durch »Urzeugung« aus unbelebter Materie entstehen. Anstelle eines gemeinsamen Stammbaums sieht das lamarcksche Modell daher viele parallele Linien vor. Da Lamarck davon ausging, dass die Entwicklung stets zielgerichtet vom Einfachen zum Komplexen verläuft, schloss er, dass die komplexesten Arten auch die ältesten sein müssten, weil sie am längsten brauchten, während beispielsweise Einzeller evolutionsgeschichtlich jung seien. (Tatsächlich verhält es sich genau umgekehrt.) Erworbene Eigenschaften würden, so vermutete Lamarck, auf direktem Wege an folgende Generationen weitergegeben. Die Vorfahren der Giraffen etwa hätten ihre Hälse immer weiter gestreckt, um an hohe Baumkronen zu kommen, und diese Halsverlängerung an ihre Nachkommen vererbt.

Charles Darwin war also keineswegs der Erste, der eine Evolution der Arten behauptete, auch die Abstammung des Menschen vom Affen war bereits von Lamarck und anderen vermutet worden. Die Veröffentlichung von Darwins epochalem Werk *Die Entstehung der Arten* im Jahr 1858 brachte das Thema der Evolution aber erstmals in eine breite Öffentlichkeit. Darwin konnte in dem Werk einige Irrtümer Lamarcks korrigieren. Seine erste entscheidende Erkenntnis bestand darin, dass alle Lebewesen miteinander verwandt sind und letztlich auf gemeinsame Vorfahren zurückgehen. Die gemeinsame Abstammung ist inzwischen durch Genomanalysen gut belegt. Wenn wir unsere Ahnenreihe von unseren Eltern und Großeltern nur genügend weit in die Vergangenheit zurückverfolgen, landen wir letztlich alle bei LUCA, dem »Last Universal Common Ancestor«, unserem einzelligen Urahn. Ob Pantoffeltierchen, Ginkgobäume, Champignons, Seesterne, Grashüpfer, Gelbbauchunken, Amseln oder Füchse: Sie alle sind unsere leiblichen Cousinen und Cousins n-ten Grades. Alle Lebewesen, die je auf der Erde existiert haben, bilden also im exakt wörtlichen Sinne *eine* Familie. Neben den uns verbindenden Quantenfeldern, unserem Stoffwechsel mit der Welt und dem Netzwerk von Wahrnehmungen und Interpretationen gibt es folglich eine weitere Ebene, auf der wir mit der übrigen Schöpfung verbunden sind: durch Verwandtschaft.

Ein weiterer bedeutender Schritt Darwins bestand darin, eine Theorie vorzulegen, welche die Entstehung der Arten nicht durch vorherbestimmte Zwecke, etwa einen göttlichen

Masterplan, zu erklären versucht, sondern durch einen ergebnisoffenen Prozess, eine Art Spiel, das in seinem Modell auf Variation und Selektion beruht. Auch wenn bestimmte Aspekte von Darwins Theorie, wie wir noch sehen werden, aus heutiger Sicht veränderungs- und ergänzungsbedürftig erscheinen, so ist dieser Schritt doch von bleibender geistesgeschichtlicher Bedeutung. Denn in einer lebendigen Welt zu leben, die sich durch einen spielerischen, ergebnisoffenen Prozess entwickelt, ist etwas vollkommen anderes, als in einem geplanten, deterministischen Kosmos zu existieren. Darwins Konzept hat in dieser Hinsicht ein anarchistisches, antiautoritäres Element. Es widersprach sowohl der Vorstellung eines herrschenden Masterminds, der alles plant und steuert, als auch einem kruden physikalischen Determinismus.

Variation und Selektion, die im Zentrum von Darwins Konzept stehen, sind zunächst einmal relativ offensichtliche Tatsachen der Natur. Variation bedeutet, dass es von einer Generation zur nächsten Abweichungen sowohl im Erscheinungsbild (Phänotyp) als auch in den Erbanlagen (Genotyp) gibt – wobei Darwin keine Antwort auf die Frage geben konnte, wie Variation zustande kommt. *Dass* Variation existiert, ist hingegen offensichtlich, denn Kinder sehen nie genau wie ihre Eltern aus, auch im Tier- und Pflanzenreich nicht. Es gibt keine zwei exakt gleichen Lebewesen auf der Erde. Selbst zwei genetisch identische Bakterien, die durch Zellteilung entstanden sind, verhalten sich durchaus unterschiedlich und weisen auch verschiedene biochemische Eigenschaften auf.[29]

Selektion bedeutet, dass diejenigen Exemplare, die durch ihre Besonderheiten für das Leben in einer spezifischen ökologischen Nische am besten geeignet sind, tendenziell die meisten Nachkommen hervorbringen, während eher nachteilige Variationen entweder zu einer verminderten Fortpflanzung oder gar zum frühzeitigen Tod führen. Das ist aber keineswegs gleichbedeutend mit einem unbarmherzigen Wettbewerb aller gegen alle, bei dem nur der Stärkste überlebt. Die Natur bietet oft einen enormen Spielraum für Vielfalt. Im Viktoriasee in Zentralafrika etwa koexistieren mehrere Hundert verschiedene Buntbarscharten, deren Lebensräume sich teilweise stark überschneiden, ohne dass es zu einem vernichtenden »Kampf ums Dasein« kommt. (Diese Vielfalt wurde allerdings seit der Einschleppung des aggressiven »Viktoriabarsches« in den 1960er-Jahren erheblich dezimiert.) Auch die extreme Vielfalt von Planktonarten, die in derselben ökologischen Nische gedeihen, ohne sich gegenseitig zu verdrängen – und das, obwohl die Nährstoffe begrenzt sind –, ist ein Beispiel für Koexistenz.[30] Die Biologen Humberto Maturana und Francisco Varela weisen darauf hin, dass die Rede vom »survival of the fittest« (Überleben des Angepasstesten) keinen Sinn ergibt; denn angepasst sein heißt in der Biologie per definitionem nichts anderes, als dass ein Lebewesen in seinem Milieu überlebt. Das können Lebewesen auf sehr unterschiedliche Weise tun, und es gibt keine plausiblen Kriterien für eine Rangfolge von »besser« und »schlechter angepasst«, solange die Wesen existieren und sich fortpflanzen. »Ein Lebewesen ist so lange an sein Milieu angepasst, als es sich nicht auflöst. Alle Lebewesen sind, solange sie leben, in dieser Hinsicht gleich. [...] Es gibt kein ›Überleben des Angepassteren‹, sondern nur ein ›Überleben des Angepassten‹«.[31]

Bei ökologischen Veränderungen jedoch – wenn die Umwelt zum Beispiel rasch wärmer oder kälter, nasser oder trockener, waldreicher oder steppenartiger wird – machen sich selbst kleine Unterschiede wesentlich deutlicher bemerkbar als in einer stabilen Umwelt. In diesen Phasen nimmt das zu, was man den »Evolutionsdruck« nennt. Als es etwa in Europa vor einigen Jahrhunderttausenden rasch kälter wurde, hatten Mammuts, die ein dichteres Wollfell entwickelten, zweifellos bessere Chancen, die frostige Witterung zu überstehen und Nachkommen zu zeugen, als andere Artgenossen. Dass Selektion in diesem Sinne stattfindet und dass sie in Kombination mit Variation zur Veränderung von Arten etwas beiträgt, ist kaum von der Hand zu weisen. Ob sie indes wirklich als ausschlaggebender oder gar einziger Faktor für die Entstehung *neuer Arten* angesehen werden kann, ist in der heutigen Evolutionsbiologie heftig umstritten. Kritiker einer verengten Selektionstheorie führen an, dass bisher keine einzige Art dokumentiert worden sei, die ausschließlich durch zufällige Mutationen und Selektion zustande gekommen ist.[32] Darwin selbst hatte immer wieder betont, dass Selektion in seinen Augen zwar ein wichtiger, aber sicherlich nicht der einzige Faktor für die Evolution ist, und wehrte sich entschieden gegen monokausale Fehlinterpretationen seines Werkes.[33]

Obwohl Darwin ein höchst vielseitiger und sorgfältiger Forscher war, war er doch zugleich ein Kind seiner Zeit und teilte einige der Irrtümer und Ideologien seiner Zeitgenossen im Großbritannien eines entfesselten Kapitalismus. Einen erheblichen Einfluss auf Darwins Theorie der »natürlichen Selektion« übte der Nationalökonom Thomas Malthus aus. Malthus behauptete, dass es im Tier- und Menschenreich immer zwangsläufig zu einem tödlichen Kampf ums Überleben kommen müsse, da sich Populationen stets exponentiell vermehrten, während die Nahrungsbasis nicht entsprechend anwächst. Nur die stärksten Individuen könnten sich in diesem Wettbewerb durchsetzen.[34] Malthus benutzte diese Theorie auch als Sprecher der britischen Großgrundbesitzer, um sich massiv für die Abschaffung der Armenunterstützung im Jahr 1834 einzusetzen. Er argumentierte dabei, dass eine Unterstützung der Armen nur ihre ungebremste Vermehrung und damit noch größere Ressourcenverknappung zur Folge habe. Es sei daher sinnvoller, sie direkt dem Überlebenskampf und damit dem drohenden Hungertod auszusetzen. Malthus' Einfluss trug erheblich zur Einführung der neuen Armengesetzgebung *(New Poor Law)* bei, die zur größten Verelendungswelle der modernen britischen Geschichte führen sollte.[35]

Darwin übernahm Malthus' Anschauungen für sein Konzept des »Kampfes ums Dasein« und übertrug es auch ausdrücklich auf menschliche Gesellschaften.[36] In einer späteren Ausgabe von *Die Entstehung der Arten* übernahm er außerdem den Begriff »survival of the fittest« von dem Sozialphilosophen Herbert Spencer, der in vielerlei Hinsicht als Wegbereiter des Sozialdarwinismus und der späteren neoliberalen Wirtschaftstheorie gelten kann.[37] So übertrug Darwin, unter dem Einfluss von Malthus und Spencer, ökonomische Ideologien, die stark vom britischen Manchester-Kapitalismus geprägt waren, auf die Evolutionsgeschichte.

Heute wissen wir allerdings, dass die Vorstellung, ein allgegenwärtiger erbitterter »Kampf ums Dasein« bilde die Grundlage oder gar den Motor der Evolution, falsch ist. Viele entscheidende evolutionäre Entwicklungsschübe sind durch Kooperation zustande gekommen, nicht durch vernichtende Konkurrenz. Die offensichtlichsten Beispiele sind die Endosymbiose und die Entwicklung mehrzelliger Organismen. Darauf, dass Ökosysteme und Evolution nicht allein auf Konkurrenz, sondern auch auf Kooperation beruhen, wies bereits der Naturforscher und Revolutionär Pjotr Kropotkin 1902 in seinem Werk *Gegenseitige Hilfe in der Tier- und Menschenwelt* hin.

Wie entsteht Neues?

Selektion, welche Rolle sie in der Evolution auch spielen mag, bringt grundsätzlich nichts Neues hervor, sie ist selbst nicht kreativ, sondern kann nur auswählen, was schon da ist. Die entscheidende Frage für das Verständnis der Evolution ist daher, wie Variation überhaupt zustande kommt. Wie entsteht Neues, und zwar in einer Weise, welche die Entstehung der enormen Komplexität von Lebewesen erklären kann? Darwin war sich schmerzhaft im Klaren darüber, dass er auf diese Frage keine Antwort hatte.[38] Er nahm zunächst an, dass Variation ausschließlich durch zufällige Abweichungen zustande kommt, also vollkommen ungerichtet verläuft.[39] Diese zufälligen Veränderungen würden sich gleichmäßig über die

Zeit verteilen und so, in Kombination mit der Selektion, zu einem langsamen, graduellen Wandel von einer Art zur anderen führen. Zwei Jahrzehnte später verwarf er diese Sichtweise jedoch als unbefriedigend und griff auf Lamarcks Idee von der Vererbung erworbener Eigenschaften zurück. Allerdings argumentierte nach Darwins Tod der Zoologe August Weismann, dass eine Vererbung erworbener Eigenschaften unmöglich sei, weil die Keimzellen – also Ei- und Samenzellen – bei Tieren von den übrigen Zellen in der Regel isoliert sind. Die neodarwinistische Theorie im 20. Jahrhundert, die auf Weismanns Arbeit aufbaute, kam daher auf die Vorstellung von sowohl zufälligen als auch gleichmäßigen Veränderungen zurück. Ab den 1930er-Jahren wurde diese Theorie durch die Erkenntnisse der Genetik zur sogenannten »Modernen Synthese der Evolutionsbiologie« erweitert.[40]

Dass die Entstehung so komplexer Organe wie des Auges und des dazugehörigen Sehvermögens durch langsame, schrittweise Entwicklung zustande kommen soll, scheint zunächst wenig plausibel. Muss nicht gleich ein ganzes Auge mit Netzhaut, Linse, Nerven und den dazugehörenden Teilen des Gehirns da sein, damit es sinnvoll für den Organismus ist? Was hätte einem Tier in der Evolution eine Netzhaut ohne Nerven oder eine Pupille ohne Netzhaut genützt? Wenn aber alle diese Elemente gleichzeitig notwendig sind, um ein Funktionsgefüge zu ergeben, wie soll so etwas durch zufällige kleine Mutationen zustande kommen?

Diese Fragen gehören bis heute zu den schwierigsten Problemen der Evolutionsbiologie. Inzwischen konnte die Forschung allerdings zeigen, dass sich tatsächlich eine kontinuierliche Entwicklung von einfachen lichtempfindlichen Flecken bei Einzellern über die Einstülpung fotosensibler Pigmentzellen in Mehrzellern bis zur Bildung von Linsen und Netzhaut zeigen lässt. Während eine einfache, flache Ansammlung lichtempfindlicher Zellen einem Lebewesen nur etwas über die Licht*intensität* mitteilen konnte, führten allmähliche Einbuchtung und Einstülpung dazu, dass auch die Licht*richtung* mit zunehmender Genauigkeit erkannt werden konnte. Graduelle Veränderungen können also durchaus zu komplexen Formen wie dem Auge führen – wobei das allerdings noch nicht bedeutet, dass diese Veränderungen *zufällig* sein müssen. Die jüngere Forschung zeigt, wie wir noch sehen werden, dass evolutionär relevante Genomveränderungen oft nicht »blind« verlaufen, sondern durch die selbstorganisierten Prozesse in der Zelle gelenkt werden.

Darüber hinaus gibt es jedoch auch entscheidende Schritte in der Evolution, die nicht auf kleinen graduellen Veränderungen beruhen. Insbesondere die extrem rasche Entstehung von neuen Körperbauplänen und Arten in der kambrischen Explosion lässt sich nicht mit der Vorstellung vereinen, dass ausschließlich eine gleichmäßige und langsame Hintergrund-Mutationsrate zusammen mit der Selektion für die Entstehung neuer Strukturen und Funktionen verantwortlich sein soll.

Von entscheidender Bedeutung für die Suche nach den Quellen der evolutionären Kreativität sollte die Erforschung der Biochemie im Inneren der Zellen sein. Bereits gegen Ende des 19. Jahrhunderts war durch mikroskopische Beobachtungen bekannt, dass sich in Zellkernen kleine längliche Körperchen befanden. Man nannte sie »Chromosomen«. Um das Jahr 1902 entwickelten der Arzt Walter Sutton und der Zoologe Theodor Boveri teilweise unabhängig voneinander die Theorie, dass die Chromosomen Träger von Erbinformationen seien. Beweisen ließ sich diese Hypothese aber lange nicht. Man wusste aus chemischen Untersuchungen nur, dass Chromosomen sowohl eine bestimmte Nukleinsäure namens DNA als auch Proteine enthielten, aber nichts über ihre Funktion. 1953 gelang es dann Rosalind Franklin, Francis Crick und James Watson, die genaue Struktur der DNA zu entschlüsseln und zu zeigen, dass Abschnitte dieses Riesenmoleküls eine Art Code für die Synthese von Proteinen bildeten.[41]

Allerdings war damit noch lange nicht die Frage beantwortet, wie die Herstellung von Proteinen zur Entwicklung der spezifischen Gestalt eines Lebewesens und der Funktionen seiner Organe und sogar zur Ausbildung bestimmter Verhaltenseigenschaften führen sollte. Wie konnte ein Haufen Eiweiße die charakteristische Form einer Nase, eines Herzens oder eines Gehirns bestimmen? Wie sollten daraus komplexe Funktionen wie die des Nervensystems oder des Blutkreislaufs hervorgehen? Und wie war die Entstehung neuer Organe, Funktionen und Körperbaupläne zu erklären?

Viele dieser Fragen lassen sich bis heute nur bruchstückhaft beantworten, und Siegesmeldungen, etwa von der »vollständigen Entschlüsselung des menschlichen Genoms«, täuschen leicht darüber hinweg, dass die Kenntnis von Nukleinsäuresequenzen noch lange nichts über ihre Funktionen im ultrakomplexen, nicht linearen Kosmos von Zellen und Organismen verrät. Es ist etwa so, als würde man von Shakespeares *Hamlet* die Liste der handelnden Figuren kennen, aber nicht die Handlung selbst.

Eine Spur, die zumindest zur Erhellung der Frage nach der Entstehung neuer Körperbaupläne führen sollte, wurde noch vor der Decodierung der DNA gefunden. In den 1940er-Jahren entdeckte die Evolutionsbiologin und spätere Nobelpreisträgerin Barbara McClintock, dass bestimmte Teile von Maischromosomen »springen« und ihren Platz wechseln können. Bis dahin hatte man angenommen, Gene seien, abgesehen von zufälligen Punktmutationen, weitgehend statisch.[42] Mithilfe neuerer molekularbiologischer Methoden konnte die Existenz der »springenden Gene«, auch Transposonen genannt, in verschiedenen Tier- und Pflanzenarten später bestätigt werden. Diese DNA-Abschnitte – die man lange für funktionslose »Junk DNA« gehalten hatte – haben eine wichtige Funktion sowohl bei der »Genregulation«, also der Steuerung der Genaktivität durch die Zelle, als auch bei größeren Umbauten des Genoms.

Solche Umbauten standen nach heutigem Wissen auch im Zentrum des beispiellosen Evolutionsschubs der kambrischen Explosion. Die neuen Symmetrien in den Körperbauplänen entstanden zum Beispiel durch die Verdoppelung und Vervierfachung bestimmter Gensequenzen, der sogenannten Hox-Gene, die eine entscheidende Rolle bei der embryonalen Entwicklung des Körperbaus spielen. Weitere Vervielfachungen führten später zur Entwicklung von Wirbeltieren. In all diesen Fällen waren die »springenden Gene« vermutlich der Schlüssel zum Umbau, konnten sie doch dabei helfen, Teile des Genoms aufzutrennen und neu zusammenzusetzen. Die Neuerungen waren also nicht das Ergebnis einer Anhäufung unzähliger kleiner »Punktmutationen«, sondern größerer Verschiebungen der gesamten Architektur, bei denen die Transposonen als »Werkzeuge« dienten.

Dabei verfügt die Zelle offenbar über Methoden, um diesen Prozess in eine bestimmte Richtung zu lenken, der die Wahrscheinlichkeit sinnvoller Veränderungen erheblich erhöht.[43] James Shapiro, ein Schüler von Barbara McClintock und Professor an der University of Chicago, weist darauf hin, dass evolutionär besonders relevante Veränderungen des Genoms nicht in erster Linie durch zufällige Schädigungen und Ablesefehler zustande kommen, sondern durch eine »natürliche Gentechnik« der Zelle, die »weder zufällig noch deterministisch« verfährt:[44] Während Zufallsschädigungen und Ablesefehler extrem effektiv repariert und »bewährte« Gensequenzen gegen Veränderungen geschützt werden, kann die Zelle unter bestimmten Bedingungen mithilfe von Transposonen andere Genomteile für den Umbau »freigeben«.[45]

Realität und Mythos der DNA

Die Entschlüsselung der DNA hat einerseits zu einem bemerkenswerten Erkenntnisschub in der Biologie geführt; zum anderen wurde sie aber auch zur Fabrikation einer neuen Mythologie benutzt. In den 1970er-Jahren prägte der britische Zoologe Richard Dawkins den Begriff des »egoistischen Gens«, das Lebewesen nur als Vehikel benutze, um sich selbst durchzusetzen und möglichst oft zu replizieren.[46] In seinem

Bestseller *The Selfish Gene* schrieb der Autor: »Wir sind Überlebensmaschinen, Roboter, blind programmiert zur Erhaltung der selbstsüchtigen Moleküle, die Gene genannt werden.«[47] Und er fährt fort: »Ein Affe ist eine Maschine, die für den Fortbestand von Genen auf Bäumen verantwortlich ist, ein Fisch ist eine Maschine, die Gene im Wasser fortbestehen lässt.«[48] Die Metaphorik, die Dawkins bemüht, ist tief in der mechanistischen Philosophie des 17. Jahrhunderts verwurzelt. Das DNA-Molekül wird bei ihm zu einem alles beherrschenden Kommandanten, der eine im Übrigen passive, tote, mechanische Welt nach seinen Zielen befehligt. Die lebendige, auf Selbstorganisation beruhende Zelle und der gesamte Organismus werden zu bloßen austauschbaren Vehikeln degradiert. Es ist bemerkenswert, dass eine so altmodische und verzerrte Sicht auf das Leben zu einem der einflussreichsten wissenschaftlichen Beiträge der jüngeren Geschichte werden konnte. Zumal sie mit der Realität dessen, was sich tatsächlich in lebenden Organismen abspielt, so gut wie nichts gemein hat. Denis Noble etwa, einer der prominentesten Kritiker von Dawkins, weist darauf hin, dass die DNA für sich genommen nur ein passives Molekül ist:

> Die DNA selbst tut absolut gar nichts, bevor sie nicht vom Rest des Systems, etwa durch Interaktionen mit Proteinen, aktiviert wird. Für sich selbst ist die DNA keine Ursache in einem aktiven Sinne. Ich denke, sie ist besser zu beschreiben als eine passive Datenbank, die vom Organismus benutzt wird, um ihm die Herstellung der Proteine, die er braucht, zu ermöglichen.[49]

Richard Lewontin, einer der Pioniere der molekularen Evolutionsbiologie, fasst es so zusammen: »Erstens reproduziert sich die DNA nicht selbst, zweitens stellt sie nichts her, und drittens sind Organismen nicht von ihr determiniert.«[50] Nicht die DNA steuert die Lebensprozesse, sondern die Zelle als Ganzes. Es ist die Zelle, die dafür sorgt, dass verschiedene Teile des Genoms zu unterschiedlichen Zeitpunkten abgelesen – oder auch umgebaut – werden. Das Genom ist ein »Organ der Zelle«, wie die Nobelpreisträgerin Barbara McClintock bemerkte.[51] Jesper Hoffmeyer formuliert es so: »Lebende Zellen [...] benutzen die DNA, um den Organismus aufzubauen – nicht umgekehrt.«[52] Oder in den Worten von Lynn Margulis: »The gene has no self. The self is the cell.«[53]

Dawkins' »egoistisches Gen« ist eine ideologisch geprägte Metapher, keine wissenschaftliche Theorie, die auf überprüfbaren Beobachtungen beruht. Das gab der Autor später selbst zu, als er schrieb: »Ich bezweifle, dass es irgendein Experiment gibt, das meine Behauptung beweisen könnte.«[54] Was die Forschung auf der Ebene von Molekülen, Zellen und Organismen tatsächlich in den letzten Jahrzehnten beobachten konnte, zeigt ein vollkommen anderes Bild: Die DNA ist nur *ein* Teil von komplexen Wechselwirkungen zwischen Umwelt, Körper und Genom, die sich im Netzwerk der Zelle und des Organismus abspielen. Die Ursache-Wirkungs-Ketten verlaufen dabei in alle Richtungen zwischen diesen drei Bereichen. Veränderungen von Körper und Umwelt haben, vermittelt durch die Signalwege der Zelle, ebenso Einfluss auf die Genaktivität – und teilweise sogar auf die Umgestaltung des Genoms –, wie die DNA Einfluss auf den Körper und seinen Lebensraum entfaltet, wenn sie aktiviert wird. Damit hat die Forschung das einstige »zentrale Dogma« der Molekularbiologie, dem zufolge Informationen nur vom Genom zu den Proteinen fließen können und nicht in die Gegenrichtung, widerlegt.[55] Die Gene determinieren also keineswegs einseitig die Entwicklung oder gar das Verhalten von Lebewesen, wie Biologen über weite Teile des 20. Jahrhunderts glaubten.

Ein Beispiel dafür, wie Zellen ihre DNA nutzen (und nicht umgekehrt), ist die Embryonalentwicklung von mehrzelligen Organismen. Ab einem bestimmten Stadium nach der Befruchtung einer Eizelle beginnen sich die Zellen zu differenzieren, um später die Gewebe unterschiedlicher Organe zu bilden. Dabei verändert sich die Funktion ihrer DNA grundlegend, obwohl die proteincodierenden Sequenzen stets dieselben bleiben. Der Grund liegt darin, dass die verschiedenen Positionen der Zellen im Organismus (außen oder innen, oben oder unten) dazu führen, dass die Zellen biochemische Prozesse in Gang setzen, die bestimmte Teile der DNA blockieren, andere dagegen freigeben.[56] Das Gesamtsystem der Zelle oder des Zellverbundes »entscheidet« also anhand seiner Umweltwahrnehmungen darüber, welche Teile des Genoms wann abgelesen werden, nicht die DNA selbst. Und das bedeutet, dass die Entwicklung eines Organismus nicht einfach einem präexistenten Programm der DNA folgt, sondern in einem dynamischen Wechselspiel zwischen dem wahrnehmungsfähigen Organismus, seiner Umwelt und seinem Genom besteht.[57]

Wo Veränderungen der Ablesbarkeit des Genoms längerfristig fixiert und an folgende Zellgenerationen weitergegeben werden, spricht man auch von »Epigenetik«. Damit sind im weitesten Sinne alle vererbbaren Veränderungen gemeint, die nicht durch Änderungen der DNA-Sequenz hervorgerufen werden. Bei Mehrzellern spielt die Epigenetik eine Schlüsselrolle bei der Entwicklung des Organismus. Die Veränderungen werden insofern vererbt, als sie bei Zellteilungen weitergegeben werden. Die Vererbung von epigenetischen Veränderungen über die Keimbahn – und damit über Generationen hinweg – ist bei Tieren und Menschen nach derzeitigem Wissensstand zwar selten, kommt aber in Einzelfällen vor.[58] Die Weismann-Barriere, die Keimzellen vom übrigen Organismus trennt, hat also keine universelle Gültigkeit.[59]

Aufgrund dieser und anderer neuer Erkenntnisse fordern einige führende Biologinnen und Biologen inzwischen eine grundlegende Überarbeitung der Evolutionstheorie, etwa in Form einer »Erweiterten Evolutionären Synthese« oder eines »dritten Weges«.[60] Entscheidend ist dabei auch die Frage, was als »Einheit der Evolution« zu betrachten ist: die DNA, die Zelle, der Organismus, die Population oder das gesamte Ökosystem. Kritiker einer DNA-fixierten Betrachtung weisen darauf hin, dass Lebewesen ihre Umwelt entscheidend mitgestalten und diese veränderte Umwelt wiederum auf die Entwicklung der Organismen zurückwirkt. Was sich über die Generationen hinweg verändert, sind also nicht einfach das Genom und die Gestalt von individuellen Lebewesen, die von einer statischen Umwelt »selektiert« werden, sondern das Gesamtsystem. Und dieses größere System kann auch die ganze Erde sein.[61]

Dass die DNA, entgegen der molekularbiologischen Faktenlage, noch immer in unzähligen populärwissenschaftlichen Publikationen und Medien zu einem geradezu allmächtigen Steuerungsorgan stilisiert wird, das uns beherrsche und unser Schicksal determiniere, hat tiefsitzende ideologische Gründe. Wenn uns Gene beherrschen, bedeutet dies, dass wir selbst eigentlich nichts zu sagen und zu entscheiden haben. Und wenn diese Gene auch noch selbstsüchtig sind, wird eine ökonomische Ordnung, die auf Selbstsucht basiert, zum Inbegriff einer unabänderlichen Natur stilisiert.

Die Genommythologie erweist sich außerdem als Spiegelbild des theokratischen Weltbildes, das sie zu überwinden vorgibt. Denn ob ein allmächtiger Gott *über uns* alles beherrscht und steuert oder ein molekularer omnipotenter Gott *in uns*, läuft letztlich auf dasselbe hinaus: die Enteignung des Selbst und der Selbstwirksamkeit durch eine numinose Kraft jenseits unserer Gestaltungsmöglichkeiten. Richard Dawkins' leidenschaftlicher Kampf gegen die Religion bekommt so eine ironische Note. Denn seine Konzeption eines herrschenden Gens ist eine zutiefst metaphysische Konstruktion, die von der christlichen Theologie weit mehr geerbt hat, als er wahrscheinlich zugeben würde.

Die Enteignung des Selbst hängt auch eng mit der Abwertung der Innenwelt zusammen. Hier wie dort wird die Welt des Erlebens und Entscheidens – die Erfahrung, eine *Person* zu sein – zu einem bloßen Spuk degradiert, der den eigentlich bestimmenden Kräften, nämlich den Stößen der Atome oder

der Macht selbstsüchtiger Moleküle, untergeordnet ist. Diese Ideologie fügt sich damit ausgezeichnet in Herrschaftsstrategien, die Hierarchien zementieren und den Handlungsspielraum von Menschen unsichtbar zu machen suchen. Wenn Menschen und ihre Fähigkeiten weitgehend von Genen determiniert werden, dann ist jeder Versuch müßig, gesellschaftlichen Rollen, wie sie etwa durch Geschlecht, Hautfarbe oder Klasse bestimmt werden, zu entkommen.[62]

Die Vorstellung, dass die Natur durch Herrschaft organisiert ist (wobei an der Spitze wahlweise Gott, der Mensch oder das Genom steht), ist eine regelrechte Obsession des westlichen Denkens.[63] Sie überträgt die Beziehung eines Regenten zu seinen Untertanen oder eines herrschenden Gottes zu seinen gehorsamen Geschöpfen auf die Natur und das Verhältnis des Menschen zu ihr.[64]

Sowohl Zellen als auch größere Organismen aber kennen – das ist eine der wichtigsten Erkenntnisse der modernen Biologie – keine Herrschaft, sondern nur Selbstorganisation. Ursache-Wirkungs-Ketten verlaufen durch alle Ebenen sowohl von oben nach unten als auch von unten nach oben – und schließen sich so zu miteinander verbundenen Kreisläufen. Was Wirkung ist und was Ursache, lässt sich daher nicht trennen, denn jeder Vorgang ist beides zugleich.

Die drei Sichtweisen auf die Evolution

Es gibt im Grunde drei Arten, wie wir uns die Entstehung von Neuem in der Natur vorstellen können. Die erste Art kann man das Chnum-Prinzip nennen. Der widderköpfige ägyptische Schöpfergott Chnum wurde an einer Töpferscheibe sitzend dargestellt, wo er Menschen, Götter, Tiere und Pflanzen formte, um sie anschließend mit seinem Zauberstab zum Leben zu erwecken. Eine der beiden biblischen Schöpfungsgeschichten ist eine Variante dieses Modells. In Genesis 2,7 heißt es: »Da formte Gott, der Herr, den Menschen aus Staub vom Erdboden und blies in seine Nase den Lebensatem.«

Das Chnum-Prinzip ist eine Metapher, die auf der menschlichen Fähigkeit basiert, Pläne zu fassen und diese dann handwerklich umzusetzen. Diese Form der Kreativität ist eine menschliche Grunderfahrung. Die Projektion dieses Prinzips auf die Evolution führt allerdings zum Irrtum des Kreationismus, also zu der fälschlichen Vorstellung, dass Lebewesen planmäßig von einem außerhalb des Geschehens stehenden Schöpfer geschaffen wurden. Sowohl die fossilen Funde als auch genetische Analysen zeigen eindeutig, dass es keinen solchen Schöpfungsvorgang gab, sondern dass es sich um eine schrittweise Entwicklung über Jahrmilliarden handelt.

Eine neuere Variante des Kreationismus ist das sogenannte Intelligent Design. Nachdem das oberste Gericht in den USA 1987 verboten hatte, Kreationismus in Schulen als wissenschaftliche Erkenntnis darzustellen, verlegte sich die christliche Rechte darauf, die alten theologischen Glaubenssätze im Gewand von Wissenschaftlichkeit neu zu präsentieren, finanziert vom erzkonservativen Discovery Institute. Vertreter des Intelligent Design geben zwar meist zu, dass man die biblischen Schöpfungsgeschichten nicht wörtlich zu verstehen habe, dass also nicht vor einigen Tausend Jahren fertige Vögel, Fische und Menschen aus dem Nichts erschaffen wurden. Allerdings könne die Evolutionstheorie nicht erklären, wie komplexe Organe und ihr Zusammenwirken ohne gezielte Planung entstehen können. Als Lösung wird suggeriert, ein externer Schöpfer habe im Laufe der Evolution immer wieder eingegriffen, um die komplexen Wirkungsgefüge des Lebens zu »designen«.

Das zweite Erklärungsprinzip ist die Idee, dass das mechanische Aufeinanderprallen von verschiedenen Naturkräften – mehr oder minder zufällig – Neues hervorbringt. Der Aufprall des Tintenfasses auf dem Boden führt zu einem Muster, das niemand geplant hat. Ähnliches gilt von den Wellenmustern, die der Wind auf dem Meer oder im Sand erzeugt. Der Wind hat keinen Plan von dem Muster, das er schafft. Es gibt keinen Akteur außerhalb des Geschehens selbst. Und die

Akteure im Geschehen – der Wind und der Sand – agieren »blind«, insofern sie keine Wahrnehmungsfähigkeit besitzen, die ihre Handlungen leiten würde.

Die neodarwinistische Theorie hat versucht, die Evolution im Prinzip auf diese Weise zu erklären – wobei zufällige Variation und Selektion die Rolle der blind formenden Kräfte einnehmen. Der Fortschritt dieser Betrachtungsweise besteht darin, die Handwerksmetapher vom Typ Chnum (und damit die Trennung von Plan und Ausführung) zu überwinden und keinen außenstehenden Dritten zu brauchen. Das große Manko aber liegt darin, dass die wesentlichen Eigenschaften des Lebendigen, nämlich Selbstorganisation, Wahrnehmungsfähigkeit und – zumindest ab einer bestimmten Stufe – Innensichten, nicht berücksichtigt werden. Das Leben und seine Entwicklung werden nach dem Muster des Unbelebten behandelt und dadurch letztlich unverständlich. Daraus resultieren die unzähligen irreführenden Maschinenmetaphern, die bis heute in der Biologie weit verbreitet sind. Während das Chnum-Modell die Vorstellungswelt der Handwerker auf die Schöpfung projiziert, spiegeln sich in der Maschinenmetapher die ideologischen Prägungen der industriellen Gesellschaft. Beiden Erklärungsmustern ist gemeinsam, dass sie die Schöpfung zum Objekt machen – sei es eines göttlichen Planes oder eines blinden, mechanischen Zufalls – und den Geschöpfen damit die aktiv gestaltende Rolle im Prozess der Evolution absprechen.

Der Streit zwischen diesen ersten beiden Erklärungsprinzipien, also zwischen einem längst widerlegten Kreationismus auf der einen Seite und einer mechanistisch verengten Auslegung Darwins auf der anderen, verdunkelt leider oft den Blick auf eine dritte Betrachtungsweise, in deren Zentrum weder die Ausführung eines Masterplans noch der »blinde Zufall« stehen, sondern ein kreativer Prozess der Selbstorganisation.

Dieser Ansatz hat mit der neodarwinistischen Betrachtungsweise insofern eine Schnittmenge, als er keinen externen Dritten braucht und auch keinen vorgefertigten Plan. Die Evolution wird vielmehr als ein tastender, ergebnisoffener Prozess verstanden, der Versuch und Irrtum einschließt. Die Frage, wie Neues in diesem Prozess entsteht und welche Rolle Selektion dabei spielt, wird aber deutlich anders beantwortet als im Neodarwinismus und der auf ihm aufbauenden Modernen Synthese der Evolutionsbiologie. An die Stelle von zufälligen kleinen DNA-Mutationen, die, in Verbindung mit der Selektion, allein für Neuerungen verantwortlich sein sollen, tritt eine Vielzahl von kreativen Prinzipien, die sich im Laufe der Evolution durchaus weiterentwickeln und auch vermehren können. Wie Evolution »funktioniert«, ist daher keineswegs unveränderlich, sondern kann auch Gegenstand einer Metakreativität sein, die neue Prinzipien erfindet.[65]

Kreative Prozesse in der Evolution und beim Menschen

In dieser Perspektive stellt sich die Frage, ob die menschliche Kreativität, wie sie sich in den Künsten, den Wissenschaften, den Religionen, dem Humor und den sozialen Organisationsformen zeigt, ein einmaliges und fremdartiges Phänomen in einem ansonsten blinden und mechanischen Universum ist, oder ob sie nicht vielmehr als Teil und Weiterentwicklung einer umfassenderen Kreativität zu betrachten ist. Mit anderen Worten: Sind menschliche Kreativität und Evolution strukturell verwandt, entstammen sie einer gemeinsamen Wurzel?

Diese Frage mag abwegig erscheinen, handelt es sich doch auf den ersten Blick um zwei vollkommen verschiedene Phänomene. In der Evolution haben wir es mit einer Kette von sich wandelnden Lebewesen und Populationen zu tun, bei menschlichen Schöpfungen hingegen mit Erfindungen von Artefakten oder geistigen Strukturen. Verschiebt man den Fokus jedoch hin zu einer allgemeineren Betrachtungsweise, dann zeigt sich, dass man es in beiden Fällen mit der Entwicklung von *Mustern* zu tun hat: Ein Körperbauplan ist in diesem

Sinne ebenso ein Muster – eine »Idee« – wie eine soziale Organisationsform, eine musikalische Komposition oder eine Kosmologie. Untersucht man sodann, wie neue Muster in beiden Fällen zustande kommen, zeigen sich einige auffällige Parallelen.[66]

Die Verbindung bislang getrennter Systeme zu etwas gänzlich Neuem etwa, wie man sie zum Beispiel in der Endosymbiose findet, bildet auch eine entscheidende Grundlage menschlicher Kreativität, wie der ungarisch-britische Autor Arthur Koestler in seinem Buch *Der göttliche Funke* zeigte.[67] Koestler nannte eine solche Synthese »Bisoziation«. Wenn etwa Isaac Newton die bis dahin getrennten Phänomene der Schwerkraft und der Planetenbewegung in *einem* Gedankengebäude integriert, ist das eine Bisoziation. Wenn James Joyce die *Odyssee* des Homer und die Beschreibung eines Tages in Dublin zu einem großen Romangedicht verschmilzt, dann ist das ebenfalls eine Bisoziation, so wie auch die Fusion von westafrikanischer Musik, Worksongs, Kirchenliedern und Militärkapellen im Jazz. Das Gleiche gilt, wenn zwei bislang getrennte und unvereinbar erscheinende Ideen in einem guten Witz zusammenstoßen und ein explosives Lachen hervorrufen.

Bisoziation setzt voraus, dass Teile der Wirklichkeit aus ihrem bisherigen Zusammenhang herausgelöst und in einen neuen Kontext integriert werden. Mit anderen Worten: Starre Muster werden gelockert und weichen einer Art offenem *Spiel* (im Sinne von englisch *play*, nicht *game*). Während Menschen im »Modus Ernst« bewährten und relativ festgelegten Abläufen folgen, fangen sie im »Modus Spiel« an, die Ketten gewohnten Verhaltens zu durchbrechen. Etwas Ähnliches scheint in der Evolution zu geschehen, wenn etwa Teile des Genoms nicht mehr im starren Kontext fehlerfreien Ablesens konserviert, sondern zum Umbau – also zum Spiel – freigegeben werden. Und ähnlich wie in einem Kinderspiel Dinge vollkommen neue Funktionen annehmen können, so werden auch in Phasen evolutionärer Kreativität Prozesse und Komponenten aus ihrem bisherigen Kontext gelöst und bekommen eine neue Rolle.

Kreative Schübe in der Evolution sind auch, ebenso wie das menschliche Spiel, dadurch gekennzeichnet, dass Neues auf vollkommen überraschende Weise entsteht und grundsätzlich unvorhersagbar ist. Sowenig man vorhersagen konnte, dass Franz Schubert im Sommer 1819 die Themen des *Forellenquintetts* einfallen würden, sowenig hätte irgendjemand zur Zeit der Dinosaurier aus der Existenz von Flugechsen die Entstehung von Rotkehlchen prognostizieren können. Die Evolutionsbiologie ist so wenig zur Vorhersage neuer Arten fähig wie die Musikwissenschaft zur Prognose neuer Melodien.

Eng damit zusammen hängt eine weitere Parallele zwischen der Evolution und jenen Formen der menschlichen Kreativität, die nicht dem Chnum-Prinzip folgen: Sie verlaufen nicht intentional. Die Evolution scheint eher so vorzugehen, wie John Lennon es von der Entstehung seines Songs *Across the Universe* beschreibt:

> Ich lag neben meiner Frau im Bett und war verärgert, ich dachte nach. Sie hatte mir wegen irgendetwas endlose Vorwürfe gemacht und war dann zu Bett gegangen. Und nun hörte ich ihre Worte immer wieder, fließend wie in einem endlosen Strom. Ich ging nach unten, und das Ganze wurde zu einer Art kosmischem Song. Der Text kam aus reiner Inspiration, er wurde mir einfach gegeben, als *Knall*. Das Lied gehört mir nicht, es kam einfach so heraus.[68]

Was John Lennon hier als »Knall« beschreibt, hat einige Ähnlichkeit mit dem, was Konrad Lorenz einst als blitzhafte Fulguration bezeichnete. Diese dem Träumen verwandte Form der Kreativität verbindet assoziativ bisher getrennte Bruchstücke zu neuen Einheiten. Auch wissenschaftliche Entdeckungen sind zum Teil auf eine solche Weise entstanden. Der Chemiker August Kekulé etwa fand im Traum die Strukturformel des Benzolrings, nachdem er jahrelang im Wachzustand vergeblich nach ihr gesucht hatte: Er träumte von einer Schlange, die sich in den Schwanz biss.[69]

Gregory Bateson bemerkte einmal, dass die Evolution nicht nach der strengen deduktiven Logik unseres analytischen Verstandes vorgeht, sondern nach der assoziativen Logik von Träumen und Metaphern.[70] Die Schöpfung, so könnte man sagen, plant uns weder zielgerichtet noch spuckt sie uns als Produkt eines blinden Zufalls aus, sondern sie träumt uns.

Teil II

Menschliche Gesellschaften und die Krise des Lebens auf der Erde

4 Die vier Verbundenheiten und die Große Trennung

Menschen können, wie alles, was lebt, niemals isoliert existieren. Wenn Sie glauben, dass Sie unabhängig von Ihrer Umgebung sind, halten Sie einfach Ihre Nase zu und schließen den Mund. Vielleicht halten Sie ein oder zwei Minuten durch; wenn Sie trainiert sind, auch vier oder fünf. Aber spätestens dann wird der Schmerz in Ihrer Lunge Sie zwingen, die Luft entweichen zu lassen und ein Stück der Außenwelt in sich hineinzusaugen. Alle Lebewesen, auch Pflanzen, Pilze und Bakterien, atmen.[1] Dabei geben sie ein Stück von sich an die Welt ab und nehmen etwas anderes aus ihr auf. Der Kohlenstoff, der bei meiner Ausatmung entweicht, war vielleicht kurz zuvor noch in meinem Muskel- oder Hirngewebe. Möglicherweise war er sogar an einem interessanten Gedanken oder einem intensiven Gefühl beteiligt. Kurz darauf fliegt er durch die Luft, um schließlich von einem Baum eingeatmet und in seinen Wachstumsprozess integriert zu werden. In Form eines Apfels, den dieser Baum produziert, kann dieser Kohlenstoff später zu mir zurückkehren und zu neuer Energie, zu Bewegungen, Gedanken und Gefühlen verbrannt werden.

Die gesamte Biosphäre ist ein großes atmendes Wesen. Wenn auf der Nordhalbkugel im Herbst die Blätter fallen und viele Pflanzen die Photosynthese einstellen, atmet die halbe Erde aus, während auf der Südhalbkugel die jungen Triebe ergrünen und den Kohlenstoff aus der Luft binden. Da es auf der Nordhalbkugel jedoch wesentlich mehr Land und Landvegetation gibt, entspricht der nördliche Herbst und Winter tatsächlich einer globalen Ausatmung, bei der die CO_2-Werte steigen, während sie im Frühjahr und Sommer sinken. (Daraus ergibt sich die charakteristische Zickzacklinie der Kohlendioxidkonzentration in der Atmosphäre – die durch die Verbrennung fossiler Energieträger bekanntlich immer schneller nach oben verrutscht.)

Dieser Zyklus der globalen Atmung beruht auf unzähligen fein austarierten und ineinandergreifenden Gleichgewichten. Damit Menschen und andere Wesen leben können, muss die Luft der Atmosphäre zum Beispiel eine ganz besondere Mischung von Gasen enthalten. Kohlendioxid etwa ist in zu großen Mengen nicht allein als Treibhausgas für die Biosphäre gefährlich, sondern auch unmittelbar für die Körperfunktionen von Menschen und Tieren. Bereits bei einer Konzentration von einem Promille CO_2 (1000 ppm) in der Atmosphäre setzen schon nach Stunden erste Störungen geistiger und körperlicher Funktionen ein. Bei 1400 ppm sinken die kognitiven Fähigkeiten bereits um die Hälfte. Ab 2000 ppm kommt es mittelfristig zu Demineralisierungen der Knochen, Nierenverkalkungen und Schädigungen von Blutgefäßen.[2] Gegenwärtig liegt die durchschnittliche Konzentration bei gut 410 ppm – gegenüber 280 vor der Industrialisierung. Werte von über 1000 ppm werden schon heute oft in Innenstädten, geschlossenen Räumen – etwa Klassenzimmern – und klimatisierten Bereichen wie Büros, Zügen und Flugzeugen erreicht.

Das Beispiel zeigt, wie fein unsere natürliche Umgebung und unser Körper aufeinander abgestimmt sind. Die Idee, dass der Mensch außerhalb der Natur stehe und souverän über sie verfügen könne, erweist sich schon hier als Phantasma. Wir sind Teil eines über Jahrmillionen und Jahrmilliarden entstandenen hochkomplexen Netzwerks von Kreislaufprozessen. Schon geringe Störungen darin können für uns gravierende Konsequenzen haben. Was geschehen wird, wenn wir in diese Kreisläufe eingreifen, lässt sich meist nicht vorhersehen. Dass schon bei zwei Promille Kohlendioxid in der Luft Körpergewebe zerfallen, war zum Beispiel für die Forschung eine große Überraschung. Bei ganzen Ökosystemen und der Biosphäre nehmen die unerwarteten »Nebenwirkungen« noch einmal erheblich zu. Das liegt nicht nur an einem Mangel an Wissen, sondern auch daran, dass Lebensprozesse grundsätzlich nichtlinearer und nichtdeterministischer Art sind und sich damit der Vorhersagbarkeit entziehen. In den meisten Fällen sind die Überraschungen außerdem unangenehmer Natur, denn das Angenehme, dem Menschen Zuträgliche, besteht gerade darin, dass die uns begegnende Welt mehr oder weniger so bleibt, wie sie war, als unsere Ahnen sich zum *Homo sapiens* entwickelt haben. Auf diese Art von Welt sind wir körperlich, geistig und seelisch vorbereitet, diese Art von Welt *brauchen* wir, um zu gedeihen und keinen Schaden zu nehmen.

Biosphärischer und gesellschaftlicher Stoffwechsel

Indem wir atmen, essen, trinken und ausscheiden, wechseln wir die Stoffe, aus denen wir bestehen, permanent aus. Innerhalb eines Jahres werden 98 Prozent aller Atome in unserem Körper ausgetauscht.[3] Wenn wir diese Vorgänge quantenphysikalisch betrachten, zeigen sich die scheinbar soliden und statischen Atome darüber hinaus als eine ununterbrochene Fluktuation von energetischen Beziehungen, die alles mit allem verbinden. Wir sind keine abgeschlossenen Objekte und auch keine souveränen Herrscher über eine außer uns stehende Natur, sondern Austauschwesen, Durchgangsorte, Transformatoren. Der Stoff, aus dem wir sind, ist nicht nur mysteriöser und weit weniger materiell, als wir glauben, sondern auch permanent im Fluss.

Dieser Fluss spielt sich für uns auf mindestens zwei ineinander verschränkten Ebenen ab: dem Sonnen- und Erdsystem einschließlich der Biosphäre und den menschlichen Gesellschaften. Die Fusion von Wasserstoff zu Helium in der Sonne ist die primäre Energiequelle sämtlicher Lebensprozesse auf der Erde.[4] Vor mehr als drei Milliarden Jahren begannen Bakterien damit, die Lichtenergie der Sonne in chemische Energie umzuwandeln und in verschiedenen Zuckern und komplexeren Molekülen wie Adenosintriphosphat zu speichern, die sich bei Bedarf wieder aufspalten lassen, um die Energie freizusetzen. Auf dieser Erfindung beruht das Leben der Pflanzen. Die Energiezufuhr sämtlicher Tiere, einschließlich des Menschen, speist sich wiederum aus dieser Quelle. Entweder essen wir Pflanzen und deren Früchte oder andere Tiere, die sich wiederum von Pflanzen ernährt haben – wobei das Essen von Tieren die denkbar ineffizienteste und destruktivste Methode ist, an die energiereichen Moleküle zu kommen.[5]

Unsere Lebensenergie ist also Teil einer Kette von Umwandlungen, die bei der Sonne beginnt. Durch unsere Ausscheidungen geben wir auch Stoffe zurück, die wiederum für Pflanzen und einige Tiere nützlich sind. Allerdings handelt es sich nicht um einen geschlossenen Kreislauf oder gar um ein Perpetuum mobile, denn der irdische Kreislauf des Lebens kann nur aufrechterhalten werden, indem die Sonne sich verausgabt und uns eine Energie spendet, die ihr die Erde niemals zurückgeben kann.

Angesichts dieser Verwandlungszyklen erweist sich die Vorstellung von isolierten Individuen, die abgetrennt von einer äußeren »Natur« existieren, als absurd. Würden Pflanzen und Tiere ihre Aktivität einstellen, wären wir in relativ kurzer Zeit alle tot – auch wenn wir über noch so viel Technologie, Erdöl und Geld verfügen.

Neben dem großen solar-biosphärischen Stoffwechsel sind wir auch stets eingebunden in gesellschaftliche Austauschprozesse, die ein Subsystem der Biosphäre bilden. In seinem Essay *Why Socialism?* schrieb Albert Einstein 1949:

Der Einzelne allein ist in der Lage, zu denken, zu fühlen, zu kämpfen, selbstständig zu arbeiten; aber er ist in seiner physischen, intellektuellen und emotionalen Existenz derart abhängig von der Gesellschaft, dass es unmöglich ist, ihn außerhalb des gesellschaftlichen Rahmens zu sehen und zu verstehen. Es ist die »Gesellschaft«, die dem Menschen Kleidung, Wohnung, Werkzeuge, Sprache, die Formen des Denkens und die meisten Inhalte dieses Denkens liefert, sein Leben wird ermöglicht durch die Arbeit und durch die Leistungen der vielen Millionen früherer und heutiger Menschen, die sich hinter dem Wörtchen »die Gesellschaft« verbergen. Deshalb ist die Abhängigkeit des Einzelnen von der Gesellschaft eine Naturtatsache, die – wie im Falle von Ameisen und Bienen – nicht abgeschafft werden kann.[6]

Die Dinge, die ich für mein tägliches Leben brauche, sind meist durch die Hände vieler anderer Menschen gegangen. Der Tee, den ich trinke, während ich diesen Text schreibe, ist in China gepflückt worden, von Menschen, denen ich nie begegnet bin und die ich wahrscheinlich nie kennenlernen werde. Aber sie haben etwas Wichtiges für mich getan. Das Gleiche gilt für den Computer, an dem ich diesen Text schreibe. Irgendjemand, ob im Kongo, in Chile oder Indien, hat die Mineralien aus der Erde geholt, die darin verarbeitet sind, irgendjemand hat die Teile zusammengebaut und jemand anders die Container beladen, in denen der Rechner um die Welt fuhr. Wir sind heute mit fast allen Menschen auf der Erde existenziell verbunden, mit den Lebenden und sogar mit einem großen Teil der Toten, die all die Techniken erfanden, die wir selbstverständlich nutzen.

Wer glaubt, ohne andere Menschen auskommen zu können, möge sich einen Moment vorstellen, dass alle Dinge, die von anderen erfunden und produziert wurden, plötzlich verschwänden. Im nächsten Augenblick würde er oder sie nackt und ohne Dach über dem Kopf, vermutlich auch ohne etwas zu essen, in einer Brache stehen, in der vielleicht noch die Spuren der entschwundenen Straßen und Häuser zu erahnen wären. In industriellen Gesellschaften wäre die Leere wahrscheinlich für die meisten Menschen eine fast totale und damit rasch tödlich. Doch selbst in relativ autarken indigenen Gemeinschaften würde ein erheblicher Teil der zum Leben notwendigen Dinge verschwinden, findet doch auch dort eine beträchtliche Arbeitsteilung statt.

In den Netzwerken menschlicher Beziehungen geht es nicht allein um den Austausch von Dingen, sondern auch und vor allem um den emotionalen Stoffwechsel. Ob wir von unseren Mitmenschen Zuwendung und Anerkennung erhalten, entscheidet wesentlich über unsere geistige, emotionale und physische Gesundheit. Anhaltende Defizite können zu schweren Depressionen und körperlichen Erkrankungen, bisweilen auch zum Tod führen. Selbst ein buddhistischer Mönch, der jahrelang einsam in einer Himalaya-Höhle wohnt, kann dies nur, weil er weiß, dass dieses Verhalten zumindest von einem Teil seiner Gesellschaft hoch angesehen wird.

Der solar-biosphärische und der gesellschaftliche Stoffwechsel sind zwei Aspekte der vier Verbundenheiten, durch die wir mit unserer Mitwelt und dem gesamten Kosmos ver-

Die vier Ebenen der Verbundenheit

knüpft sind. Dazu gehören auch die direkte physische Verwandtschaft aller Lebewesen auf der Erde (Kapitel 3) und die damit zusammenhängende Verbundenheit durch den Austausch von Botschaften (Kapitel 2), die gemeinsam die dritte Verbundenheit ausmachen. Jenseits der Grenzen der Erde und des Sonnensystems sind wir darüber hinaus durch ein alles durchwebendes Netz von Energiebeziehungen mit dem gesamten Universum verbunden (Kapitel 1) und haben an seiner bemerkenswerten Kreativität teil.

Die Wissenschaften der vergangenen 150 Jahre haben – wenn auch zum Teil widerwillig – erheblich dazu beigetragen, diese Verbundenheiten sichtbar zu machen, von den klassischen Feldtheorien und der Quantenphysik über die Ökologie und Evolutionsforschung bis zur Biosemiotik. Damit haben sie sich weit von ihrem ursprünglichen Programm der Sezierung und atomistischen Betrachtung entfernt.

Die Ideologie der Trennung

Die verschiedenen Ebenen unserer Verbundenheit werden allerdings durch zwei Faktoren, die in ihrer Geschichte eng zusammenhängen, verschleiert: die technokratische Ideologie und die Herrschaft des Geldes. Wenn ich über genügend Geld verfüge, kann ich zum Beispiel glauben, ich sei als souveränes, unabhängiges Individuum in einen Laden gegangen und habe mir von einem anderen autonomen Wirtschaftssubjekt mit *meinem* Geld *meinen* Computer gekauft. Doch diese Art, die Geschichte zu erzählen, blendet das große Netzwerk von Beziehungen zwischen Menschen und natürlichen Systemen aus, ohne die es weder einen Computer noch einen Laden, noch das Geld in meiner Tasche geben würde. Das Geld – das, wie wir in Kapitel 1 gesehen haben, zusammen mit dem Atomismus im antiken Griechenland entstanden ist – nährt die Illusion, es gebe so etwas wie isolierte Individuen. Es war eines der großen Verdienste von Karl Marx, erkannt zu haben, dass Geld im Grunde eine Chiffre für menschliche Beziehungen ist, die von der Geld- und Warenform jedoch verdunkelt werden.[7]

Für diejenigen, die über viel Geld verfügen, ist diese Illusion äußerst nützlich, weil sie behaupten können, sie hätten Besitz und Eigentum *aus eigener Kraft* geschaffen – während tatsächlich Tausende von Menschen und unzählige Ökosysteme für sie gearbeitet haben. Auf diese Weise kann man auch geschickt der Frage aus dem Weg gehen, warum denn die Minenarbeiter im Kongo meist nicht einmal einen Computer haben, obwohl sie sehr hart arbeiten, während jedem durchschnittlichen Deutschen ein ganzer Technologiepark mit Desktops, Laptops, Tablets, Smartphones, Scannern, Druckern, Spiegelreflexkameras, Autos, Elektrorollern, Saugrobotern, Rasenrobotern, Spielzeugrobotern, Schwingschleifern, 4K-Fernsehern, Mikrowellengeräten, Stereoanlagen und so weiter zur Verfügung steht.

Die Maske des Geldes verdunkelt so das große Netz menschlicher Beziehungen, ohne das wir nicht existieren könnten. Die systematische Ausbeutung eines Teils der Menschheit durch einen anderen kann so unsichtbar bleiben. In analoger Weise verschleiert das mechanistische Weltbild unsere Beziehungen zur nichtmenschlichen Sphäre und liefert auf diese Weise die ideologische Grundlage einer endlosen Ausbeutung der Natur. Wenn alles nur aus toten, unverbundenen Atomen besteht, dann ist nichts Verwerfliches daran, die Welt in Stücke zu zerlegen und neu zusammenzusetzen. Und wenn diese passiven Teilchen linearen, berechenbaren Gesetzen gehorchen, dann lassen sie sich auch durch menschlichen Willen steuern und beherrschen.

Obwohl die mechanistische Weltsicht, wie wir im ersten Teil gesehen haben, sich im Laufe der Wissenschaftsgeschichte als unhaltbar erwiesen hat, ist sie nach wie vor gesellschaftlich tief verankert und wirkmächtig. Mehr noch: Statt als überholt ad acta gelegt zu werden, hat sie sich in den vergangenen 100 Jahren zu einer umfassenden technokratischen

Mythologie* ausgeweitet, die alle Lebensbereiche durchzieht, von der Medizin über die Ökonomie und die digitale Sphäre bis zum »Geo-Engineering«. Das liegt vor allem daran, dass diese Ideologie eng mit der wirtschaftlichen und politischen Organisationsweise unserer Gesellschaft zusammenhängt und sich von ihrer Entwicklung nicht trennen lässt.[8] In seinem epochemachenden Buch *Die Gabe* bemerkte der Ethnologe Marcel Mauss in den 1920er-Jahren, dass sich bestimmte Formen des Denkens und Handelns als »totale soziale Fakten« durch alle Ebenen der Gesellschaft ziehen.[9] Die technokratische Ideologie ist in diesem Sinne nicht einfach eine Ansammlung von Behauptungen, die sich als solche leicht widerlegen ließen, sondern eine Denk- und Handlungsstruktur, die tief in gesellschaftliche Institutionen, Gewohnheiten und unsere Erzählungen von der Welt eingeschrieben ist. Mit anderen Worten: Sie ist nur zu einem kleinen Teil *explizit*, zu einem großen Teil dagegen *implizit* und damit nicht auf den ersten Blick erkennbar.

Es verhält sich ähnlich wie mit Erzählstrukturen in Filmen, Romanen und Märchen: In *Grimms Märchen* etwa steht nirgendwo ausdrücklich, dass die Welt durch eine Rangordnung organisiert sein soll, bei der Könige an der Spitze stehen, darunter Prinzen und Prinzessinnen und am unteren Ende Bauern und Zwerge. Anstelle von Traktaten über die Rechtfertigung der Monarchie bieten die Märchen eine Handlungsstruktur, bei der all das als selbstverständlich vorausgesetzt wird. Dass Rumpelstilzchen am Ende der Geschichte sterben muss, obwohl er der Bauerstochter immerhin zu überleben geholfen hat, während der König, der das Mädchen mit dem Tode bedrohte, sie schließlich heiratet, wird von den meisten Lesern gar nicht infrage gestellt. Die dahinterstehende Ideolo-

* Die Begriffe »technokratische Mythologie« und »technokratische Ideologie« bezeichnen hier verschiedene Facetten desselben Phänomens. »Ideologie« meint vor allem die von den Herrschaftsverhältnissen geprägten Denkstrukturen, »Mythologie« betont eher die bildhaft-narrativen Elemente des kollektiven Imaginären.

gie ist in den Handlungen verborgen und wird daher nicht als solche erkannt. So tragen selbst Menschen, die die Monarchie eigentlich ablehnen, ihre Ideologie weiter.

In ähnlicher Weise wird die technokratische Ideologie selten ausdrücklich benannt, sondern liegt als unhinterfragte Struktur unseren Institutionen und unserer täglichen Praxis zugrunde. Wir werden sie daher in diesem Kapitel als integralen Teil eines historischen Systems zu verstehen versuchen, das weitgehend unreflektiert funktioniert. Dabei treten drei zentrale Ideen zutage:

1. Das Mess- und Zählbare hat einen höheren Realitätsstatus als die erlebten Qualitäten unserer Wahrnehmung. Was gemessen und gezählt werden kann, ist objektiv vorhanden, die qualitativen Wahrnehmungsinhalte dagegen sind bloß »subjektiv« in unseren Köpfen.
2. Die Welt besteht aus zerlegbaren Einzelteilen und lässt sich entsprechend auch beliebig neu zusammenbauen (»Lego-Welt«).
3. Die Welt gehorcht im Wesentlichen linearen und deterministischen Ursache-Wirkungs-Zusammenhängen und kann daher planmäßig gesteuert werden.

Alle drei Behauptungen, auf denen die technokratische Ideologie beruht, sind nachweislich falsch. Erstens ist die Welt der erlebten Qualitäten unsere primäre Wirklichkeit, sie ist das Einzige, an dessen Existenz wir nicht sinnvoll zweifeln können. Alle wissenschaftliche Forschung beruht auf Systematisierungen und Abstraktionen dieser Wahrnehmungen. Zwar sind unsere Wahrnehmungen bereits selbst Co-Kreationen der Welt und keine »naturgetreuen« Abbildungen. Aber das ändert nichts daran, dass sie unser primärer Zugang zur Wirklichkeit sind. Wissenschaftliche Erkenntnisse liegen nicht *vor* dieser Ebene, sondern *dahinter*, sie sind Interpretationen der Interpretationen.[10]

Zweitens besteht die Welt, das hat die Quantenphysik deutlich gemacht, in ihren innersten Strukturen nicht aus isolierbaren materiellen »Bausteinen«, sondern aus einem Netz von energetischen Beziehungen, die im Prinzip das ganze Universum miteinander verbinden. Auf biologischer Ebene kommt hinzu, dass Leben auf selbstorganisierenden Ganzheiten beruht, von der Zelle bis zu großen Ökosystemen und der Erde in ihrer Gesamtheit. Aus diesen Ganzheiten lassen sich nicht einzelne Teile beliebig herausreißen und rekombinieren, ohne die komplexen größeren Gefüge zu zerstören.

Und drittens beruht Leben – das gilt sogar für einige physikalische Phänomene, die wir nicht zum Leben zählen – auf nichtlinearen, nichtdeterministischen Ursache-Wirkungs-Ketten. Leben ist durch Bedeutung organisiert, nicht durch mechanische Stöße (siehe Kapitel 2).

Da all dies offen zutage liegt, stellt sich die Frage, warum die technokratische Ideologie noch immer so verbreitet und wirkmächtig ist. Warum wird in Schulbüchern und populärwissenschaftlichen Sendungen noch immer von »Bausteinen der Materie« gesprochen, obwohl diese Vorstellung schon vor 100 Jahren spektakulär gescheitert ist? Warum können Hirnforscher unwidersprochen verkünden, sie seien mit bildgebenden Verfahren den »letzten Geheimnissen unseres Gehirns«[11] auf der Spur, obwohl der Ursprung des Bewusstseins heute so rätselhaft ist wie zu Moses' Zeiten? Warum wird in großen Teilen von Biologie und Medizin noch immer so getan, als könne man Leben, Gesundheit und Krankheit verstehen, ohne die Innensichten von Lebewesen zu berücksichtigen? Und warum fließen unsere Forschungsgelder und Subventionen noch immer in Technologien, die auf der Vorstellung beruhen, wir könnten die Natur steuern und beherrschen, obwohl die Verheerungen dieser Idee rund um den Globus nicht zu übersehen sind, von der Atomkraft über die industrielle Landwirtschaft bis zu den Gefahren von Gentechnik und künstlich erzeugten Lebewesen? Warum versuchen wir mit aller Macht, unser Leben auf der Erde nach dem Modell einer großen Maschine zu organisieren, obwohl längst klar ist, dass die Welt keine Maschine ist und jeder Versuch, sie dazu zu machen, tödliche Folgen haben wird?

Um zu verstehen, warum diese Zombie-Ideen so hartnäckig sind, müssen wir uns mit den Ursprüngen der technokratischen Ideologie beschäftigen – und mit einem Gesellschaftssystem, das mit ihr unauflöslich verwoben ist.

Die Geburt der technokratischen Weltsicht

Als sich die modernen Naturwissenschaften im 17. Jahrhundert in Europa entwickelten, vollzog sich gerade ein systemischer Umbruch, der in seiner Bedeutung nur mit der neolithischen Revolution – also der Entstehung der Landwirtschaft – vor etwa 10 000 Jahren und der Formation der ersten Herrschaftsapparate und Staaten vor 5000 Jahren zu vergleichen ist. Es war die Geburt dessen, was man später das moderne, kapitalistische Weltsystem genannt hat.[12] In jahrhundertelangen Kämpfen untereinander und gegen die bäuerliche Bevölkerung hatten Handelsmagnaten, Bankiers, Landesherren, Rüstungsfabrikanten, Großgrundbesitzer und Teile der Kirche ein System hervorgebracht, das vollkommen neu in der menschlichen Geschichte war. Es sollte sich als das produktivste und dynamischste, aber auch gefährlichste und gewalttätigste Gesellschaftssystem erweisen, das *Homo sapiens* je geschaffen hat. In wenigen Jahrhunderten eroberte es den gesamten Globus und wurde so zur ersten weltumspannenden Zivilisation. Und zur ersten Zivilisation, die in der Lage ist, den Planeten zu zerstören.

Der Kern dieses neuartigen Systems ist die endlose Vermehrung von Kapital in einem ununterbrochenen Zyklus von Profit und Reinvestition. Darin unterscheidet es sich grundlegend von anderen historischen Herrschaftsordnungen wie etwa dem Römischen Reich oder chinesischen Großreichen.[13] Das Prinzip endloser Akkumulation ist in mächtigen Institutionen verankert, darunter Aktiengesellschaften und Bankhäusern, deren einziger Zweck darin besteht, eingelegtes Kapital zu vermehren, egal mit welchen Mitteln. Heute kontrollieren die multinationalen Konzerne, die nach diesem Prinzip organisiert sind, etwa 40 Prozent der weltweiten Wirtschaftsleistung und zwei Drittel des Welthandels.[14]

Die zweite tragende Säule dieser neuen Ordnung war der moderne Militärstaat, der sich seit dem 16. Jahrhundert coevolutionär mit den wirtschaftlichen Machtstrukturen entwickelte. Für ihre immer größeren Söldnerheere und Feuerwaffen brauchten die Landesherren enorme Mengen an Kapital, das ihnen die Händler und Bankiers als Kredit zur Verfügung stellten. Das *return on investment* der Kreditgeber wiederum wurde aus den Raubzügen der von ihnen finanzierten Heere bestritten. Militarisierte Staaten und privates Kapital waren auf diese Weise von Anfang an untrennbar verflochten. Dieses System war und ist auf permanente ökonomische und militärische Expansion angewiesen, um das angelegte Kapital zu vermehren. Die von Europa ausgehende Kolonisierung der Welt war daher eine systemische Notwendigkeit, um die Maschinerie der Akkumulation in Gang zu halten.[15]

Diese Entwicklung hatte erhebliche Auswirkungen auf die Geburt der modernen Naturwissenschaften, ja, es gibt gute Gründe für die Annahme, dass sie ohne die kapitalistische Kriegsökonomie in dieser Form gar nicht entstanden wären.[16] Händler, Bankiers und Landesherren brauchten für ihre Unternehmungen Technologie, zumal sie stets fürchten mussten, von der Konkurrenz überrollt oder verdrängt zu werden: schnellere Schiffe, die mehr Ladung aufnehmen konnten; bessere Navigationsinstrumente; eine exaktere Kenntnis der Gestirne und ihrer Bewegungen; stärkere Fernrohre; genauere Waagen; zuverlässigere Uhren; mächtigere Kanonen; neue Festungsanlagen, die den immer größeren Kanonen standhalten konnten; noch stärkere Kanonen, die wiederum die neuen Festungen durchschlagen konnten; leistungsstärkere Pumpen und Belüftungssysteme für die auf Hochtouren laufenden Bergwerke, in denen die Kupfer-, Eisen- und Silbererze für die Rüstungs- und Münzproduktion gewonnen wurden. Für all das war die Entwicklung von Mathematik und Ingenieurskünsten unentbehrlich. Eine Klasse von *ingeniarii* entstand, zu denen auch Erfinder wie Leonardo da Vinci und Galileo Galilei gehörten, die einen erheblichen Teil ihres Lebensunterhalts mit der Entwicklung militärischer Vorrichtungen bestritten. Die Entdeckung und mathematische Beschreibung der Fallgesetze und der Wurfparabel durch Galileo etwa hatte eine wichtige militärische Bedeutung, konnte man damit doch die Flugbahnen von Kanonenkugeln wesentlich besser berechnen. Auch Newtons Hauptwerk, die *Principia Mathematica* (1687), in dem er seine Gravitationstheorie und die Grundlagen der Mechanik niederlegte, entsprang keineswegs einer Elfenbeinturm-Wissenschaft, sondern antwortete bis ins Detail auf die technischen Bedürfnisse der damaligen Kriegsführung, der Schifffahrt und des Bergbaus.[17]

Berechenbarkeit wurde zu einer entscheidenden Kategorie für Militärs, staatliche Beamte, Buchhalter und Investoren. Daher ist es kein Wunder, dass auch in der damaligen Forschung das Messen und Zählen immer mehr Vorrang vor qualitativen Betrachtungen bekam. Die Kultur, in der die modernen Wissenschaften geboren wurden, war vom Rechnen geradezu besessen, denn davon hing der militärische, politische und ökonomische Erfolg entscheidend ab.

Naturwissenschaftliche Forschung fand bis weit ins 19. Jahrhundert fast ausschließlich außerhalb der damaligen Universitäten statt, die sich im Wesentlichen mit theologischen Fragen beschäftigten. Die Pioniere der neuzeitlichen Naturwissenschaften konnten meist nur ihren Lebensunterhalt verdienen und Karriere machen, wenn sie den Fokus ihrer Untersuchungen auf Dinge konzentrierten, die privaten und staatlichen Geldgebern nützlich waren. Ökonomie, Militär und Politik hatten daher erheblichen Einfluss auf die Auswahl von Forschungsgegenständen und Methoden. Es war außerdem keine Seltenheit, dass Wissenschaftler unmittelbar an der kapitalistischen Eroberung der Welt beteiligt waren. Viele der führenden Köpfe der frühneuzeitlichen Wissenschaft, darunter Francis Bacon, Robert Boyle, Christiaan Huygens, John Locke und Isaac Newton, waren Anteilseigner, Mitarbeiter oder sogar Direktoriumsmitglieder der großen Aktiengesellschaften, die gewaltsam die Kolonisierung Nordamerikas, Asiens und Afrikas vorantrieben.[18]

Für einige dieser Forscher war die Verbindung zum kolonialen Projekt nicht allein eine Sache der persönlichen Bereicherung. Für Robert Boyle etwa, einen glühenden Puritaner, war die Expansion des britischen Imperiums durch Aktiengesellschaften ein Mittel, um, wie er es ausdrückte, das »Imperium des Menschen über die niederen Geschöpfe« herzustellen, das Adam in der Genesis verheißen worden war (»Macht euch die Erde untertan.«).[19] Christliche Mission, Kapitalakkumulation, koloniale Gewalt und Wissenschaft formierten sich zu einer Quadriga der Welteroberung und der Beherrschung der »niederen Geschöpfe«.

Die Natur als Objekt

Selbst wenn Forscher nicht so unmittelbar in die kapitalistische Expansion verstrickt waren wie etwa Boyle oder Bacon, so atmeten sie doch die Weltanschauung der Schicht, in der sie verkehrten und von der sie bezahlt wurden, täglich mit ein. Und diese Geisteshaltung war stark von einer Kultur der Berechnung geprägt.[20] Die Welt war zu einem Spielfeld aus Ressourcen und Risiken geworden, auf dem es galt, sich durch geschicktes Kalkül möglichst viel anzueignen. Die Natur wurde so von einem lebendigen Netz, in das die Menschen eingebettet waren, Schritt für Schritt zu einem *Objekt*, das ihnen gegenüberstand.[21]

Die Epoche der Renaissance, in der sich das neue System formierte, war geprägt von diesem fundamentalen kosmologischen Umbruch. Auf der einen Seite standen verschiedene Formen »organischer« Weltbilder, die den Kosmos als ein Ganzes auffassten, beseelt von einer »anima mundi« (Weltseele).[22] Giordano Bruno (1548–1600) etwa vertrat die

Auffassung, dass das Universum sowohl unendlich als auch durchgehend beseelt sei, eine Idee, für die er von der römischen Inquisition schließlich bei lebendigem Leibe verbrannt wurde.[23] »Es ist nicht vernünftig, zu glauben«, schrieb er, »dass irgendein Teil der Welt ohne Seelenleben, Empfindung und organische Struktur sei.«[24] Johannes Kepler stand, eine Generation später, bereits an der Scheidelinie zu einer mechanistischen Betrachtungsweise. Er teilte zwar das organische Weltbild, insofern er zumindest die Erde als lebendiges Ganzes mit einer »anima terrae« ansah[25]; zugleich aber schien ihm die Organismusmetapher nicht hilfreich, um die Bewegung der Gestirne zu verstehen. So schrieb er 1605 an einen Freund: »Mein Ziel ist es zu zeigen, dass die Himmelsmaschine nicht einem göttlichen Organismus gleicht, sondern einem Uhrwerk.«[26] Die im 14. Jahrhundert erfundene mechanische Uhr wurde zu einer zentralen Metapher für das neue Zeitalter. Doch erst in der Epoche des Dreißigjährigen Krieges (1618–1648) – eine weitere Generation später – traten Philosophen und Naturforscher wie René Descartes, Pierre Gassendi und Thomas Hobbes auf den Plan, die nicht nur die Planetenbewegungen, sondern auch die gesamte lebendige Welt als eine Maschine betrachteten (wobei Descartes den menschlichen Geist davon ausnahm).

Es wäre allerdings irreführend zu glauben, dass dieser kosmologische Umbruch bereits im 17. Jahrhundert die ganze Gesellschaft erfasst hätte. Zum einen waren die Ansichten der Mechanisten zu ihrer Zeit und auch noch Jahrhunderte später Gegenstand erbitterter Kontroversen, auch unter Wissenschaftlern. Zum anderen beschränkte sich die mechanistische Philosophie zunächst auf eine bestimmte Schicht von – fast ausschließlich männlichen – Gelehrten und Ingenieuren sowie Kaufleuten, Fabrikbesitzern, Regenten und Militärs, deren Art, mit der Welt umzugehen, durch die neue Lehre reflektiert und legitimiert wurde. Menschen hingegen, die den größten Teil ihrer Zeit mit Sorge- und Beziehungstätigkeiten verbringen, etwa subsistenter Landwirtschaft, Kindererziehung oder Betreuung von alten Menschen, konnten der Idee, dass die Welt eine Maschine ist, stets wenig abgewinnen. Erst in dem Maße, wie die gesamte Gesellschaft, von der Schule über die Landwirtschaft bis zur Fabrik, nach dem Modell der Maschine umgebaut wurde, konnte sich die technokratische Ideologie in der Breite durchsetzen.

Die Große Trennung lässt sich auf verschiedenen Ebenen verfolgen.[27] In der Malerei etwa, die in den frühkapitalistischen Zentren Italiens und der Niederlande eine rasante Entwicklung durchmachte, setzte sich seit dem 15. Jahrhundert nach und nach die Zentralperspektive durch, die auch für unsere heutige Bilderwelt bis hin zum Cyberspace charakteristisch ist. Während in früheren Darstellungen, ob im europäischen Mittelalter oder im alten Ägypten, Figuren und Dinge nach ihrer Bedeutung und ihren Beziehungen geordnet waren, sind sie in der Zentralperspektive entlang einer Linie angeordnet, die vom Auge des Betrachters zu einem imaginären Fluchtpunkt in der Ferne führt. Der Mensch steht einer durchschaubaren und mathematisch geordneten Welt gegenüber, die er erobern und sich aneignen kann.[28] Als Hilfsmittel zur Konstruktion der Perspektive wurde oft ein Fadengitter benutzt, das nicht zufällig Ähnlichkeit mit den Fadenkreuzen von Zielfernrohren hat. Ein Sinnbild dafür, wie die perspektivische Konstruktion die Welt zum Objekt macht und eine Schranke zwischen Sehendem und Gesehenem errichtet, ist Albrecht Dürers Holzschnitt *Vermessung einer Liegenden* (1525).

Die sexuelle Dimension dieses Bildes, in der die Frau zum Objekt für den vermessenden Blick des Mannes wird, ist kein Zufall. Die Natur wurde und wird oft mit Weiblichkeit assoziiert, die Beherrschung von Frau und Natur sind in der patriarchalen Welt eng verbunden.[29]

So wie Dürers Zeichner die Frau auf dem Tisch vor ihm in Planquadrate zerlegte, so unterteilten Vermessungstrupps, Kartografen und Katasterämter die Erde in den folgenden Jahrhunderten in Abschnitte, um das Land und seine Bewohner einer effektiveren Ausbeutung durch Steuereintreiber, Forstbehörden, Aktiengesellschaften, Bergbauunternehmen und Rekrutierungstrupps zuzuführen.[30] In analoger Weise zerlegten Naturforscher die Materie in immer kleinere Teile, nicht nur aus unschuldiger Entdeckungslust, sondern auch in der Hoffnung, dass sich aus der Trennung und Rekombination der Elemente neue Stoffe für die militärische und kommerzielle Nutzung finden ließen – eine Entwicklung, die von der Alchemie bis zur Kernspaltung und zur Atombombe führte. Auch Lebewesen einschließlich des Menschen wurden einer immer detaillierteren Sezierung unterzogen. Die Leichenobduktion, bis dahin ein Tabu, begann sich gleichzeitig mit der Entwicklung des Kapitalismus im Italien des Spätmittelalters auszubreiten und schließlich als gängige Praxis durchzusetzen; Tierversuche und Vivisektionen begannen im 17. Jahrhundert mit den Experimenten von Robert Boyle und René Descartes.

Die Obsession der Zerlegung hatte zwei verschiedene Seiten: Zum einen machte sie eine bis dahin unerhörte Genauigkeit der Untersuchung möglich und förderte auf diese Weise verborgene Strukturen sowohl der anorganischen als auch der organischen Sphäre zutage. Diese rigorose Konzentration hat erheblich zu den Erfolgen der Naturwissenschaften beigetragen. Auf der anderen Seite machte dieser Fokus aber auch viele Zusammenhänge unsichtbar. Insbesondere Kreislaufprozesse, die in der Natur eine so wichtige Rolle spielen, wurden auf diese Weise ausgeblendet. Es ist bemerkenswert, dass trotz der enormen Entwicklung der Naturwissenschaften seit dem 17. Jahrhundert erst in den 1940er-Jahren die einfachen Prinzipien kybernetischer Regelkreise formuliert wurden.[31] Lebende Systeme beruhen auf komplexen Wirkungskreisen, bei denen jeder Teil zugleich Ursache und Wirkung sein kann. Zerlegt man diese ineinander verschlungenen Kreisläufe in einzelne Kausalvorgänge, um lineare Gleichungen vom Typ »aus A folgt B« zu erhalten, dann versteht man zwar die Details immer genauer, das Ganze aber immer weniger. Ein kurzer Abschnitt eines großen Kreises kann einer Geraden zum Verwechseln ähnlich sehen – und so zu der Illusion verführen, die Zusammensetzung solcher Teilstücke würde am Ende eine lineare Kausalkette ergeben.

Auf diesem Irrtum beruht die Idee, der Mensch könne die Natur steuern und beherrschen, wenn er nur all die kleinen Kausalabschnitte addiert und die Parameter kontrolliert. Ein typisches Beispiel für diese Täuschung ist der Einsatz von Pestiziden in der Landwirtschaft. Die Anwendung der Chemikalien tötet zwar zunächst die Schädlinge und steigert die Erträge in linearer, berechenbarer Weise, doch wird zugleich der gesamte Kreislauf unterbrochen, in dem Insekten, Pilze und Pflanzen, die durch das Mittel ausgelöscht werden, eine entscheidende Rolle spielen. In der Folge verschwinden bestäubende Insekten und mit ihnen die Vögel, Bodenlebewesen sterben, die Fruchtbarkeit sinkt, und multiresistente Schädlinge breiten sich aus, die nun ein leichtes Spiel haben, weil auch ihre Fressfeinde ausgerottet wurden. Am Ende kann der Acker nur noch durch einen ständig steigenden Einsatz von weiteren Pestiziden und Düngern produktiv gehalten werden, bis er irgendwann tot ist. Die ökologische Vernichtung, die am Ende dieser Entwicklung steht, ist keine zufällige »Nebenwirkung«, sondern die zwingende Konsequenz, wenn man lebendigen Kreisläufen mit Methoden zu Leibe rückt, die dafür ersonnen wurden, die Flugbahnen von Kanonenkugeln zu errechnen.

Der Mensch als Objekt und die Spaltung von Körper und Geist

Nicht allein die mineralische, pflanzliche und tierische Welt wurde infolge der Großen Trennung zum Objekt, zur bloßen Ressource reduziert, sondern auch der Mensch selbst. Am offensichtlichsten war dies im transatlantischen Sklavenhandel. Vom 16. bis ins 19. Jahrhundert verschleppten europäische Sklavenhändler etwa zwölf Millionen Menschen aus Afrika und verschifften sie in die Karibik, nach Brasilien und in die heutigen USA, um sie dort an Zucker-, Tabak-, Kaffee- und Baumwollproduzenten zu verkaufen. In den Schiffen wurden die Menschen wie Mehlsäcke verladen, ein beträchtlicher Teil starb bereits auf der Überfahrt. Im französischen Code Noir, der bis 1848 in Kraft war, wurden Sklaven als *meubles* definiert, also als bewegliche Gegenstände, die der totalen Verfügungsgewalt ihrer Eigentümer ausgeliefert waren.

Der transatlantische Sklavenhandel war historisch eng mit der Ausbreitung der mechanistischen Philosophie verbunden. Descartes hatte eine scharfe Trennung zwischen den Menschen und der übrigen Schöpfung eingeführt, indem er behauptete, dass Tiere nur Automaten seien, der Mensch allein dagegen über Geist und Empfindungen verfüge. Auf dieser Grundlage genügte es, bestimmte Menschen einfach etwas näher an das Tierreich zu rücken, um die Sklaverei zu rechtfertigen. Die rassistischen Traktate und Pseudowissenschaften, die mit dem Aufschwung der Sklaverei ins Kraut schossen, sprachen Afrikanern und anderen Nichtweißen wesentliche menschliche Eigenschaften wie Intellekt und höhere Sensibilität einfach ab. Damit wurde ein beträchtlicher Teil der Menschheit ein Stück weit in die Kategorie der Tiere verschoben – und damit, im Weltbild der Mechanisten, der Automaten. Die Insel des Geistes, von der bereits die nichtmenschlichen Wesen vertrieben worden waren, wurde ein weiteres Stück kleiner, sie war nun ausschließlich den Weißen vorbehalten, während der Rest der Menschheit Teil einer geistlosen »Natur« wurde.

In die gleiche Zeit wie der Aufschwung der Sklaverei und die Geburt des mechanistischen Weltbildes fallen die Höhepunkte der Hexenverfolgungen in Europa und Nordamerika. In den von Staat und Kirche betriebenen Hetzkampagnen wurden vor allem Frauen dämonisiert und als irrational gebrandmarkt. So wurden auch sie von der Insel des Geistes, der Zivilisation und der Kultur verbannt und dem Bereich der »Natur« zugerechnet, den es zu zähmen und zu beherrschen galt.[32]

Die Gleichzeitigkeit der Ausbreitung von kapitalistischer Wirtschaft, Sklaverei, mechanistischem Denken und Hexenverfolgungen zeigt einmal mehr, dass die Abspaltung der Natur als zu beherrschendes Objekt tatsächlich ein »totales soziales Faktum« ist, das alle Lebensbereiche durchzieht und strukturiert, von der Ökonomie über die Kultur und die Wissenschaft bis zu den Beziehungen zwischen Mann und Frau.[33]

Der Prozess der Trennung, Verdinglichung und Atomisierung machte auch vor dem Rest der Bevölkerung einschließlich der weißen Männer nicht halt. Die stetige Ausweitung der kapitalistischen Produktion in Bergwerken, Manufakturen und Landwirtschaft brauchte frei verfügbare Arbeitskräfte, die bereit waren, sich gegen Lohn zu verdingen. In der Frühen Neuzeit taten die meisten Menschen dies keineswegs freiwillig, solange sie noch in einem funktionierenden Netzwerk lebten, in dem sie relativ selbstbestimmt für den Bedarf der Gemeinschaft produzieren konnten. Zwölf Stunden täglich unter dem Kommando eines Chefs zu stehen, der jeden Arbeitsschritt überwachte, und gegen einen Hungerlohn Waren für einen anonymen Markt zu produzieren, war alles andere als attraktiv. Aus diesem Grund setzten Großgrundbesitzer, Fabrikanten und Regenten auf Repression: Drakonische Strafen gegen sogenannte Vagabunden, die Einrichtung von Arbeitshäusern mit Zwangsarbeit und die gezielte Abschaffung von Wohlfahrtsleistungen hatten das ausdrückliche Ziel, die widerspenstige Bevölkerung in die Lohnarbeit hineinzuterrorisieren.[34] Arbeitsmärkte sind historisch keineswegs auf natürliche Weise entstanden, wie es moderne ökonomische Mythen wollen, sondern zu einem wesentlichen Teil durch physische und strukturelle Gewalt.

Die Ursache für den Widerstand gegen die Lohnarbeit lag nicht allein in zu geringen Löhnen, sondern auch in der mit ihr einhergehenden Entfremdung und sozialen Atomisierung. Wie der Wirtschaftshistoriker Karl Polanyi in seinem Buch *The Great Transformation* anschaulich zeigt, bedeutet die Schaffung eines Arbeitsmarktes nichts Geringeres, als den Menschen zu einer Ware wie jede andere zu reduzieren, die genauso gekauft und verkauft werden kann wie Baumwollballen und die jederzeit und überall verfügbar sein muss, ohne Rücksicht auf kulturelle und soziale Bindungen.[35] Während Wissenschaftler die Natur in immer kleinere Bestandteile zerlegten, zerteilten Unternehmer und staatliche Akteure das Gewebe der Gesellschaft in atomisierte Wirtschaftssubjekte, die frei verfügbar und kombinierbar sein sollten. An die Stelle eines Netzes von kooperativen Beziehungen in einer Gemeinschaft trat die Konkurrenz um Arbeit und Geld. Der nutzenoptimierende *Homo oeconomicus* ist keineswegs der »Naturzustand« des Menschen, wie der Mainstream in der heutigen Ökonomik behauptet, sondern eine historische Deformation.

In der entfremdenden Lohnarbeit finden wir genau jene Trias wieder, die wir bereits als Kern der technokratischen Ideologie identifiziert haben:

1. Was zählt, ist allein, was man zählen kann, in diesem Fall der ökonomische Output und das Geld. Die erlebte Qualität und der Inhalt der Arbeit werden zum subjektiven Rest, auf den es nicht wirklich ankommt und der auch fast nie Gegenstand größerer gesellschaftlicher Debatten ist.
2. Der Mensch wird zum austauschbaren Objekt einer totalen Logistik in einer globalen Lego-Welt. Er ist nicht mehr eingebunden in Landschaften und soziale Beziehungsgefüge (von der Kleinfamilie vielleicht abgesehen), sondern als

abgetrenntes Individuum verfügbar. Der *Leiharbeiter* ist heute zum Sinnbild dieser Entwurzelung geworden.

3. An die Stelle von selbstorganisierenden kulturell-ökologischen Kreislaufprozessen treten lineare Ursache-Wirkungs-Ketten, die auf dem Prinzip von Befehl und Gehorsam beruhen.

Es hat über 200 Jahre gedauert, bis sich Menschen so weit an diese Atomisierung und Entfremdung gewöhnt haben, dass es ihnen heute als etwas Natürliches erscheint, ihre Haut zu Markte zu tragen und die eigenen Kinder schon im Vorschulalter für den globalen Wettbewerb zu trimmen. Allerdings ist diese Gewöhnung keineswegs mit Enthusiasmus zu verwechseln: Laut einer Umfrage des renommierten Meinungsforschungsinstituts Gallup in 142 Ländern sind nur 13 Prozent der Werktätigen weltweit bei ihrer Arbeit motiviert.[36]

Die systematische Unterwerfung des tätigen Menschen unter fremde Zwecke führte zu einer tiefgreifenden Spaltung von Körper, Geist und Seele, die charakteristisch für die westliche Moderne werden sollte. Je bestimmender die »Sachzwänge« des großen Räderwerks wurden, desto weniger war es tolerierbar, dass Menschen ihren eigenen Gefühlen, Gedanken und Impulsen folgten. Die Große Trennung spaltete daher nicht allein die Kultur von der Natur ab und trieb einen Keil zwischen die zunehmend atomisierten Individuen, sondern sie erzeugte auch einen tiefen Riss, der mitten durch den Menschen selbst verläuft.

Die modernen Disziplinaranstalten, die der französische Philosoph Michel Foucault so eindringlich beschrieben hat, spielten dabei eine entscheidende Rolle.[37] In den seit dem 17. Jahrhundert aufgebauten stehenden Heeren wurden Menschen mit immer raffinierteren Methoden dazu gedrillt, ihre eigenen Gedanken, Gefühle und Körperimpulse so vollständig wie möglich zu unterdrücken, um auf Befehl wie gut geölte Roboter zu funktionieren. Die Schule, die im 18. Jahrhundert nach dem Vorbild des Militärs geschaffen wurde, trainiert diesen Modus der Entfremdung schon im Kindes- und Jugendalter. Auf den Schulbänken lernen wir oft bis heute, unseren Körper über viele Stunden jeden Tag in unbewegliches Sitzfleisch zu verwandeln, um abstraktes, von leiblicher Erfahrung abgeschnittenes Wissen in uns aufzunehmen. Zwar lernen wir auf diese Weise relativ wenig über die wirkliche Welt, da echtes Lernen nur gelingt, wenn es mit allen Sinnen geschieht.[38] Aber wir lernen – und das ist der tiefere Zweck dieser Art von Beschulung –, das seelisch-geistig-körperliche Kontinuum, das mit seiner Mitwelt verbunden ist, zu zerbrechen und die Impulse unseres Körpers zu missachten. Denn nur so können wir auf all die entfremdenden und trostlosen Tätigkeiten vorbereitet werden, aus denen der größte Teil unseres Wirtschaftslebens besteht.

In dieser Perspektive ist die radikale Trennung von Körper und Geist, die bereits vom Christentum vorbereitet wurde und im Denken von René Descartes ihre reinste Form gefunden hat, weit mehr als ein philosophisch-religiöses Konstrukt. Descartes' Vorstellung, dass Körper Automaten seien, über die ein abgetrennter souveräner Geist gebietet, konnte nur so einflussreich werden, weil sie eine gesellschaftliche Realität spiegelte. Ob es der Rekrut ist, der den Befehlen des Offiziers Gehorsam zu leisten hat, die Schülerin, die sich in eine fremdbestimmte Lernmaschine fügen muss, oder der Arbeiter, dessen Tätigkeit einer immer genaueren Kontrolle durch seinen Chef unterworfen wird: Stets müssen die eigenen Impulse der Herrschaft eines fremden Willens untergeordnet werden.

Die Abwertung der Innenwelten, die in der technokratischen Mythologie eine so wichtige Rolle spielt, erfüllt hier eine wichtige ideologische Funktion. Denn wenn allein der messbare Output des Menschen den Status einer höheren Realität erhält – ob in Form von Schulnoten, Banknoten oder militärischer Feuerkraft –, dann kann jeder Einspruch gegen die Zumutungen des Systems als bloße »subjektive Befindlichkeit« abgetan werden. Die Mühlen der Disziplinarinstitutionen, die bereits im Kindesalter greifen und erst mit der

Rente enden, führen mit der Zeit dazu, dass diese Ideologie Schritt für Schritt verinnerlicht wird und die eigenen Innenwelten zugunsten der Outputsteigerung verdrängt werden.

Das Endstadium dieser Entwicklung ist erreicht, wenn es die äußeren Befehlshaber gar nicht mehr braucht, sondern jeder Mensch sein eigener Kommandant wird, um aus sich selbst maximale Vorteile im globalen Wettbewerb herauszuschinden. So wird der eigene Körper, die eigene Seele, der eigene Geist zum Objekt, zur *Ressource*.

Kollektive Traumata und die Sehnsucht nach dem Ganzen

Die Große Trennung und die damit verbundene Abspaltung der Innenwelten hat aber auch noch andere tiefreichende Gründe, die in der traumatisierenden Geschichte Europas liegen. Eng mit der Entwicklung der ökonomischen Strukturen der Moderne war der Aufbau gewaltiger Militärmaschinerien verbunden, die bald alles in den Schatten stellten, was die Welt bis dahin gesehen hatte. Seit der Einführung der Feuerwaffen im 14. Jahrhundert setzte eine fast ununterbrochene Kette von immer größeren Kriegen ein – vom Hundertjährigen (1337–1453) über den Dreißigjährigen Krieg (1618–1648) bis zu den beiden Weltkriegen des 20. Jahrhunderts –, die Generationen von seelisch zutiefst verstörten Menschen hinterließen.[39]

Die renommierte Traumaforscherin Judith Herman schreibt: »Traumatische Ereignisse stellen grundlegende menschliche Beziehungen infrage. Sie verletzen oder zerbrechen die Bindungen der Familie, der Freundschaft, der Liebe und der Gemeinschaft. Sie zertrümmern die Konstruktion des Selbst, das durch die Beziehungen zu anderen geformt und aufrechterhalten wird.«[40] Typisch für Traumapatienten ist die sogenannte Dissoziation: das Abspalten von ganzen Gefühlswelten bis zur seelischen Betäubung (»emotionale Anästhesie«) und die Entkopplung vom eigenen Körper, der als fremd erlebt wird. Das Gefühl von Sinnhaftigkeit und Kohärenz des eigenen Lebens und der Welt als Ganzes zerbricht.[41]

Vor dem Hintergrund jahrhundertelanger kollektiver Traumatisierungen erscheint die Große Trennung in einem ganz neuen Licht. Die Abkopplung und Ausblendung der Innensichten, des seelischen Erlebens, und die Unfähigkeit, in Beziehungen zu denken, sind als typische Traumasymptome zugleich charakteristisch für die atomistisch-mechanische Vorstellung der Welt. Die Begründer der mechanistischen Philosophie, darunter Descartes, Hobbes, Boyle, Huygens, Mersenne und Gassendi, waren allesamt Zeitgenossen des Dreißigjährigen Krieges, der in weiten Landstrichen eine totale physische, soziale und moralische Verwüstung nach sich zog. Manche waren sogar aktive Teilnehmer. Descartes etwa verdingte sich, nachdem er fast seine gesamte Kindheit und Jugend in einem jesuitischen Internat verbracht hatte, mehrere Jahre lang als Söldner für verschiedene Feldherren im beginnenden Dreißigjährigen Krieg. Dass sich der Philosoph später durch eine besondere Kälte im Umgang mit anderen Lebewesen auszeichnete und Tiere bei lebendigem Leibe zu Forschungszwecken zerlegte, mag kein Zufall sein.[42]

Auch die Forschergeneration, zu der Jacques Monod gehörte und die in den 1950er- und 1960er-Jahren radikal technokratische Ideen entwickelte, hatte eine Art von Dreißigjährigem Krieg erlebt: den Ersten und Zweiten Weltkrieg. Nie zuvor waren in so kurzer Zeit so viele Menschen getötet und verstümmelt worden. Die »totale Verlassenheit«, die »radikale Fremdheit«, die Taubheit und Gleichgültigkeit, von der Monod sprach (siehe Einleitung), ist ohne diese traumatische Geschichte nicht zu verstehen.

Die Große Trennung blieb nicht auf die westliche Welt beschränkt. Mit der militärischen und wirtschaftlichen Expansion Europas wurde schließlich der gesamte Erdball in das neue System integriert – ein Prozess, der für einen großen Teil der Weltbevölkerung mit tiefen Traumatisierungen verbunden war. Nachdem bereits im Mittelalter die meisten nichtchristlichen Kulturen in Nord- und Osteuropa durch Kreuzzüge und Missionierungen zerstört oder in die Assimilation gezwungen worden waren und die christliche Reconquista die blühende multikulturelle Gesellschaft Andalusiens vernichtet hatte, begann mit den Expeditionen von Christoph Kolumbus eine beispiellose Serie von Genoziden und Ethnoziden rund um den Globus.[43] Nichtwestliche Lebensweisen und Kosmologien wurden wahlweise als heidnisch, rückständig, irrational oder unterentwickelt gebrandmarkt und systematisch zerstört. Händler, Militärs und Missionare arbeiteten Hand in Hand, um sich natürliche Ressourcen anzueignen, Arbeitskräfte auszubeuten und die Ideologie der westlichen Überlegenheit zu verbreiten. Da Kosmologien eine mächtige Kraftquelle für Widerstand sein können, war ihre Auslöschung von Anfang an ein zentraler Pfeiler der Kolonisierung.

In den USA etwa wurden die Native Americans, die den Genozid überlebt hatten, ab Ende des 19. Jahrhunderts einem Programm zur erzwungenen Assimilierung unterzogen. Eine wichtige Säule waren dabei die »Carlisle Indian Industrial Schools«, die 1879 von einem General namens Richard Pratt gegründet wurden. Pratt gab die Devise aus: »Kill the Indian in him, and save the man« (»Töte den Indianer in ihm und rette den Mann«).[44] In Hunderten von Internaten wurden Kinder von insgesamt 140 indigenen Völkern gezwungen, ihre Kultur, ihre Sprache, ihre Kosmologie und oft sogar ihre Namen aufzugeben. »Indianische Verhaltensweisen« wurden durch körperliche Züchtigungen geahndet. Ähnlich verfuhr die australische Regierung: Zwischen 1905 und 1967 riss sie Zehntausende von Aborigines-Kindern mit Gewalt aus ihren Elternhäusern und deportierte sie in Missionsschulen, um ihre Kultur auszulöschen. Heute setzt die Zerstörung von indigenen Lebensräumen durch Holzplantagen, Minen, Erdölbohrungen und andere extraktive Projekte diese düstere Tradition fort. Das Ergebnis ist ein beispielloser Schwund an kultureller und sprachlicher Diversität. Laut UNESCO ist heute etwa die Hälfte der rund 6500 Sprachen, die auf der

Welt noch gesprochen werden, akut vom Aussterben bedroht. Alle zehn Tage stirbt eine Sprache.[45]

Kosmologien können wie alle komplexen lebendigen Gefüge auf vielerlei Weisen sterben. Während es Jahrhunderte oder gar Jahrtausende braucht, bis sie sich entwickelt haben, genügen zu ihrer Zerstörung oft wenige Jahre, manchmal sogar nur Tage.[46] Traumatische Erlebnisse wie etwa ein Massaker durch Kolonisatoren oder ein Flächenbombardement können in kürzester Zeit die über Jahrhunderte entwickelten inneren und äußeren Gleichgewichte einer Gesellschaft zerschmettern. Schleichender verläuft der Zerfall einer Kosmologie durch Eingriffe in die Lebensweise und Ökonomie. Doch wenn das komplexe Gewebe von Innen- und Außenwelt einmal zerrissen ist, lässt es sich nur sehr schwer wieder heilen.

Die Zerstörung gewachsener Sinngefüge durch die Expansion der modernen Megamaschine hat in vielen Teilen der Erde ein kosmologisches Vakuum hinterlassen, das mit verschiedenen Namen bedacht wurde. Max Weber sprach von der »Entzauberung der Welt«, Georg Lukács von »transzendentaler Obdachlosigkeit« und Albert Camus von der »Absurdität« der menschlichen Existenz. Es ist wichtig, sich hier noch einmal darüber klar zu werden, dass diese »Entzauberung« nicht, wie Monod glaubte, von der Wissenschaft selbst ausging. Die emotional-geistige Entleerung der Welt ist nicht die Folge der wissenschaftlichen Entdeckungen, sondern das Ergebnis eines gewaltsamen traumatischen Prozesses.

Wo das Gewebe menschlicher Beziehungen durch strukturelle und physische Gewalt zerrissen wurde, wo die kosmologischen Gefüge in Trümmern liegen, erwächst in den Menschen eine *Sehnsucht nach dem Ganzen*, nach Teilhabe an einem größeren Sinnzusammenhang, in dem das eigene Leben seinen Platz findet. Diese Sehnsucht hat im Laufe der Moderne verschiedene Suchbewegungen in Gang gesetzt, die künstlerische, religiöse und politische Formen annahmen.[47]

Die Geschichte der Neuzeit ist ohne diesen dialektischen Prozess von Trauma und Suche nach Ganzheit nicht zu verstehen.

So verständlich, ja notwendig diese Suchbewegung ist, da Menschen nicht dauerhaft ohne ein Sinngefüge existieren können, so sehr birgt sie in unseren atomisierten Industriegesellschaften auch erhebliche Gefahren, besonders wenn die traumatischen Ursprünge der kosmologischen Leere verdrängt bleiben. Religiöser Fundamentalismus, Nationalismus und Faschismus haben in den vergangenen 150 Jahren immer wieder dazu gedient, die Sehnsüchte nach Verbundenheit und Zugehörigkeit zu einem größeren Ganzen auszunutzen und in eine destruktive Richtung zu kanalisieren.

Der Historiker Benedict Anderson hat eindrücklich beschrieben, wie Staaten seit der Mitte des 19. Jahrhunderts durch einen parareligiösen Kult um Nation, Flagge und Vaterland und durch das Schüren von Feindbildern »eingebildete Gemeinschaften« schufen, in denen Deutsche, Franzosen oder Briten dem Wahn erlagen, eine Art Kultgemeinschaft mit Millionen anderer Bürger zu bilden, die sie überhaupt nicht kannten.[48] Die Konstruktion einer fiktiven »Volksgemeinschaft« sollte sich als ausgesprochen nützlich erweisen, um die erstarkende Arbeiterbewegung von ihren ursprünglichen Zielen abzulenken und ihre Wut auf Sündenböcke zu kanalisieren.

Karl Polanyi hat darauf hingewiesen, dass der Versuch, Menschen zu verfügbaren Wirtschaftsatomen zu reduzieren, letztlich die Gesellschaft zerstört und unweigerlich massive Gegenreaktionen provoziert, zu denen auch Nationalismus und Faschismus gehören. Die Überwindung der Großen Trennung – nicht nur als Ideologie, sondern auch als gesellschaftliche Praxis – und die Wiederentdeckung echter Verbundenheiten ist auch in dieser Hinsicht eine Überlebensfrage für die Menschheit.

Die technokratische Gesellschaft und der Verlust der Kontrolle

Nach den beiden Weltkriegen erlebte das moderne Weltsystem die größte Expansionsphase seiner Geschichte. Die entfesselten militärischen Produktionskapazitäten wurden nun zum Teil in zivile Produktion überführt. Damit wurden zugleich die militärischen Denk- und Handlungsmuster verallgemeinert, der Frieden wurde zur Fortführung des Krieges mit anderen Mitteln. Der Feind war nun nicht mehr in erster Linie ein anderes Volk, sondern die noch unbezwungene Natur, die Welt der ungenutzten Ressourcen mitsamt einer wuchernden Schar von »Schädlingen« und Mikroben, die mithilfe von Technik und Bioziden eingedämmt oder vernichtet werden sollten.

Die Masse von Konsumgütern, die von der Produktionsmaschinerie nun ausgeworfen wurde, diente auch dazu, sich immer weiter von der Außenwelt abzuschotten und den Graben zwischen »Zivilisation« und »Natur« zu vertiefen. Als zivilisiert galt tendenziell, was so wenig wie möglich an Leben erinnerte: cleane Innenräume von betäubender Sauberkeit und Ordnung, in die sich adrett gekleidete Menschen mit stets kontrollierten Gesichtszügen wie Möbelstücke nahtlos einfügten. Das Eigenheim wurde zur Festung, in der Zäune, akribisch geschnittene Rasenflächen und ein immer umfangreicherer Maschinenpark die Menschen gegen eine potenziell feindliche Natur abschirmten, die jedoch nie ganz zu beseitigen war, weil die Menschen keinen Augenblick aufhörten, atmende Austauschwesen zu sein. Um diese verdächtige Tätigkeit des Lebens in sich selbst zu vergessen, konnte man sich der Produkte einer boomenden Unterhaltungsindustrie bedienen. Das Auto und der Fernseher trieben diese Abschirmung weiter voran, indem sie zum einen die Festung beweglich machten, zum andern die reale Welt zunehmend durch vorfabrizierte Bilder ersetzten.

Der Versuch, der unheimlich gewordenen Natur in der privaten Welt des Eigenheims Herr zu werden, ist ein Spiegel des großen Projekts der Naturbeherrschung, das im 17. Jahrhundert begann und nach dem Zweiten Weltkrieg seinen Höhepunkt erreichte. Die Verbindung von militärischer und ökonomischer Expansion hatte Werkzeuge und Waffen hervorgebracht, die es ermöglichen, das Antlitz der Erde vollkommen umzugestalten – bis hin zur Auslöschung allen Lebens. Von den frühen Feuerwaffen bis zur Neutronenbombe, von den ersten Kunststoffen bis zur Nanotechnologie, von der primitiven Dampfmaschine bis zum Braunkohlebagger, der so groß ist wie ein ganzes Stadtviertel: Die Technik scheint Menschen mittlerweile eine schier unbegrenzte Macht über die Schöpfung zu verleihen. Für Ingenieure, Militärs und Politiker ist der Mensch Schritt für Schritt in die Fußstapfen eines allmächtigen Gottes getreten.

Die Dechiffrierung des DNA-Codes in den 1950er-Jahren rückte auch die Kontrolle des Lebens bis in seine innersten Bestandteile in den Bereich des Möglichen. In den 1970er-Jahren gelang es erstmals, genetisch manipulierte Viren und Bakterien im Labor zu züchten, in den 1980er-Jahren wurden die ersten gentechnisch veränderten Nutzpflanzen patentiert und auf den Markt gebracht. Die Prozesse des Lebens ließen sich, so schien es, aus der Evolution herauslösen und vollständig unter menschliche Kontrolle bringen.

Die sogenannte synthetische Biologie treibt diese Entwicklung seit den frühen 2000er-Jahren weiter voran.[49] Im Unterschied zur herkömmlichen Gentechnik geht es dabei nicht um die Manipulation bestehender Gensequenzen, sondern darum, vollkommen neue Lebensformen am Reißbrett zu entwerfen und im Labor herzustellen. Zusätzlich zu den vier Nukleinbasen, auf denen die DNA aller evolutionär entstandenen Lebewesen beruht, werden weitere Basenpaare künstlich erzeugt, aus denen sich Genome von vollkommen neuem Typ designen lassen – mit unabsehbaren Folgen für die Biosphäre.[50]

Mit der Kontrolle über die atomare, chemische und biologische Sphäre scheint *Homo Deus* auf dem Höhepunkt seiner

Macht angekommen zu sein. Alles, so glaubt er, unterliegt seiner Steuerung. Doch wenn wir die Brillen der Ingenieure abnehmen und die Labore verlassen, dann sehen wir ein gänzlich anderes Bild: Die Erde steht vor einem Kollaps von praktisch allen lebenserhaltenden Systemen. Jedes Jahr geht etwa ein Prozent aller fruchtbaren Ackerflächen auf der Erde verloren.[51] Die UN schätzen, dass der Menschheit auf diesem Wege noch bestenfalls 60 Ernten bleiben.[52] Insektenpopulationen sind dramatisch eingebrochen, allein in Deutschland um 77 Prozent in gut 20 Jahren, auch Vogelpopulationen sind massiv betroffen.[53] Planetar hat die industrielle Zivilisation bereits das größte Artensterben seit 65 Millionen Jahren in Gang gesetzt. Die Süßwasserreserven schwinden in vielen Teilen der Welt, Wälder und maritime Ökosysteme – und mit ihnen ein beträchtlicher Teil der menschlichen Ernährungsbasis – stehen vor dem Zusammenbruch. Und das sich anbahnende Klimachaos verschärft all diese Krisen dramatisch.

Das Ergebnis des Versuchs, totale Kontrolle über die Natur auszuüben, erweist sich als Chaos und Vernichtung. Und je mehr versucht wird, die Kontrolle zu intensivieren, desto größer wird das Chaos. Aus systemischer Perspektive ist diese Bilanz wenig überraschend: Denn jeder Versuch, in komplexen lebenden Kreislaufprozessen bestimmte Parameter auf lineare Weise zu maximieren – zum Beispiel den wirtschaftlichen Output –, führt notwendigerweise zu unerwarteten Reaktionen in anderen Teilen des Systems. Und je massiver die linearen Eingriffe sind, desto heftiger und weniger berechenbar werden die Antworten ausfallen – bis hin zu einem systemischen Zusammenbruch.

Doch diese Zusammenhänge entgehen einem Denken, das auf der Vorstellung von Zerlegbarkeit und Steuerbarkeit der Natur beruht und kurze Abschnitte von Kreisbögen für Geraden hält. Der Zusammenbruch globaler Ökosysteme erscheint so als ein zufälliges Nebenprodukt, ein »side effect« der industriellen Zivilisation, der sich mit zusätzlicher Technik unter Kontrolle bringen lässt.

Ein anschauliches Beispiel dafür, wie der Versuch, komplexe Systeme zu beherrschen, unerwartete fatale Folgen haben kann, ist die Ausbreitung von Pandemien. Die Corona-Krise von 2020/21 hat gezeigt, dass schon ein mutierter Grippevirus eine globale Panik auslösen und das ganze Weltwirtschaftssystem ins Wanken bringen kann.[54]

Beim SARS-CoV-2-Virus ist die Forschung noch uneins, ob es sich um eine Labormanipulation gehandelt hat oder ob das Virus von Fledermäusen über Zwischenwirte übertragen wurde.[55] In beiden Fällen wären menschliche Eingriffe in natürliche Systeme der entscheidende Faktor. Sollte sich die Laborhypothese erhärten, wären die immer tieferen Eingriffe von Forschern in die Genome von Lebewesen und Viren für die Katastrophe verantwortlich – eine Form der molekularen Kolonisierung, die eng mit der Vorstellung verbunden ist, dass der Mensch die Natur bis in ihre kleinsten Bestandteile beherrschen kann. Sollte sich zeigen, dass das Virus tierischen Ursprungs ist, so würde es sich in eine lange Reihe von Krankheitserregern einreihen, die auf die rasant voranschreitende Zerstörung der Biosphäre zurückgehen.

Bereits seit den 1970er-Jahren sind immer häufiger neue und zum Teil tödliche Erreger aufgetreten, die sich dank eines globalisierten Güter- und Personenverkehrs rasch um die Erde verbreiten. Dazu gehören HIV, die Ebola- und Zika-Viren, die Erreger von Vogel- und Schweinegrippen sowie verschiedene Typen von Coronaviren, darunter das SARS-Virus. Mindestens 60 Prozent dieser neuen Krankheiten stammen von Tieren, davon etwa zwei Drittel aus wild lebenden Tieren und ein Drittel aus der Massentierhaltung.[56]

Das Einpferchen von Milliarden von Nutztieren auf engstem Raum hat sich längst schon als Brutstätte für Krankheiten erwiesen, die sich zunehmend jeder Beherrschung entziehen. Der Versuch, die Kontrolle durch exzessiven Einsatz von Antibiotika zurückzugewinnen, führt langfristig nur zur Ausbreitung multiresistenter Erreger, gegen die kein Kraut mehr gewachsen ist. Viren – gegen die Antibiotika ohnehin nicht wirken – bekommen in diesem Milieu die Gelegenheit, nicht nur sehr schnell zu mutieren, sondern auch auf den menschlichen Organismus überzugehen und sich an ihn anzupassen. Der Vogelgrippe-Virus H5N1 etwa wurde bereits vereinzelt auf Menschen übertragen und hat dort eine durchschnittliche Letalitätsrate von etwa 60 Prozent entfaltet – um viele Größenordnungen schlimmer als das Corona-Virus, das für die weltweite Krise von 2020 sorgte. Viele Epidemiologen gehen davon aus, dass es nur eine Frage der Zeit ist, bis solche Keime durch Mutationen wesentlich leichter übertragbar werden als bisher.

Der Grund, warum so viele Keime von *wilden* Tieren – in denen sie meist keine Krankheiten auslösen – auf Menschen übergreifen, liegt vor allem darin, dass die Lebensräume dieser Tiere immer weiter zerstört werden, zum Beispiel durch Abholzung von Wäldern.[57] Ebola etwa stammt von Fledermäusen und trat in der Epidemie von 2017 vor allem in Gebieten Afrikas auf, in denen die Entwaldung besonders schnell voranschritt. Die heimatlosen Tiere kommen in der Folge menschlichen Siedlungen immer näher, ihre Ausscheidungen geraten in menschliche Nahrungsketten.[58] Ähnlich verhielt es sich bereits am Ende des 19. Jahrhunderts, als die belgischen Kolonialherren im Kongo Wälder rodeten, Kautschukplantagen anlegten und Eisenbahnnetze bauen ließen, um Kupfer von den Minen zu den Häfen zu transportieren. Aus ihrem Lebensraum vertriebene Makaken drangen damals in menschliche Siedlungen ein, wo sie einen bestimmten Lentivirus verbreiteten, der sich langsam an den menschlichen Körper anpasste. Heute kennen wir ihn unter dem Namen HIV.

Die Ausbreitung von Epidemien infolge der Lebensraumzerstörung von Tieren und ihrer Masseneinpferchung ist ein typisches Beispiel für nichtlineare Kreislaufprozesse. Die gesellschaftlichen Reaktionen darauf zeigen einmal mehr die Beschränktheit der technokratischen Weltsicht: Die Ursache der Seuchen, die in unserem Umgang mit der nichtmenschlichen Natur liegt, wurde weder in der Corona-Krise noch in anderen Epidemien thematisiert. Stattdessen haben Regierungen einen »Krieg gegen den Virus« ausgerufen und auf eine Eskalation linearer Techniken gesetzt, darunter eine umfassende Abschottung der Gesellschaft – und im Übrigen weiter so wie bisher. Bis die nächste Pandemie kommt.

Geo-Engineering und die Flucht in den Weltraum

Wie hartnäckig die Vorstellung ist, dass der Mensch außerhalb der Natur stehe und sie nach seinem Willen technisch steuern könne, zeigt sich auch an den lauter werdenden Stimmen, die angesichts des fortschreitenden Klimachaos auf sogenanntes Geo-Engineering setzen. Damit sind massive Eingriffe in das Klimasystem gemeint, die meisten davon großtechnischer Art. Ein Vorschlag des Chemie-Nobelpreisträgers Paul Crutzen besteht zum Beispiel darin, mithilfe von Nanotechnik große Mengen von Schwefel in die Stratosphäre zu blasen, um die Sonneneinstrahlung zu verringern und die Erde zu kühlen.[59] Allerdings sind die Folgen aufgrund der enormen Komplexität und Nichtlinearität des Klimasystems vollkommen unabsehbar. Eine Konsequenz könnte die zeitliche und räumliche Verschiebung des Monsuns in Südasien und Teilen Afrikas sein, sodass die landwirtschaftlichen Lebensgrundlagen von Milliarden von Menschen gefährdet werden.[60]

Wie das im Wesentlichen von den westlichen Industrienationen zu verantwortende Klimachaos selbst, so ist auch das großtechnische Geo-Engineering eine Fortsetzung des kolonialen Projekts: Um die Akkumulation und den Überkonsum im globalen Norden aufrechtzuerhalten, werden die tödlichen Folgen auf den globalen Süden abgewälzt. Die Spaltung zwischen Mensch und Natur, Geist und Körper setzt sich auf der geopolitischen Ebene fort als Spaltung zwischen den Industrienationen einerseits, die Wissen, Technologie und Macht anhäufen, und den »unterentwickelten« Ländern andererseits, die als Rohstoffquelle, Mülldeponie und Opferzone dienen. Doch wie im Falle der abgespaltenen Natur, so kehrt auch in der Erdpolitik das Chaos, das wir erzeugen, früher oder später zu uns zurück.

Angesichts der fortschreitenden Zerstörung der Biosphäre haben Wissenschaftler wie Stephen Hawking und Unternehmer wie Elon Musk immer wieder die Idee verbreitet, dass die Menschen auf den Mars oder auf noch entferntere Himmelskörper auswandern könnten, wenn die Erde unbewohnbar wird. Die Idee, andere Planeten durch »Planetary Engineering« – auch Terraforming genannt – bewohnbar zu machen, geht auf die Science-Fiction-Literatur der 1940er-Jahre zurück. 1973 stellte der Astronom Carl Sagan ein Konzept zum Planetary Engineering des Mars vor, einige Jahre später startete die NASA ein Forschungsprogramm dazu. Die verschiedenen Ideen laufen darauf hinaus, das gefrorene Kohlendioxid an den Polkappen des Mars zu schmelzen, damit es in die – derzeit sehr dünne – Atmosphäre entweicht und dort einen Treibhauseffekt in Gang setzt, der die Temperaturen anhebt und schließlich auch die Wasservorkommen schmelzen lässt. Ein Konzept sieht vor, zu diesem Zweck Tausende von Kraftwerken auf dem Mars zu bauen, die Treibhausgase produzieren.[61] Musk schlug im Jahr 2015 sogar vor, Atombomben über den Marspolen abzuwerfen, um den Prozess zu beschleunigen.[62] Der Krieg, den die technokratische Zivilisation gegen die Erde führt, wird in diesen Fantasien auf dem Mars fortgeführt.

Dass selbst hochkarätige Forscher wie Stephen Hawking solche Phantasmen ernsthaft in Betracht ziehen und Menschen wie Elon Musk als »Visionäre« gefeiert werden, zeigt, wie tief die technokratische Mythologie verankert ist. Und wie antiwissenschaftlich und irrational sie im Kern ist. Die seriöse Forschung zeigt seit Jahrzehnten, dass all diese Projekte vollkommen unrealistisch sind.[63] Der Glaube, dass sich ein so subtil austariertes System von komplexen Kreislaufprozessen wie die Erde, das vier Milliarden Jahre zu seiner Entwicklung gebraucht hat, planmäßig von ein paar Ingenieuren auf einem großen Felsbrocken herstellen lässt, zeugt von einem vollkommenen Unverständnis der elementarsten Tatsachen unserer Existenz. Statt die tödliche Illusion einer Herrschaft über die Natur aufzugeben und die Zerstörung unserer einzigen Heimat, der Erde, zu stoppen, verschreibt sich der *Homo technocraticus* lieber dem Wahnbild einer Flucht in den Weltraum.

Willkommen in der Matrix: der Mensch als Algorithmus

Obwohl die moderne Physik und Biologie längst die Vorstellung aufgeben mussten, dass die Welt eine Maschine ist, schreitet die Maschinisierung unserer Lebenswelten immer weiter voran. Es scheint fast so, als sei das Leitbild der Maschine so tief in den genetischen Code dieser Zivilisation eingeschrieben, dass sie allen wissenschaftlichen Erkenntnissen zum Trotz nicht ruhen wird, ehe sie den gesamten Planeten in eine gigantische Apparatur verwandelt und noch den letzten Rest selbstorganisierten Lebens zum Verschwinden gebracht hat. Die Digitalisierung ist auf diesem Weg nur die jüngste Etappe. Menschliche Beziehungen werden Schritt für Schritt in Apparate hineinverlagert, an die Stelle direkter sinnlicher Wahrnehmung und Kommunikation treten digitale Schnittstellen. Auf diese Weise werden sowohl die Außenwelt als auch der eigene Körper immer weiter ausgeblendet. Die Digitalisierung führt damit die Große Trennung zur äußersten Konsequenz. Das geistig-seelisch-körperliche Kontinuum des Menschen wird an der Wurzel zertrennt, sodass nur noch ein körperloses Beobachtergespenst im Cyberspace übrig bleibt. An die Stelle einer verbundenen Mitwelt tritt eine programmierte Weltersatzmaschine. Alles, was Menschen darin noch erleben können, ist für sie von anderen präfiguriert worden.

In der Logik eines Systems, dessen einziger Zweck die endlose Akkumulation von Kapital ist, ist diese Entwicklung absolut folgerichtig. Zum einen lassen sich auf diesem Wege immer neue Geräte verkaufen, und zwar nicht nur Computer, Virtual-Reality-Brillen, Spielkonsolen und dergleichen, sondern auch ganze Infrastrukturen mit neuen Funkmasten, 5G-Netzen, Serverparks und Kraftwerken, welche die enormen Mengen von Energie (und Treibhausgasen) für all das produzieren. Eine Bedarfssättigung darf nie eintreten, sonst bricht das System zusammen, denn es kann nur existieren, wenn es immer weiter wächst.

Die Ausblendung der Wirklichkeit ist dabei ein ausgesprochen nützlicher Effekt. Im totalen Abtauchen in die virtuelle Welt – im Fachjargon »Immersion« genannt – können Menschen die Verwüstung der Welt um sie herum vergessen. Statt sich damit zu beschäftigen, wie sie aus der tödlichen Matrix aussteigen können, konsumieren die Bürger eine Ersatzwelt, die ihnen von genau den Konzernen bereitgestellt wird, die für die planetare Zerstörung verantwortlich sind. Eine perfektere Versklavung ist kaum vorstellbar: Die Bürger kaufen sich freiwillig eine Technik, die sie davon abhält, ihre reale Situation zu erkennen und zu verändern.

Die Digitalisierung der Welt ist umrankt von einer umfangreichen Mythologie, in deren Zentrum der Begriff »künstliche Intelligenz« steht. Das Wort »Intelligenz« suggeriert hier, dass Maschinen in der Lage seien (oder in der Zukunft fähig würden), etwas zu erkennen und zu verstehen. Doch Erkennen und Verstehen sind Vorgänge, die unlösbar mit einer Innensicht verbunden sind. Wenn wir etwas plötzlich begreifen, sprechen wir nicht umsonst von einem »Aha-*Erlebnis*«. Es gibt nicht den geringsten Grund, anzunehmen, dass Rechenmaschinen und Roboter je zu so etwas in der Lage sein werden, gleich wie hoch ihre Rechenleistung ist. Einige Maschinen werden so programmiert, dass sie Verständnis und Gefühle *simulieren*, was man bisweilen auch als »schwache künstliche Intelligenz« bezeichnet; aber das ist nicht mit der Existenz einer Innensicht (»starke künstliche Intelligenz«) zu verwechseln.

Der US-Philosoph John Searle hat zu Recht darauf hinwiesen, dass Computer lediglich syntaktische Maschinen sind, die Zeichen prozessieren, ohne ihre Bedeutung zu verstehen.[64] Was Computer *tun*, ist also etwas ganz anderes als das, was Menschen tun, wenn sie denken und sprechen. Auch was Computer *sind* – der Stoff, aus dem sie bestehen, ihre innere Struktur –, hat keinerlei Ähnlichkeit mit empfindenden und denkenden Wesen. Lebewesen bestehen aus selbstorganisierenden organischen Zellen, nicht aus statischen Halbleiter-Schaltkreisen. Eine Unterscheidung zwischen Software und Hardware gibt es bei ihnen nicht, denn ihr körperlich-geistiges Kontinuum ist Prozess und Substanz zugleich. Selbst das einfachste Bakterium hat in seiner Organisationsform wesentlich mehr Ähnlichkeit mit einem Menschen als ein Supercomputer. Lange bevor wir Rechenmaschinen menschenähnliche Eigenschaften zuschreiben könnten, müssten wir zunächst einmal den Bakterien dieses Privileg einräumen.[65]

Die Mystifizierung von elektronischen Schaltkreisen hat zum einen handfeste ökonomische Gründe. Um milliardenschwere Forschungsgelder und Subventionen sowie öffentliche Aufmerksamkeit auf sich zu ziehen, werden die Möglichkeiten von Rechenmaschinen maßlos übertrieben. Doch die Computermythologie reicht noch wesentlich tiefer, bis in die metaphysischen Fundamente der modernen Megamaschine. Einige federführende Akteure des Silicon Valley, darunter Googles Chefentwickler Ray Kurzweil, träumen seit Jahrzehnten davon, den biologischen Menschen abzuschaffen und sein Bewusstsein in ein Netz von Daten »upzuloaden«. Dieser »Transhumanismus« ist weit verbreitet unter den Entwicklern künstlicher Intelligenz. Viele von ihnen erwarten sehnsüchtig in den nächsten Jahrzehnten die sogenannte Singularität: den Moment, wenn die Rechenleistungen von Computern die Denkleistungen von Menschen überschreiten sollen und die Automaten den körperlichen Menschen überflüssig machen.[66] In dieser Vision verbinden sich die Geschäftsinteressen des Silicon Valley mit einer radikalen mechanistischen Ideologie: der Vorstellung, dass Lebewesen letztlich nur algorithmische Maschinen seien.

Das Warten auf den Moment, da der Mensch endlich als körperliches und fühlendes Wesen ausgelöscht werden kann, ist symptomatisch für eine technokratische Männerwelt, die von ihrer eigenen Innenwelt so weit abgespalten ist, dass sie Denken, Fühlen und Wahrnehmen von Rechnen – das Einzige, was Rechner können – nicht mehr unterscheiden kann. Es ist der Endpunkt einer Unterwerfung des Menschen unter die Maschinenlogik. Der Versuch, Menschen in einen Datensatz zu verwandeln, ist Teil einer Kultur des Todes, die alles, was Leben ausmacht – Spontaneität, fühlendes Erleben, Selbstorganisation und Kreativität –, durch Abstraktion und Berechnung ersetzt. Ihr Fluchtpunkt ist ein wüstenartiger Planet, auf dem einsam im dunklen Weltall ein blinkender Riesenrechner steht, der anzeigt, wie viel Geld er gerade verdient.

Epilog 1: Wir Außerirdischen

Im Laufe der vergangenen 500 Jahre ist die Erde Schritt für Schritt von Außerirdischen kolonisiert worden. In klimatisierten Raumkapseln schießen sie auf schnurgeraden Linien durch eine Landschaft, zu der sie in keinerlei Beziehung stehen. Die Welt um sie herum dient ihnen nur als Abraumhalde für ihre unentwegten Bautätigkeiten, mit denen sie die lebendige Welt durch rechtwinklige Muster aus Beton, Asphalt und Silizium ersetzen. Jedes Jahr verwandeln sie dabei eine Waldfläche von der Größe Italiens in Ödland.[67] Wenn sie ihr Tagwerk verrichtet haben, verschwinden sie in rechtwinkligen Höhlen und machen rechtwinklige Apparate an, auf denen sie zuschauen, wie andere Leute in rechtwinkligen Höhlen sitzen. Wenn ihnen eine Stimme aus ihren Geräten sagt, dass der Planet, auf dem sie sich befinden, aufgrund ihrer Tätigkeiten in naher Zukunft zerstört sein wird, schalten sie einfach um und tun am nächsten Tag das Gleiche, was sie jeden Tag tun. Und wenn man sie fragt, ob sie glauben, dass sie auf einen anderen Planeten umsiedeln können, wenn es mit diesem vorbei ist, schauen sie den Fragenden mit großen Augen an und schütteln den Kopf.

Dieses Kopfschütteln wirkt ganz unschuldig, als seien sie ehrlich von der Frage überrascht. Als seien sie gar keine Außerirdischen. Aber wenn sie keine Außerirdischen sind, würden sie sich doch niemals so verhalten. Wenn sie keine Möglichkeit hätten, umzusiedeln, würden sie doch sofort aufhören, ihr einziges Zuhause zu vernichten. Sie würden zur Tür hinausstürmen, sämtliche Nachbarinnen, Freunde und Bekannten zusammentrommeln und gemeinsam beratschlagen, was jetzt zu tun ist. Sie würden versuchen herauszufinden, wer oder was für diese Situation die Hauptverantwortung trägt, und einen Plan ausarbeiten, um das Zerstörungswerk so schnell wie möglich zu stoppen. Das alles würden sie doch tun, wenn die Erde ihre Heimat wäre. Oder etwa nicht?

5 Das Ganze denken: Weltsichten und Kosmologien

Die Dynamik der endlos expandierenden Megamaschine und der sie stützenden technokratischen Ideologie führt in eine planetare Verwüstung. Die Frage nach Alternativen ist daher eine Überlebensfrage, sowohl für die Menschheit als auch für große Teile der übrigen Natur. Dabei geht es zum einen um einen Tiefenumbau der wirtschaftlichen, politischen und sozialen Fundamente unserer Gesellschaft; zum anderen aber auch um einen nicht minder tiefen Wandel der Weltsichten, die dieses System tragen. Beides ist nicht voneinander zu trennen: Jede konkrete gesellschaftliche Ordnung ist in Weltanschauungen eingebettet; umgekehrt erwachsen Weltanschauungen aus einer bestimmten Art zu leben. Der Wandel kann also nur gelingen, wenn er auf beiden Ebenen gleichzeitig stattfindet.

Wie wir die Welt sehen: Kosmologien und visuelle Wahrnehmung

Leben ist, wie wir in Kapitel 2 gesehen haben, durch *Bedeutung* organisiert. Ob es sich um Bakterien handelt, einen Vogelschwarm, eine Pavianherde oder eine menschliche Gesellschaft: Stets ist es die *Interpretation* von Umweltsignalen, die darüber entscheidet, wie sich das einzelne Lebewesen und das Kollektiv verhalten. Um aber aus der unerschöpflichen

Zahl von potenziellen Botschaften die relevanten auswählen zu können und ein Repertoire von sinnvollen Reaktionen bereitzuhalten, braucht jeder Organismus bestimmte Vorannahmen über die Welt. Das fängt bereits beim Körperbau und der inneren Organisation von Lebewesen an. Die Hand eines Orang-Utans etwa erwartet so etwas wie Bäume, auf die man klettern kann, so wie der Huf eines Pferdes so etwas wie eine Steppe erwartet. Setzt man das Pferd auf einen Baum, wird sein ganzes in seine Fasern eingeschriebenes Wissen von der Welt nutzlos, es strampelt hilflos herum.

Die Summe der Annahmen darüber, wie die Welt ist, könnte man die Kosmologie eines Organismus nennen.[1] (Kosmologie in diesem Sinne ist nicht mit dem gleichnamigen Teilgebiet der Astronomie zu verwechseln.) Alle Organismen haben zumindest eine implizite Kosmologie, die in ihre Struktur eingeschrieben ist.

Auch Menschen ist eine implizite Kosmologie eigen. Wenn wir geboren werden, erwarten wir so etwas wie eine Mutter, die uns nähren und mit Liebe versorgen wird. Wir erwarten Augen, die uns ansehen; einen Boden, der uns trägt und auf dem wir erst krabbeln und dann laufen können; Dinge, die wir mit unseren Händen begreifen können, und andere Wesen, mit denen wir kommunizieren können. In einer gestaltlosen Welt ohne Gravitation wären wir verloren, all das Wissen über die Erde und unsere Mitgeschöpfe, das in unseren Körper eingeschrieben ist, wäre wertlos. Jede Kosmologie, ob implizit oder explizit, ist eine Antwort auf eine spezifische Welt und auch nur in einer solchen Welt sinnvoll. Die Wahrheit einer solchen Kosmologie liegt darin, dass sie sich an der Welt *bewährt* – dass sie dem Organismus erlaubt, in seiner Umgebung auf Dauer zu gedeihen –, nicht in einem kontextlosen Anspruch auf Objektivität.

Ein gutes Beispiel für implizite Kosmologien ist das menschliche Sehvermögen, das keineswegs ein fotografischer Abbildungsapparat ist, sondern ein schöpferisches Organ. Aus dem kontinuierlichen Spektrum von elektromagnetischen

Wellenlängen macht unsere Wahrnehmung eine diskontinuierliche Palette von erlebten Farbqualitäten, von denen sich in der Strahlung selbst nicht die geringste Spur findet. Was wir sehen, ist immer schon eine Welt aus Farben, Gestalten und Wesen, keine Ansammlung unzusammenhängender Datenpunkte. Die sichtbare Welt und die besondere Erlebnisdimension, die wir »Licht« nennen, existieren überhaupt nur als Schöpfung, als Co-Kreation unserer Wahrnehmung. Die gesamte Evolutionsgeschichte ist in dieser Perspektive ein großer Erkenntnisprozess: Indem Lebewesen sich weiterentwickeln und neue Organe ausbilden, schaffen sie neue Dimensionen der Erfahrung.[2]

Unsere Wahrnehmung bildet die Welt also nicht einfach ab, sondern erschafft sie neu. Was wir sehen, ist das Ergebnis eines kreativen Prozesses, der ein Bild hervorbringt, das für den Sehenden einen Sinn ergibt und bestimmte Qualitäten beinhaltet. Ohne diesen Prozess wäre es unmöglich, sich zu orientieren, wir würden in einer uns vollkommen überfordernden Masse von Sinnesdaten untergehen. Um überhaupt etwas wahrnehmen und entsprechend handeln zu können, brauchen wir also eine Kosmologie, eine *Weltsicht.* Und je differenzierter wir wahrnehmen, desto komplexer muss diese Kosmologie sein. Eine »neutrale« Wahrnehmung, eine »neutrale« Weltsicht ist im Reich des Lebens unmöglich, sie wäre gleichbedeutend mit formlosem Chaos, mit Erblindung, mit Tod.

Neben der in unsere Körper eingeschriebenen Kosmologie haben Menschen auch weitere teils implizite, teils explizite Kosmologien entwickelt. Die Sprache, die wir als Kind erlernen, strukturiert unsere Erfahrung vor, meist ohne dass wir uns dessen bewusst sind. Sie erlaubt es uns außerdem, über abwesende Dinge und Wesen zu kommunizieren, über Vergangenes und Künftiges, über Unsichtbares, Unhörbares und nicht Greifbares, über Träume und Visionen, und macht so die Entwicklung von umfangreichen expliziten Kosmologien möglich, die all das miteinander in Beziehung setzen.

Alle uns bekannten Kulturen, von den Maori in Neuseeland bis zu den Inuit am Nordpolarkreis, haben Erzählungen davon hervorgebracht, wie die Welt entstanden ist und welche Rolle Menschen darin spielen, was vor der Geburt und nach dem Tod geschieht, in welchen Beziehungen Menschen zueinander und zur nichtmenschlichen Natur stehen. Die Welt als eine vollständige zu erfahren und zu denken, als ein zusammenhängendes Ganzes, ist ein menschliches Grundbedürfnis, ja mehr noch: eine anthropologische Notwendigkeit. Sonst könnten wir uns in ihr unmöglich orientieren, weder räumlich noch geistig-emotional, noch sozial. Denn der Ort unserer Existenz ist nicht durch unsere Postanschrift und auch nicht durch Längen- und Breitengrade hinreichend beschrieben, unsere Existenz selbst nicht durch die Zusammensetzung der Atome in unserem Körper. Wir sind Teil einer Ahnenkette, die bis zum Ursprung der belebten Welt reicht, Teil eines Stoffwechsels mit dem Universum, Teil eines Netzes von sozialen und ökonomischen Beziehungen, Teil einer kollektiven Imagination, Teil einer Landschaft und vieles mehr. Unseren Ort in diesem vieldimensionalen Kosmos kann uns keine rein äußerliche, geografische oder soziologische, physikalische oder biologische Beschreibung nennen; denn die Realität unserer lebendigen Erfahrungen bleibt solchen Beschreibungen fremd.

Kosmologien bilden geistige Ordnungen, die all diese Dimensionen miteinander in Beziehung setzen, und zwar so, dass wir unser Sein und Wirken in diesem Kosmos als sinnhaft erleben. Menschen, deren Sinngefüge durch traumatische Erfahrungen Brüche bekommen, drohen in Depressionen zu versinken und handlungsunfähig zu werden.[3]

Die notwendige Unvollständigkeit der Wissenschaften

Die modernen Naturwissenschaften können erheblich zur Erweiterung oder Veränderung menschlicher Kosmologien beitragen, indem sie uns neue Bereiche der Wirklichkeit erschließen, von fernen Galaxien bis zum Inneren von Zellen; sie können aber aus sich heraus keine Kosmologie *schaffen*. Das liegt an der selbstgewählten Beschränkung ihres Aufgabenfeldes. Naturwissenschaften konzentrieren sich auf äußere Beschreibungen, auf Aussagen, die von anderen überprüft, gemessen und gegebenenfalls widerlegt werden können. Unsere Innenwelten aber sind grundsätzlich nicht von diesem Typ, sie sind von außen nicht einsehbar und überprüfbar, sondern nur auf den indirekten Wegen der Einfühlung und Interpretation erahnbar. Diese Innenwelt bildet unsere primäre Wirklichkeit, sie ist der Stoff, aus dem unsere tägliche Welterfahrung besteht: aus Wahrnehmungen, Bedeutungen, Gefühlen, Gedanken, Beziehungen, Wertungen und Entscheidungen. Darüber hinaus sind wir in eine Mitwelt von weiteren erlebenden Wesen eingebettet, deren Innenwelten sich ebenfalls einem äußeren Zugang entziehen.

Kosmologien sind niemals Abbildungen der Welt, sondern stets Sinn- und Deutungsgefüge, und als solche können sie ohne die Innenwelten nicht auskommen. Das aber können die quantifizierenden Methoden der Naturwissenschaften nicht bieten. Die Wissenschaften können uns zum Beispiel sagen, wie wir eine Rakete bauen und ihre Bahn berechnen können, aber nicht, wozu wir das tun (oder auch lassen) sollten, welchen Sinn und welche Bedeutung das hat. Sie beschreiben, was voraussichtlich geschieht, wenn wir weiter Treibhausgase emittieren, Böden versiegeln, Wasserläufe und Wälder zerstören, aber sie können uns nicht die Entscheidung abnehmen, ob wir lieber so viel Geld wie möglich anhäufen wollen, auch um den Preis eines sterbenden Planeten, oder uns dem Aufbau einer zukunftsfähigen Gesellschaft widmen. Die Wissenschaft kann uns nicht einmal sagen, warum es

Sinn haben soll, morgens aufzustehen, oder warum es besser ist, zu leben als nicht zu leben.

Seriöse Naturwissenschaftler haben seit jeher die Beschränkung ihres Aufgabenfeldes anerkannt und klar formuliert, dass sie weder eine vollständige Beschreibung des Kosmos bieten noch einen Sinnzusammenhang stiften können. Die »zweite Hälfte« der Welt bleibt in den Wissenschaften also im Prinzip offen. Diese Lücke kann auch nicht von den Geistes- und Sozialwissenschaften gefüllt werden, die Sinngefüge zwar beschreiben, aber nicht erschaffen können.[4]

Wenn uns die Wissenschaft aber kein Sinngefüge liefern kann, das uns eine existenzielle Orientierung in der Welt ermöglicht, was kann und was soll diese Lücke füllen? Auf diese Frage gibt es verschiedene Antworten, an denen sich seit Jahrhunderten die Geister scheiden. Eine Möglichkeit besteht darin, zu behaupten, die Methoden der Wissenschaft würden gar keine Lücke lassen, sondern früher oder später alle Antworten auf alle Lebensfragen bereitstellen können. Diese Sichtweise ist der Kern der technokratischen Ideologie, die – im Gegensatz zur aufgeklärten, ihrer Grenzen bewussten Wissenschaft – behauptet, eine vollständige Weltsicht zu bieten, ja mehr noch: die einzig wahre und »rationale« Weltanschauung, die alle Aspekte der Wirklichkeit abdeckt. Um diesen Anspruch geltend zu machen, müssen die Innensichten zu einem unbedeutenden irrationalen Rest erklärt werden, sodass die Welt des Messens und Zählens das gesamte Terrain usurpieren kann. Eine andere Möglichkeit besteht darin, die verwaiste Hälfte unserer Welt dem Bereich der Religionen anzuvertrauen. Wie wir noch sehen werden, ist diese binäre Alternative – Religion oder Technokratie – ausgesprochen problematisch. Aber schauen wir uns zunächst den Begriff der Religion etwas genauer an.

Die Frage nach der Religion

Über viele Jahrtausende haben Religionen mit ihren symbolischen Ordnungen den Anspruch erhoben, die Ganzheit des Universums zu repräsentieren. Um zu beurteilen, ob und, wenn ja, was bestimmte religiöse Traditionen tatsächlich zu einer umfassenderen Sicht des Kosmos beitragen können – oder ob sie nur »Opium für das Volk« sind –, müssen wir zunächst den Begriff »Religion« einer kritischen Untersuchung unterziehen, denn er hat seit Jahrhunderten zu erheblicher Verwirrung geführt.

Unter dem Wort »Religion« können sehr verschiedene Arten von Phänomenen subsumiert werden. In Schreibstuben ausgetragene theologische Grabenkämpfe darüber, ob Jesus Christus wesensgleich oder nur wesensähnlich mit seinem himmlischen Vater sei[5], werden darunter ebenso gefasst wie Trancezustände in einer schamanischen Zeremonie – auch wenn Geistesverfassung, Art der Tätigkeit und Bezugssystem kaum unterschiedlicher sein könnten. Der Containerbegriff »Religion« umfasst Systeme von moralischen Vorschriften vom Typ »Du sollst« und »Du sollst nicht«, Kosmogonien, die davon erzählen, wie das Universum entstanden ist, Methoden zur Erreichung nichtalltäglicher Geisteszustände und Strategien zur Beherrschung anderer Menschen. Für diese so unterschiedlichen Dinge und die ebenso unterschiedlichen Motive dahinter ein einziges Wort zu verwenden ist wenig hilfreich. Tatsächlich gibt es bis heute in den Religionswissenschaften zwar über einhundert Definitions*versuche*, aber keine allgemein akzeptierte Definition dessen, was »Religion« eigentlich ist, wie sie sich von anderen Bereichen menschlicher Kultur abgrenzen ließe und wozu sie dient.[6]

Da es keine überzeugende Definition von »Religion« gibt, ist es auch sinnlos zu sagen, man sei »für« oder »gegen« Religion. Wofür oder wogegen will man denn genau sein? Für oder gegen die Vorstellung eines allmächtigen, allwissenden Wesens, das auf »übernatürliche« Weise in die Geschicke der

Welt eingreift? Diese Vorstellung ist etwa den meisten nichtmonotheistischen und indigenen Traditionen vollkommen fremd. Wenn man sich mit Phänomenen aus dem Feld dessen, was wir »Religion« nennen, beschäftigt, muss man sich die Mühe machen, genauer hinzuschauen, bevor man Position bezieht.

Ein gutes Beispiel für die Missverständnisse, die aus dem Begriff »Religion« resultieren, liefert Werner Heisenberg in seinem Buch *Der Teil und das Ganze*, in dem er ein Gespräch zwischen ihm und seinen Kollegen Paul Dirac und Niels Bohr wiedergibt. Hier ein Ausschnitt daraus:

Dirac: Wenn man ehrlich ist – und das muss man als Naturwissenschaftler doch vor allem sein –, muss man zugeben, dass in der Religion lauter falsche Behauptungen ausgesprochen werden, für die es in der Wirklichkeit keinerlei Rechtfertigung gibt. [...] Ich kann nicht erkennen, dass die Annahme der Existenz eines allmächtigen Gottes uns irgendwie weiterhilft. Wohl aber kann ich einsehen, dass diese Annahme zu unsinnigen Fragestellungen führt, zum Beispiel zu der Frage, warum Gott Unglück und Ungerechtigkeit in unserer Welt, die Unterdrückung der Armen durch die Reichen und all das andere Schreckliche zugelassen hat, das er doch verhindern könnte. Wenn in unserer Zeit noch Religion gelehrt wird, so hat das doch offenbar nicht den Grund, dass diese Vorstellungen uns noch überzeugten, sondern es steckt der Wunsch dahinter, das Volk, die einfachen Menschen zu beschwichtigen. Ruhige Menschen sind einfacher zu regieren als unruhige und unzufriedene. Sie sind auch leichter auszunützen oder auszubeuten. Die Religion ist eine Art Opium, das man dem Volk gewährt, um es in glückliche Wunschträume zu wiegen und damit über die Ungerechtigkeit zu trösten, die ihm widerfährt. [...]

Heisenberg: Damit beurteilst du die Religion von ihrem politischen Missbrauch her, und da man fast alles auf dieser Welt missbrauchen kann, wird man mit einer solchen Beurteilung der Sache nicht gerecht. Schließlich wird es immer menschliche Gemeinschaften geben, und solche Gemeinschaften müssen auch eine gemeinsame Sprache finden, in der über Tod und Leben und über den großen Zusammenhang, unter dem sich das Leben der Gemeinschaft abspielt, gesprochen werden kann. […]

Dirac: Ich kann mit den religiösen Mythen grundsätzlich nichts anfangen, schon weil sich die Mythen der verschiedenen Religionen widersprechen. Es ist doch reiner Zufall, dass ich hier in Europa und nicht in Asien geboren bin, und davon kann doch nicht abhängen, was wahr ist, also auch nicht, was ich glauben soll. Ich kann doch nur glauben, was wahr ist. […] Der Glaube an die Existenz eines Gottes begünstigt auch die Vorstellung, dass es gottgewollt sei, sich unter die Macht eines Höheren zu beugen, und damit sollen wieder die gesellschaftlichen Strukturen verewigt werden. […]

Bohr: Mir geht es zwar so wie Dirac, dass mir die Vorstellung eines persönlichen Gottes fremd ist. Aber man muss sich doch vor allem darüber klar sein, dass in der Religion die Sprache in einer ganz anderen Weise gebraucht wird als in der Wissenschaft. Die Sprache der Religion ist mit der Sprache der Dichtung näher verwandt als mit der Sprache der Wissenschaft. […] Wenn in den Religionen aller Zeiten in Bildern und Gleichnissen und Paradoxien gesprochen wird, so kann das kaum etwas anderes bedeuten, als dass es eben keine anderen Möglichkeiten gibt, die Wirklichkeit, die hier gemeint ist, zu ergreifen. Aber es heißt nicht, dass sie keine echte Wirklichkeit sei. […] Die Tatsache, dass verschiedene Religionen diesen Inhalt in sehr verschiedenen geistigen Formen zu gestalten suchen, bedeutet dann keinen Einwand gegen den wirklichen Kern der Religion.[7]

Das Interessante an diesem Gespräch ist, dass alle Teilnehmer gleichzeitig recht haben, je nachdem, was unter dem Begriff »Religion« verstanden wird. Diracs klassische marxistische Religionskritik trifft ins Schwarze, wenn damit zum Beispiel die Rolle der Amtskirchen gemeint ist, die über Jahrhunderte einen ideologischen Rahmen für Ausbeutung, Unterdrückung und Kolonialherrschaft geliefert haben. Heisenbergs Einwand ist aber ebenso richtig, allerdings bewegt er sich auf einer ganz anderen Ebene. Menschen brauchen in der Tat Kosmologien, die über eine bloße Sammlung von Fakten und Gleichungen hinausgehen, aber das hat mit der Behauptung eines persönlichen, transzendenten und allmächtigen Gottes überhaupt nichts zu tun. Es gibt unzählige Beispiele für Kosmologien, die ohne einen solchen Gott auskommen, die aber trotzdem oft genug als »religiös« bezeichnet werden. Bohr schließlich bringt einen entscheidenden Punkt, nämlich dass sich bestimmte Dinge nicht in der Sprache bloßer Tatsachenbehauptungen ausdrücken lassen und dass man diese verschiedenen Arten zu sprechen auf keinen Fall verwechseln darf.

Um den verwirrenden Containerbegriff Religion zu öffnen und die darin zusammengewürfelten Phänomene auseinanderzuhalten, kann es hilfreich sein, zwei verschiedene Typen von Weltsichten zu unterscheiden. Nennen wir den einen Typus wörtlich-autoritär, den anderen symbolisch-kosmisch, oder kurz Typ A und Typ K. In der Praxis treten diese beiden Typen natürlich oft in verschiedenen Mischungsverhältnissen auf; unter dem Dach von großen Religionen wie dem Christentum oder dem Islam etwa finden sich beide Arten von Traditionen. Zur Orientierung ist es aber hilfreich, die beiden Typen in ihren Reinformen zu untersuchen.

»Teekannen-Dogmen«

Auf der einen Seite, beim wörtlich-autoritären Typus, finden wir Sammlungen von Dogmen, also Lehrsätze über Wesen, Dinge, Ereignisse und Zusammenhänge, die außerhalb unseres raum-zeitlichen Erkenntnishorizonts liegen und daher nicht nachprüfbar sind. Glauben heißt hier, Sätze für wahr zu halten, deren Aussagegehalt jenseits meiner eigenen Erfahrung liegt – und mich der Autorität ihrer professionellen Interpreten zu unterwerfen. Der britische Mathematiker und Philosoph Bertrand Russell beschrieb diesen Typ in seinem 1952 erschienenen Aufsatz *Is there a God?* so:

Wenn ich behaupten würde, dass es zwischen Erde und Mars eine Teekanne aus Porzellan gäbe, welche auf einer elliptischen Bahn um die Sonne kreise, so könnte niemand meine Behauptung widerlegen, vorausgesetzt, ich würde vorsichtshalber hinzufügen, dass diese Kanne zu klein sei, um selbst von unseren leistungsfähigsten Teleskopen entdeckt werden zu können. Aber wenn ich nun weiterhin auf dem Standpunkt beharrte, meine unwiderlegbare Behauptung zu bezweifeln sei eine unerträgliche Anmaßung menschlicher Vernunft, dann könnte man zu Recht meinen, ich würde Unsinn erzählen. Wenn jedoch in antiken Büchern die Existenz einer solchen Teekanne bekräftigt würde, dies jeden Sonntag als heilige Wahrheit gelehrt und in die Köpfe der Kinder in der Schule eingeimpft würde, dann würde das Anzweifeln ihrer Existenz zu einem Zeichen von Exzentrizität werden. Es würde dem Zweifler in einem aufgeklärten Zeitalter die Aufmerksamkeit eines Psychiaters einbringen oder die eines Inquisitors in früherer Zeit.[8]

Für solche Teekannen-Dogmen gibt es viele Beispiele. Die Kirche der Mormonen etwa baut auf der Behauptung auf, im Jahre 1827 habe ein gewisser Joseph Smith, gelenkt von einem Engel, im Wald jahrtausendealte Schrifttafeln eines Propheten namens Mormon gefunden und diese dann ins Englische übersetzt. Die Texte, wie sie uns heute vorliegen, beschreiben eine antike Zivilisation, die angeblich vor Jahrtausenden aus dem Nahen Osten nach Nordamerika gelangt sei. An der Frage, ob sich der Fund wirklich so zugetragen habe und ob der Inhalt dieser Bücher historisch wahr sei, scheiden sich die Gläubigen von den Ungläubigen. Da die Schrifttafeln laut der Erzählung von Smith nur von ihm selbst und drei angeblichen Zeugen gesehen wurden und dann wieder auf mysteriöse Weise verschwunden sind, entzieht sich die Geschichte prinzipiell jeder Nachprüfbarkeit. Glauben bedeutet hier das Für-wahr-Halten einer Behauptung, über deren Substanz ich beim besten Willen nichts wissen kann, weil sie sich dem Bereich des von mir Erfahrbaren entzieht. Die »Kraft des Glaubens« speist sich in solchen Fällen gerade daraus, dass man an etwas glaubt, das weder man selbst noch irgendjemand anders je wissen und erfahren kann. Der Einwand, dass die ganze Sache ein Schwindel oder eine Halluzination sein könnte und allem, was uns aus der Geschichtsforschung bekannt ist, widerspricht, stärkt für die Gläubigen nur ihre Überzeugung und ihr Gefühl der Überlegenheit. Denn der Glaube sondert sie von den anderen ab und erhebt sie als Eingeweihte gegenüber den Unwissenden.

Glaubenssysteme von diesem Typ sind zwangsläufig damit verbunden, sich der Autorität anderer Menschen und der von ihnen in Umlauf gebrachten Schriften zu unterwerfen. Weil ich selbst über den Kern der Behauptungen gar nichts wissen und erfahren kann, muss ich glauben, was mir gesagt wird. Deshalb eignen sie sich so gut als ideologische Basis autoritärer Gesellschaften. Und deshalb wirken sie auch so spaltend, denn es kann überhaupt keine auf Erfahrung gründende Diskussion darüber geben.

Die Verbreitung solcher Systeme ist aber keineswegs auf den Bereich dessen, was wir »Religion« nennen, beschränkt. Wie wir gesehen haben, sind russellsche Teekannen auch in der modernen Wissenschaft weitverbreitet, etwa wenn Stringtheoretiker die Existenz eingerollter Dimensionen behaupten, die so klein seien, dass sie keiner finden kann. Oder wenn zur Erklärung unverstandener Phänomene im Universum Teekannen-Begriffe wie »dunkle Materie« und »dunkle Energie« benutzt werden. Oder auch, wenn einem Molekül wie der DNA unterstellt wird, egoistisch zu sein.

Ein großer Teil der neoklassischen Ökonomik, die heute an Hochschulen gelehrt wird, beruht auf mathematisch ausgeklügelten Teekannen-Modellen, die keinerlei Entsprechung in der wirklichen Welt haben. Die Wirtschaftsjournalistin Ulrike Herrmann hat gezeigt, dass Ökonomen zum Teil für »bestürzenden Unsinn« den Preis der Schwedischen Nationalbank für Wirtschaftswissenschaft (oft fälschlich »Wirtschaftsnobelpreis« genannt) erhielten.[9] Eugene Fama etwa entwickelte eine Theorie, nach der es niemals ein Herdenverhalten an Finanzmärkten geben könne und die Bildung von Finanzblasen ausgeschlossen sei. Spätestens nach dem Crash von 2007/08 war seine These endgültig widerlegt – und doch bekam er 2013 den renommierten Preis dafür. Robert Lucas wurde mit seiner »Theorie der rationalen Erwartungen« berühmt, die beweisen sollte, dass der Markt stets zum Gleichgewicht tendiert. Der Haken dabei: Das Modell funktioniert nur, wenn die gesamte Weltwirtschaft aus nur einem einzigen Konsumenten besteht, der zugleich der einzige Produzent ist. »Denn mit zwei Menschen«, so Herrmann, »wäre die Theorie überfordert.« Außerdem stellt dieser Robinson Crusoe »lebenslänglich nur eine Ware her, weil zwei Güter das Modell ebenfalls überfordern. Jeder Laie würde diese sogenannte Theorie sofort als Unsinn abtun, doch stattdessen erhielt Lucas 1995 den Nobelpreis.«[10] Diese Liste könnte man noch lange fortsetzen. Aus gutem Grund ordnen viele Forscher die Mainstream-Ökonomik längst dem parareligiösen Bereich zu.[11] Der Weltbankchef Paul Romer etwa, selbst Preisträger der Schwedischen Nationalbank, verglich die seit den 1970er-Jahren vorherrschende Makroökonomik mit einer Physik, die nur funktioniert, wenn es »Trolle, Kobolde und einen Äther gibt« – und zog damit ausdrücklich Parallelen zur Stringtheorie.[12]

Teekannen-Theoreme als solche zu erkennen ist wichtig, weil es unsere geistigen Abwehrkräfte schärft und uns erlaubt, inmitten der unübersehbaren Fülle »religiöser« und auch »wissenschaftlicher« Aussagen und Praktiken Unterscheidungen zu treffen. Dabei geht es nicht darum, Menschen daran zu hindern, an Aussagen über kosmische Teekannen zu glauben, oder sie dafür zu verurteilen; es ermöglicht uns aber, uns dagegen zu wehren, wenn andere uns überreden wollen, an ihre Teekannen zu glauben, oder uns dazu drängen, Vertreter konkurrierender Teekannen-Systeme – oder Teekannen-Leugner – zu bekämpfen. Zugleich versetzt uns diese Unterscheidungsfähigkeit in die Lage, in der Fülle der geistigen Traditionen diejenigen Stränge zu erkennen, die von anderem

Typ sind. Jenseits der irreführenden Alternativen eines platten Rationalismus, der nur als real gelten lässt, was sich messen und zählen lässt, und eines dogmatischen Glaubens, der sich in Behauptungen jenseits aller Erfahrbarkeit verstiegen hat, kann sich eine Tür für eine offenere, tiefere und differenziertere Sichtweise auftun.

Den Kosmos denken

Auf der anderen Seite des Spektrums stehen kollektive Sinngefüge, die nicht auf dem Glauben an unüberprüfbare Behauptungen beruhen, sondern Zusammenhänge zwischen verschiedenen Bereichen unserer seelischen, physischen und sozialen Erfahrung schaffen und sie in Beziehung zur nichtmenschlichen Sphäre setzen. Menschen können sehr gut ohne dogmatische Glaubenssysteme leben, nicht aber ohne ein Bedeutungsgefüge, das ihre Innensichten und ihre Beziehungen zu ihrer Mitwelt in eine sinnvolle Ordnung bringt. Unser Selbst gründet zu einem wesentlichen Teil darauf, dass wir uns eine plausible Geschichte unserer Existenz erzählen können: wo wir herkommen, was wir bisher getan haben, in welcher Beziehung wir zu anderen Menschen stehen. Ohne eine solche Geschichte hätten wir nicht den geringsten Anhaltspunkt, was wir im Leben tun sollten, wir würden beziehungslos in einer Art intergalaktischem Vakuum schweben. Wo Sinngefüge brüchig werden, bekommt auch die Psyche Risse und kann schließlich sogar zusammenbrechen. Aber selbst im Wahnsinn schaffen Menschen neue Sinngefüge, zum Beispiel in Form einer Paranoia. (Und die Tatsache, dass wir wahnsinnig werden können und dass wir selbst im Wahn noch Geschichten brauchen, um zu existieren, zeigt einmal mehr, dass wir keine biologischen Roboter sind, sondern Wesen, die durch Bedeutung organisiert sind.) Jeder Mensch hat also zumindest an so etwas wie einer persönlichen Kosmologie teil: Bestimmte Personen, Orte und Dinge sind mit Bedeutungen, mit Emotionen, mit Assoziationen verbunden und in eine Geschichte eingewoben. Dieses Beziehungsgefüge ist entscheidend dafür, was für uns relevant ist, wie wir auf die Welt reagieren, wie wir handeln. Zeugnisse und Symbole persönlicher Kosmologien sind überall zu finden, wo Menschen sind: die Blumen auf dem Grab einer Angehörigen, die Kindheitsfotos an der Wand, das Schloss mit den Initialen eines Liebespaars an einer Brücke.

Kollektive Kosmologien vom Typ K bauen auf ähnlichen Prinzipien auf: Orte, Dinge und Personen werden mit Bedeutungen aufgeladen und in Beziehung zueinander gesetzt. Im Unterschied zu persönlichen Kosmologien geht es hier aber darum, die Innensichten einer Gruppe von Menschen zu integrieren und mit der mehr-als-menschlichen Sphäre in Beziehung zu setzen. Die Kosmologien der australischen Aborigines etwa beruhen auf den sogenannten Traumpfaden, die in umfangreichen Liederzyklen besungen und auf Wanderungen beschritten werden. Die Traumpfade folgen den Spuren der kosmischen Ahnen, die, so die Sage, einst singend die Welt erschufen und deren Körper sich in Landschaftsmerkmale wie Berge oder Flüsse verwandelt haben. Diese »Songlines« stiften sowohl ein Sinngefüge als auch eine konkrete Orientierung im Raum, denn sie leiten die Menschen über Tausende von Kilometern quer durch den Kontinent. Solche bedeutungsgeladenen Landschaften gibt es in vielen Teilen der Welt, auch das Netzwerk von Pilgerwegen, das im Mittelalter in Europa entstand, hat eine strukturelle Ähnlichkeit mit den Traumpfaden. Wie persönliche Kosmologien unabdingbar für den inneren Zusammenhalt des Selbst sind, so sind kollektive Kosmologien entscheidend dafür, soziale und, wie wir in den folgenden Abschnitten sehen werden, ökologische Gleichgewichte herzustellen.

Indigene Kosmologien des Amazonas

Die Ethnologie hat in den vergangenen gut 100 Jahren eine große Menge nichtwestlicher Kosmologien erforscht und dabei versucht, Schritt für Schritt die Projektionen und Verzerrungen des eurozentrischen Blicks abzustreifen. Dabei ist eine Fülle von Weltsichten zutage getreten, in denen die Beziehungen der Menschen zur nichtmenschlichen Sphäre vollkommen anders gedacht werden als in den europäischen Traditionen.

Viele Völker des westlichen Amazonasgebietes etwa sind der Auffassung, dass so gut wie alle Tiere und Pflanzen eine Art Seele besitzen und trotz ihrer vom Menschen verschiedenen Gestalt ähnliche Gebräuche untereinander pflegen wie Menschen.[13] Dementsprechend ist es für die Menschen geboten, respektvolle Beziehungen zu ihnen zu unterhalten, wie dies unter engen Verwandten üblich ist. Während Jäger das Wild als Heiratsverwandte betrachten, zum Beispiel als Schwager und Schwägerinnen, sehen die Frauen die im Garten gezüchteten Pflanzen als ihre Kinder, also als Blutsverwandte an.

Diese kosmologischen Grundannahmen können in sehr verschiedene ethische Universen münden. Für die Tukano Kolumbiens beruht das Universum, so der Anthropologe Gerardo Reichel-Dolmatoff, auf einer Art »thermodynamischem Modell«: Die Sonne liefert alle Energie und beseelt den Kosmos. Diese Energie entfaltet sich im geschlossenen Kreislauf der Biosphäre. Entnehmen die Menschen diesem Kreislauf etwas, zum Beispiel durch die Jagd, müssen sie es auf andere Weise zurückgeben. Eine Methode besteht in sexueller Enthaltsamkeit, mit der, so glauben die Tukano, Energie eingespart und dem Zyklus zurückgegeben werden kann. Reichel-Dolmatoff interpretiert diese Praxis als ein Mittel der Geburtenkontrolle, um das Gleichgewicht zwischen Mensch- und Tierwelt zu erhalten. Eine andere Methode besteht darin, dass ein Schamane in Trance in das Reich der Tiergeister *(Vaí-mahsé)* reist, das sich unter Wasser befindet. Dort verhandelt er über die Freigabe von Wild, das gejagt werden darf. Im Austausch bietet er menschliche Seelen, die sich nach dem Tod in Tiere verwandeln und so das Gleichgewicht wiederherstellen. Zu sagen, dass der Austausch, den der Schamane verhandelt, »nur imaginär« stattfinde, verfehlt dabei den wesentlichen Punkt, denn das Imaginäre strukturiert letztlich auch die realen Beziehungen zur Tierwelt. Im Falle von Störungen des Gleichgewichtes unternimmt der Schamane nicht allein Trancereisen, sondern sorgt auch dafür, dass Jagdverbote und andere Regulierungen streng eingehalten werden. »Das Überleben und die Aufrechterhaltung einer gewissen Lebensqualität«, schreibt Reichel-Dolmatoff, »sind nur möglich, wenn allen anderen Lebensformen auch gestattet wird, sich gemäß ihren besonderen Bedürfnissen zu entwickeln.«[14] Der Kontrast zur modernen Industriegesellschaft, in der jeden Tag rund 200 Millionen Tiere geschlachtet werden, ohne jede Rücksicht auf ökologische Balancebeziehungen und das Innenleben der Tiere, könnte nicht größer sein. Reichel-Dolmatoff resümiert:

> Die kosmologischen Mythen, in denen sich die Weltsicht der Tukano ausdrückt, beschreiben den Platz des Menschen in der Natur nicht in Begriffen der Herrschaft und der Kontrolle über eine verfügbare Umwelt. Es geht in ihnen auch nicht um das, was manche als »Harmonie mit der Natur« bezeichnen würden. Die Natur ist in ihrer Sicht kein physisches Objekt, das vom Menschen getrennt existiert; daher können Menschen mit ihr auch nicht in einer Beziehung der Konfrontation, der Opposition oder auch der Harmonie stehen.[15]

Einige Hundert Kilometer südlich der Tukano, in den Amazonasgebieten Perus, leben die Campa. Wie die Tukano betrachten sie Tiere und Pflanzen als in ihrem Inneren menschenähnlich. Anders als bei den Tukano aber wird für sie die Welt nicht über ein Gleichgewicht des Tauschs in Gang gehalten, sondern durch großzügige Gaben, die keiner Gegenleistung bedürfen. Vögel etwa bieten sich dem Jäger freiwillig aus

Mitgefühl dar, damit er keinen Hunger leide. Schießt der Jäger ein Tier, so stirbt in der Campa-Kosmologie nur dessen leibliche Hülle, während sich das innere Wesen sofort in einem anderen Vogel reinkarniert. In der Essenz wird also nichts weggenommen. Und für die Gabe der fleischlichen Hülle braucht es, anders als bei den Tukano, keinerlei Kompensation. Viele Vogelarten werden von den Campa als sehr enge Verwandte der Menschen betrachtet, unter denen geschwisterliche Freigiebigkeit herrscht. Dabei sind Jäger zu größter Vorsicht, Bescheidenheit und Genauigkeit verpflichtet, um jedes unnötige Leiden zu vermeiden.[16]

Ein Beispiel dafür, dass animistische Vorstellungen jedoch keineswegs automatisch zu Kosmologien und Praktiken führen, die wir als lebensfreundlich und friedfertig bezeichnen würden, sind die Jívaro Ecuadors, zu denen unter anderem die Gruppen der Achuar und Shuar zählen. Zwar teilen auch sie die Vorstellung der Beseeltheit und Verwandtschaft allen Lebens, aber ihre Beziehungen zu ihren menschlichen und nichtmenschlichen Mitgeschöpfen sind weder durch Tausch noch durch Gaben geprägt, sondern, so der französische Ethnologe Philippe Descola, durch Raub. Die Jäger umschmeicheln das Wild mit Gesängen, doch dabei handelt es sich nur um eine Täuschung. Nach geglückter Jagd findet keinerlei Wiedergutmachung statt.[17] Was die Beziehungen zu benachbarten Gruppen angeht, so sind die Jívaro für ihre zahlreichen Kriege und Kopfjagden berüchtigt. Die erbeuteten Schrumpfköpfe dienen rituell dazu, sich die Lebensenergie des Gegners anzueignen.

Während die Campa in einem freigiebigen und überwiegend wohlwollenden Kosmos leben und die Tukano in einer Welt gerechten Tauschs, ist das Universum für die Jívaro von gewaltsamer Aneignung und Rache geprägt – auch wenn es durchaus andere, auf Solidarität beruhende Aspekte in ihrer Kultur gibt, so wie in den Kosmologien der Campa und Tukano räuberische Aspekte ebenfalls nicht vollkommen fehlen. Im Gegensatz zu den Jívaro, die ständig mit ihren Nachbarn Vendetten und Kriege austragen, haben sowohl die Tukano als auch die Campa den Krieg weitgehend aus ihren Beziehungen untereinander und mit benachbarten Gruppen verbannt.[18]

Das Beispiel der Jívaro hilft dabei, uns vor einer pauschalen Verklärung indigener Kulturen zu hüten, einer Idealisierung, die letztlich nur eine spiegelbildliche Verkehrung der jahrhundertelangen Verteufelung und Herabsetzung durch den Westen ist. Indigene Kulturen und Kosmologien zeigen ein großes Spektrum an verschiedenartigen Kosmologien und Gesellschaftsformen.

Wie es historisch zu den so unterschiedlichen Entwicklungen auf dem relativ begrenzten Raum im Westen des Amazonas gekommen ist, ist nicht bekannt.[19] Denkbar ist, dass in der Jahrtausende währenden Geschichte der südamerikanischen Völker eine Welt wie die der Campa und Tukano durch traumatische Erfahrungen in einen Kreislauf von Krieg und Rache gekippt ist – so wie auch umgekehrt die Angehörigen einer kriegerischen Kultur nach einem Gewaltexzess oder einer ökologischen Krise neue Formen der Kooperation entwickelt haben können, um zu überleben. In Ermangelung von schriftlichen Zeugnissen neigen westliche Beobachter dazu, indigene Völker und ihre Kosmologien für mehr oder minder geschichtslos zu halten, so als hätten sie in dieser Form seit der Altsteinzeit existiert. Dabei gibt es keinen Grund für die Annahme, dass nicht auch sie eine bewegte Geschichte mit tiefgreifenden Umwälzungen, Krisen und Neuorganisationen erlebt haben, auch wenn sie dabei keine kolossalen Steinbauten oder dicke Bücher hinterließen.

Die Kosmologien der Tukano und Campa zeigen einige bemerkenswerte Parallelen zur modernen Biologie und Ökologie. Die Blutsverwandtschaft aller Lebewesen gehört zu den entscheidenden Erkenntnisdurchbrüchen Darwins und wurde von der Molekularbiologie bestätigt. Und das »thermodynamische Modell« der Tukano liefert eine recht genaue Beschreibung der solar-biosphärischen Stoffwechselprozesse, ihrer prekären Gleichgewichte und Rückkopplungsschleifen. Was für Außenstehende auf den ersten Blick befremdend und irrational erscheinen mag, zeigt sich bei genauerer Betrachtung als eine ausgesprochen angemessene Antwort auf die Welt, die sich über sehr lange Zeiträume *bewährt* hat.

Das Beispiel Bali: die verbundenen Wasser

Ein Beispiel für eine Gesellschaft und Kosmologie, die über Jahrhunderte, wenn nicht Jahrtausende in der Lage war, ein bemerkenswertes Gleichgewicht sowohl innerhalb des menschlichen Zusammenlebens als auch zwischen Menschen und der übrigen Natur zu schaffen, ist die balinesische Kultur. Offiziell wird die Mehrzahl der Balinesen dem »Hinduismus« zugerechnet, aber dieses Wort – eine Schöpfung der britischen Kolonialherren – ist ein ebenso vager Containerbegriff wie das Wort »Religion« und erfasst in keiner Weise die spezifischen Vorstellungen und Praktiken der balinesischen Kosmologie. Die Balinesen selbst sprechen in Bezug auf ihre Weltsicht und Praxis von *Agama Tirtha*, was so viel bedeutet wie »Tradition des heiligen Wassers«.

Um uns einem Verständnis dieser Kosmologie zu nähern, müssen wir zunächst begreifen, dass die Welt für Balinesen zwei Aspekte hat, die *sekala* und *niskala* genannt werden. *Sekala* bezeichnet alles, was man sehen, anfassen, riechen, hören und schmecken kann. *Niskala* hingegen ist der Bereich der unsichtbaren Kräfte. Nicht nur in Menschen wohnen diese unsichtbaren Kräfte, also nicht nur in *unserer* Innenwelt, sondern im Prinzip überall im Kosmos. Aus diesem Grund haben zum Beispiel bestimmte Orte und Himmelsrichtungen charakteristische *Qualitäten* und sind nicht einfach neutrale Raumkoordinaten.[20] Im Gegensatz zum mechanistischen Denken, das seit den Zeiten von René Descartes der Natur Stück für Stück die Innenwelt abgesprochen hat und sie höchstens noch für den menschlichen Geist reserviert, hat in der balinesischen Kosmologie potenziell alles eine von außen nicht einsehbare Innenseite, mit der man nur durch besondere rituelle, musikalische und theatrale Praktiken in Verbindung treten kann.

Fast alle Aspekte des traditionellen balinesischen Lebens sind nach dem Prinzip des *tri hita karana* organisiert, was etwa so viel heißt wie »die drei Ursachen des Wohlergehens«. Dieses Prinzip gibt Antworten auf so unterschiedliche Fragen wie etwa, wo eine Toilette im Haus gebaut wird, wie das landwirtschaftliche Bewässerungssystem organisiert ist, wie Menschen in einem Dorf zusammenleben und wie das Universum als Ganzes strukturiert ist.

Für den menschlichen Körper und den Kosmos wird in Bali dasselbe Sanskritwort gebraucht: *bhuana*.[21] *Bhuana alit* ist der kleine Körper (des Menschen), *bhuana agung* der große (des Universums). Beide bestehen aus drei Ebenen: *bhur* bedeutet Erde und Unterwelt und entspricht den Füßen; *bhuwah* heißt Luftraum und steht zugleich für die Zwischenwelt der Menschen sowie den Rumpf; *suarga* schließlich bezeichnet den Himmel als Welt der höchsten kosmischen Kräfte und entspricht dem Kopf. Anders als etwa in der christlichen Eschatologie geht es hier nicht darum, dass die himmlischen Kräfte die Unterwelt bezwingen und vernichten (beziehungsweise der Geist die dunklen Triebe des Körpers), sondern um ein dynamisches Fließgleichgewicht der Ebenen.[22]

Ein anschauliches Beispiel für das Prinzip des *tri hita karana* ist das Bewässerungssystem, das die Reisbauern Balis seit mehr als 1000 Jahren nutzen und das eine extrem effiziente, sozial gerechte und ökologisch nachhaltige Wasserverteilung garantiert.[23] Im Jahr 2012 wurde es von der UNESCO zum Weltkulturerbe erklärt.[24] Es hat die ertragreichste Landwirtschaft des indonesischen Archipels hervorgebracht und der zerklüfteten, sehr dicht bevölkerten Insel eine bemerkenswerte Ernährungssicherheit verschafft, welche die materielle Grundlage der reichen kulturellen Aktivitäten der Bewohner ist. In diesem System sind die drei Ebenen, auf denen die balinesische Kosmologie beruht, eng miteinander verflochten: die Beziehungen der Menschen zur Sphäre der kosmischen Kräfte *(parhyangan)*, der zwischenmenschliche Bereich *(pawongan)* und die Beziehungen zu den nichtmenschlichen Aspekten der Natur *(palemahan)*. Nur wenn alle diese Ebenen, in sich und untereinander, in einer dynamischen Balance stehen, ist das Wohlergehen aller Geschöpfe einschließlich der Menschen gesichert.

Innerhalb des landwirtschaftlich-ökologischen Systems sind die wichtigsten Institutionen zur Schaffung dieses Gleichgewichts die sogenannten Subaks und die ihnen zugeordneten Wassertempel. Alle Reisbäuerinnen und -bauern, deren Bewässerung von einem bestimmten Teil eines Flusssystems abhängt, sind in einer Bewässerungsgemeinschaft zusammengeschlossen, einem Subak. (Das Wort bedeutet so viel wie »verbundenes Wasser«.) Die Subaks sind basisdemokratisch organisiert, sie wählen jeweils Vorsitzende auf Zeit. Hierarchien, die auf Kastenzugehörigkeit oder Eigentum beruhen, sind in den Subaks weitgehend außer Kraft gesetzt. Jedes Verhalten, das die Gleichberechtigung der Mitglieder zu untergraben droht, wird hier streng geahndet. Die Subaks orientieren sich außerdem nicht an Dorfgrenzen oder politischen Strukturen, sondern an den ökologischen Einheiten der Wasserläufe.

Alle Reisfelder eines Subak sind durch ein ausgeklügeltes System von kleinen Kanälen und Schleusen miteinander verbunden. Die Reispflanzung erfordert die Bewässerung in einem ganz bestimmten Rhythmus, um den Wachstumsphasen der Pflanzen Rechnung zu tragen und die Ausbreitung von Schädlingen zu verhindern. Außerdem gilt es, eine gerechte Verteilung des Wassers zu sichern, sodass sowohl die weiter oben als auch die stromabwärts gelegenen Felder ausreichend versorgt werden. Je nach Wetterverhältnissen und Schwankungen der Schädlingspopulationen müssen die Zeitpunkte für die Öffnung und Schließung der Schleusen jedes Jahr neu bestimmt werden.

Diese Aufgabe erfüllen die Wassertempel, die sich entweder an den Quellen von Wasserläufen befinden oder an bedeutenden Abzweigungen. In diesen Tempeln finden regelmäßig Versammlungen statt, in denen die Mitglieder gemeinsam entscheiden, wie sie pflanzen und bewässern wollen. Darüber hinaus finden ausgiebige Zeremonien, Tanzaufführungen und Feste statt, die der Wassergottheit Dewi Danu gewidmet sind, oft fünfzig oder mehr pro Jahr. Balinesen widmen diesen Institutionen also einen beträchtlichen Teil ihrer Zeit.

Die Tempel sind in einer bestimmten Rangordnung gegliedert, je nachdem, ob sie weiter oben an einem zentralen Wasserlauf oder weiter unten an kleinen Nebensystemen angesiedelt sind. Um die Bewässerungszeiten von mehreren, oft Hunderten von Subaks zu synchronisieren, braucht es die Koordination in den übergeordneten Tempeln. Der höchste dieser Tempel ist am See des Batur-Vulkans gelegen, wo ein großer Teil der Wasserläufe ihren Ursprung hat. Dort findet einmal im balinesischen Jahr, das 210 Tage umfasst, ein großes Fest statt, bei dem heiliges Wasser aus dem Vulkansee geschöpft und an die Vertreter der untergeordneten Subaks verteilt wird, bis es jedes einzelne Feld erreicht. Mit dem Rhythmus der Feste wird zugleich der Rhythmus von Flutungen und Trockenlegungen der Felder koordiniert. Auf diese Weise wird die soziale Kooperation des Wasserteilens mit dem geistigen Gleichgewicht im kosmologischen Ganzen synchronisiert.

Im Subak-System sind Ökologie, Kosmologie und soziale Organisation in *einem* selbstorganisierten Ganzen verbunden. Die terrassierte Landschaft Balis mitsamt den Wasserläufen und Waldstücken, die Tempelrituale und die kooperativen Praktiken der Menschen durchdringen sich und formen sich gegenseitig. Weder gibt es hier eine vom Menschen getrennte Natur noch eine abstrakte »Religion«, die man ebenso gut in der Wüste Gobi oder in einem Großraumbüro in Chicago praktizieren könnte. Der geistige Kosmos, die Landschaft und das soziale Gefüge sind untrennbar. Und die Wahrheit der diesem System zugrunde liegenden Kosmologie besteht darin, dass sie sich über sehr lange Zeiträume an einer spezifischen Welt *bewährt* hat.

Die Subaks sind außerdem ein gutes Beispiel für komplexe selbstorganisierte Systeme, die keiner zentralen Planung bedürfen. Sowenig die Evolution einen außerhalb stehenden Schöpfergott vom Typ Chnum brauchte, sowenig brauchten die Subaks zu ihrer Entstehung staatliche Planung. Die schwindelerregende Komplexität der Selbstorganisation innerhalb einer Zelle und das integrierte ökologisch-kosmologische System der balinesischen Reisterrassen sind gleichermaßen Teil einer umfassenden Kreativität des Universums, das seine eigene Schöpferin ist.

In den 1970er-Jahren kam eine Gruppe von Ingenieuren des Schweizer Unternehmens Ciba (heute BASF[25]) im Auftrag der indonesischen Regierung nach Bali, um die Bevölkerung davon zu überzeugen, dass ihr System ineffizient und irrational sei, weil es zu viel Zeit mit sinnlosen Ritualen und Diskussionen vergeude und die Felder lange brachliegen ließ. Sie schlugen vor, dass die Bauern künftig so oft und so schnell wie möglich Reis pflanzen, unabhängig vom Tempelkalender, und dabei Pestizide, Kunstdünger und Hochertragssorten verwenden, um ihre Ernte zu maximieren. Die indonesische Regierung übernahm diese Vorschläge und zwang die Bauern zu einer intensivierten Landwirtschaft mit massivem Pestizideinsatz. Das Ergebnis war ein Desaster: Große Teile der Ernte wurden von Schädlingen aufgefressen, die Fruchtbarkeit des Bodens sank, und Chaos machte sich breit. Die Regierung war schließlich gezwungen, zum Subak-System zurückzukehren.[26] Was die Schweizer Ingenieure als »religiös« abtaten, als irrationales Beiwerk, erwies sich letztlich als unverzichtbarer Teil eines komplexen selbstregulierenden Systems.

Das Scheitern der sogenannten Grünen Revolution in Bali und der Erfolg des Subak-Systems werfen ein interessantes Licht auf die Frage, was wir eigentlich unter »Rationalität« verstehen. Ist es wirklich »rational«, wenn Ingenieure Tonnen von Gift auf ein komplexes System werfen, das sie weder kennen noch verstehen? Ist nicht für jeden Menschen, der auch nur rudimentäre Kenntnisse von ökologischen und kulturellen Fließgleichgewichten besitzt, ein solches Vorgehen verrückt und von Anfang an zum Scheitern verurteilt? Muss es uns nicht scheinen, dass die Schweizer Ingenieure einem irrationalen religiösen Kult erlegen sind, in dessen Zentrum Wahnideen von technischer Allmacht stehen?

Und ist nicht umgekehrt das scheinbar so irrationale und umständliche System von Tempeln und Ritualen, das die balinesische Gesellschaft und ihre Beziehungen zu den Ökosystemen reguliert, auf einer viel höheren Ebene rational, weil es in der Lage ist, komplexe Kreisläufe der Innen- und der Außenwelt zu balancieren? Müssen wir nicht nach genau dieser Art von Wissen und Rationalität Ausschau halten, wenn wir eine Chance haben wollen, der planetaren Verwüstung zu entkommen – einer Rationalität, die nicht auf Zerlegung und Herrschaft, sondern auf Integration und Kooperation baut?

Auf der Suche nach lebensfreundlichen Kosmologien

Kosmologien vom Typ K gründen nicht darauf, dass man an bestimmte Tatsachenbehauptungen glaubt, in dem Sinne, wie man an die unbefleckte Empfängnis, das Buch Mormon oder eingerollte Dimensionen glauben oder nicht glauben kann. Im Zentrum stehen nicht einzelne Aussagen, die man für wahr oder falsch halten kann, sondern komplexe Netzwerke von qualitativen *Beziehungen* zwischen verschiedenen Phänomenen. In den australischen Songlines etwa verbinden sich Landschaft, Wanderungsbewegungen, Melodien, Erzählungen über den Ursprung der Welt, die soziale Organisationsform der Menschen und die Beziehungen zur Pflanzen- und Tierwelt zu einem unauftrennbaren Gewebe. All dies lässt sich nicht in eine Sammlung von Aussagen übersetzen, an die man glauben oder nicht glauben kann. Das Gewebe von Beziehungen, das hier zwischen Tieren, Menschen und Landschaften geknüpft wird, existiert nur so lange, als es praktiziert und *gelebt* wird. Es kann hier keine vom körperlichen Sein und Handeln abstrahierte Wahrheit geben. Das Gleiche gilt für das balinesische Subak-System und die indigenen Kosmologien des Amazonas.

Die Vorstellung, dass sich eine präexistente Realität durch sprachliche Aussagen *abbilden* lässt, sodass einzelne Sätze einzelnen Teilen der Welt entsprechen, ergibt hier überhaupt keinen Sinn – ebenso wenig wie die Idee, dass unser Sehvermögen *Abbilder* der Wirklichkeit schafft. Sowohl im Falle unserer visuellen Weltsichten als auch im Falle von Kosmologien vom Typ K handelt es sich um Schöpfungen, Co-Kreationen, die immer *Ganzheiten* sind. Die Ganzheit der Songlines bezieht sich auf die Ganzheit der Beziehungen zwischen Kängurus, Bergen, Flüssen und Menschen, es lassen sich keine Einzelaussagen isolieren und auf ihren empirischen Wahrheitsgehalt prüfen.

Weil Sinngefüge vom Typ K keine Abbilder, sondern Co-Kreationen sind, sehen sich Menschen, die diese Kosmologien praktizieren, auch nicht von wissenschaftlichen Erkenntnissen bedroht. Die Tatsache, dass Wasserquellen im balinesischen Subak-System mit bestimmten Bedeutungen aufgeladen sind, wird durch die chemische Formel von H_2O in keiner Weise beeinträchtigt. Ebenso wenig wird die Tatsache, dass ich die spezifische Qualität der Farbe Rot erlebe, dadurch infrage gestellt, dass mir jemand erklärt, eine elektromagnetische Welle mit einer Frequenz von 450 Terahertz habe gerade meine Netzhaut erreicht.

Ganz anders verhält es sich bei Weltanschauungen vom wörtlich-autoritären Typ, die mit echter Wissenschaft nicht koexistieren können. Die Aussage etwa, Gott habe die Welt vor gut 6000 Jahren aus dem Nichts erschaffen, ist nicht mit den fossilen Funden der Evolutionsforschung und den Erkenntnissen der Molekularbiologie in Einklang zu bringen.

Wörtlich-autoritäre Ideologien dulden auch keine anderen Kosmologien neben sich, denn für sie kann es immer nur *eine*

Wahrheit geben: Entweder hat Joseph Smith das Buch im Wald gefunden oder nicht, entweder ist Jesus am dritten Tage auferstanden oder nicht, entweder wurde die Welt vor 6000 Jahren geschaffen oder nicht. Dagegen können verschiedene symbolisch-kosmische Ordnungen gleichzeitig existieren, ohne dass sie einander grundsätzlich ausschließen. Ein und derselbe Ort etwa kann für verschiedene Menschen oder Menschengruppen mit unterschiedlichen Bedeutungen aufgeladen sein. Sie »sehen« darin jeweils etwas anderes – in ähnlicher Weise wie auch Eidechsen und Menschen die Welt vermutlich auf recht unterschiedliche Weise sehen, ohne dass sich ihre visuellen Co-Kreationen gegenseitig ausschließen. Sie können beide »wahr« sein in dem Sinne, dass sie sich als Erkenntnis- und Orientierungssysteme bewährt haben.

Die ganze Idee einer abstrakten absoluten Wahrheit, die nicht aus einer konkreten Lebensweise und Landschaft erwächst, ist dem symbolisch-kosmologischen Denken fremd. Und damit auch die Vorstellung, dass man andere Menschen missionieren sollte. Es ist bisher noch nicht davon berichtet worden, dass australische Aborigines oder balinesische Reisbäuerinnen in Ohio oder Kaiserslautern aufgetaucht wären, um andere Menschen zu ihrem »Glauben« zu bekehren. Das wäre auch vollkommen sinnlos, denn in Ohio oder Kaiserslautern existiert der ökologisch-soziale Kontext nicht, in dem allein die jeweilige Kosmologie einen Sinn ergibt.[27]

Da Kosmologien vom Typ K Innensichten integrieren, brauchen sie eine andere Sprache als die Wissenschaften, die sich auf die Außensicht beschränken. Wie Niels Bohr zu Recht bemerkte, gibt es Wirklichkeiten, über die sich nicht in Form von Tatsachenaussagen sprechen lässt, sondern nur in Form von Bildern und Gleichnissen. Diese andere Sprache ist mit der Dichtung verwandt. Bei den Worten »Schmerz versteinerte die Schwelle« etwa, die von dem Lyriker Georg Trakl stammen, wird niemand versuchen nachzuweisen, dass der Schmerz des Dichters vor mehr als 100 Jahren tatsächlich eine

Türschwelle in Österreich in Stein verwandelt hat.[28] Die Aussage ist von metaphorischer Art, sie steht für einen spezifischen Bezug zwischen der emotionalen Welt, der Mitwelt (der Menschen, die auf der anderen Seite der Schwelle sind) und der materiellen Welt, sie bezieht sich auf Erfahrungen, auf ein *Erleben*. Um anderen Menschen sprachlich etwas über unsere geistig-emotionale Realität, die ihnen direkt nicht zugänglich ist, mitzuteilen, müssen wir Begriffe der äußeren, mit anderen geteilten Welt – zum Beispiel »Türschwellen« – aus ihrem Kontext lösen und mit einer neuen, übertragenen Bedeutung aufladen.

Jenseits der Sprache teilen wir unsere Innenwelten, ob willkürlich oder unwillkürlich, vor allem über Gesten, Körperhaltungen, Gesichtsausdrücke und Tonfälle mit – so wie das bei unseren Säugetierverwandten auch der Fall ist – und schließlich über Musik, Tanz und bildende Künste. Diese Ausdrucksformen lassen sich nicht in die Sprache der Worte rückübersetzen oder auf sie reduzieren, sie sind eigenständige Dimensionen unseres Weltinnenraumes.

Was Dichtung, Musik und Kunst auf individueller Ebene leisten, schafft eine Kosmologie vom Typ K für eine Gruppe von Menschen. Der kreative Prozess ist dabei ungleich komplexer und langwieriger als bei der Verfassung eines Gedichts oder einer Komposition. Denn es geht hier darum, die Innensichten einer größeren Zahl verschiedener Menschen in einen gemeinsamen Prozess zu integrieren, der zugleich die Gesamtheit der kosmischen und gesellschaftlichen Beziehungen in eine sinnvolle Ordnung bringt. Die dem Subak-System zugrunde liegende Kosmologie etwa, mitsamt ihren künstlerischen und zeremoniellen Ausdrucksformen, hat Jahrhunderte, wenn nicht Jahrtausende zu ihrer Entwicklung gebraucht, unzählige Generationen von Menschen waren daran beteiligt. Was bei einem solchen Prozess herauskommt, ist nicht einfach eine Sammlung von Aussagen, die man für wahr halten und in ein Buch schreiben kann, sondern ein komplexes Netzwerk von Praktiken, Erzählungen, Ritualen, Tanz,

Musik, Theater und Bildwerken, deren Sinn sich für Außenstehende oft gar nicht oder nur mit sehr viel Geduld und teilnehmender Beobachtung erschließt.

Eine solche Kosmologie lässt sich für die daran teilhabenden Menschen auch nicht einfach gegen eine andere austauschen, so wie man seine religiöse Konfession wechseln kann und ab morgen etwa an das Buch Mormon statt an die Prophezeiungen der Zeugen Jehovas glaubt. Denn die Menschen sind mit dieser Kosmologie unzertrennlich verwoben. Sie ist Teil des Stoffes, aus dem sie sind.

Kosmologien vom Typ K sind, um es zusammenzufassen, immer spezifisch: Sie beziehen sich auf die konkrete Lebenswelt der Menschen, auf spezifische Landschaften, Tier- und Pflanzenwelten, Jahreszeiten, gesellschaftliche Ordnungen. Eine solche Kosmologie lässt sich von diesen konkreten Bezügen nicht trennen, es ist unmöglich, daraus eine abstrakte »reine Lehre« abzulösen und zu einer universellen Wahrheit zu erklären, wie sie etwa autoritäre Religionen und die technokratische Ideologie in Anspruch nehmen.

Kosmologien sind kollektive Wahrnehmungs- und Erkenntnisorgane. Ihre Vorannahmen strukturieren, was auf welche Weise wahrgenommen wird, und erlauben so eine Orientierung. Dabei legen sie bestimmte Verhaltensweisen nahe, die wiederum Auswirkungen auf die Umgebung haben und Veränderungen schaffen, die ihrerseits in den Wahrnehmungs- und Interpretationsprozess zurückwirken. Das Ganze bildet einen dynamischen Kreislauf, in dem Innenwelten und Außenwelten aufeinander reagieren. In der langen Frist entscheiden die in dieses System eingeschriebenen ethischen Grundannahmen darüber, wie die Wesen mit ihrer Mitwelt zurechtkommen – und ob sie auf lange Sicht überleben werden. Als *bewährt* können alle Kosmologien gelten, die sowohl den Menschen als auch den nichtmenschlichen Lebenssystemen, in die sie eingebettet sind, gestatten zu gedeihen. Tödliche Kosmologien dagegen münden früher oder später in eine Verwüstung des Umweltraumes und der menschlichen Gemeinschaften. Die technokratische Mythologie ist ein perfektes Beispiel dafür.

Nun ist es eine Sache, festzustellen, dass kulturell und ökologisch eingebettete Kosmologien notwendig sind, um unsere Weltbeziehungen zu balancieren, eine andere aber, solche Kosmologien, wo sie fehlen oder beschädigt sind, neu zu schaffen. Kosmologien lassen sich nicht einfach aus dem Boden stampfen. Sie entstehen nicht planmäßig am Schreibtisch, sondern entwickeln sich auf evolutionäre Weise, meist über viele Generationen, wenn nicht Jahrhunderte und Jahrtausende. Kosmologien sind nicht mit Philosophien oder Spekulationen zu verwechseln, sie finden sich nicht allein in den Köpfen von Menschen, sondern sind im Körper, der emotionalen Welt und den sozialen Beziehungen verankert. Für eine Büroangestellte, die ihr Leben fast ausschließlich sitzend in geschlossenen Räumen verbringt, wird eine Kosmologie wie die der balinesischen Reisbäuerinnen oder der Jäger- und Sammler-Gesellschaften Amazoniens stets eine äußerliche bleiben. Kosmologien lassen sich nicht wie Kleidungsstücke oder Inneneinrichtungen wechseln. Kosmologischer Wandel ist keine Sache willkürlicher individueller Entscheidungen, sondern ein langwieriger kollektiver kreativer Prozess, der von den konkreten Organisationsformen der Gesellschaft nicht zu trennen ist. Wir werden nur in dem Maße anders denken und empfinden lernen, wie wir auch anders leben und unsere Ökonomie anders organisieren.

Epilog 2: Das Haus der Erkenntnis und das Haus der Macht

Die folgenden beiden Schaubilder zeigen einerseits offene, auf Erfahrung beruhende Erkenntniswege, andererseits geschlossene, autoritäre Systeme. In der ersten Grafik (»Das Haus der Erkenntnis«) umfasst die linke Spalte die Welt der Innensichten, die rechte die der Außensichten. Beide entspringen derselben Wurzel: unserer Wahrnehmung. Beide schließen einander nicht aus, sondern ergänzen sich. Die oberen Quadranten stellen Prinzipien, Methoden und Mittel der Erkenntnis der beiden Pfade gegenüber. (Die Auswahl der Begriffe ist dabei nur beispielhaft, sie erhebt keinen Anspruch auf Vollständigkeit und erschöpfende Systematik.) Die beiden unteren Quadranten stellen die beiden korrespondierenden kollektiven Erkenntnissysteme dar. Alle Erkenntniswege in diesem Haus sind offene Systeme, weil sie auf Erfahrung gründen und durch Erfahrung veränderbar sind.

Die zweite Grafik (»Das Haus der Macht«) zeigt geschlossene Systeme, die nicht auf Erfahrung gründen, sondern auf Autorität. An die Stelle von musischen Tätigkeiten, die der Kommunikation über Innenwelten dienen, tritt hier ein Kultur- und Kunstmarkt, auf dem Menschen vor allem um Prestige, Macht und Geld kämpfen; an die Stelle von Kosmologien, die der kollektiven Integration von Innenwelten dienen, treten autoritäre Religionen; und die Wissenschaft wird von einer technokratischen Mythologie verdrängt, die in ihren Tiefenstrukturen den autoritären Religionen gleicht.

In der Praxis überlagern sich natürlich oft Aspekte der beiden Häuser. In vielen der sogenannten Weltreligionen etwa – von denen jede in sich eine Vielzahl von extrem unterschiedlichen Traditionen umfasst – koexistieren autoritäre geschlossene Strukturen mit Kosmologien vom Typ K; umgekehrt finden sich auch in der Arbeit von ernstzunehmenden Wissenschaftlern bisweilen einschläfernde Hypothesen oder Spuren der technokratischen Mythologie. Die beiden Grafiken sollen daher keine absoluten Realitäten darstellen, sondern ein Instrument bieten, um innerhalb der verschiedenen Felder differenzieren zu können.

Das Haus der Erkenntnis

Die Pforten der Wahrnehmung

Innensichten	Außensichten
Metapher	Tatsachenaussage
Imagination	Abbildung
Ausdruck	Repräsentation
Lyrisches Sprechen	Diskurs
Bildende Kunst	Technische Zeichnung
Musik	
Traum	
Logik vom »Modus Gras«*	Logik vom »Modus Barbara«*
Humor/Spiel	Ernst
Schönheit	Korrektheit
Bedeutung	Funktion
Erleben	Messen
Miterleben	Überprüfen
Wahrheit als Wahrhaftigkeit	*Wahrheit als Richtigkeit der Aussage*
Kosmologien Typ K	**Wissenschaft**
Wahrheit als Bewährung an der Welt (psychisch – sozial – ökologisch)	*Wahrheit als intersubjektiver Konsens über Tatsachenaussagen*
prozessorientiert, verkörpernd	*ergebnisorientiert, abstrahierend*

* Zur Unterscheidung der beiden logischen Modi siehe Anmerkung 70 aus Kapitel 3.

Das Haus der Macht

Autorität statt Erfahrung

Geschlossene Systeme

Pseudo-Kunst	**Pseudo-Rationalität**
Simulation von Bedeutung	Simulation von logischen Argumenten
Provokation statt Inspiration	Einschläfernde Hypothesen
Einschüchterung durch Fachjargon und Selbstinszenierung	Einschüchterung durch Fachjargon und Selbstinszenierung
Getrieben von Kunst-Moden	Getrieben von Theorie-Moden
Dominierende Motive: Prestige, Geld, Macht	Dominierende Motive: Prestige, Geld, Macht
Autoritäre Religionen	**Technokratische Ideologie**
Anspruch auf Allmacht und metaphysische Allwissenheit	Anspruch auf Allwissenheit und technische Allmacht
Alleinvertretungsanspruch: Andere Kosmologien werden nicht geduldet	Alleinvertretungsanspruch: Andere Kosmologien werden nicht geduldet
Mission im Namen der einzigen Wahrheit	Mission im Namen der einzigen Wahrheit
Institutionalisierte Akkumulation von Geld und Macht	Institutionalisierte Akkumulation von Geld und Macht
Ausgeprägte Hierarchien	Ausgeprägte Hierarchien
Abwertung der Erfahrung (»Mystik«)	Abwertung der Erfahrung (»Subjektivität«)
Gottes Reich funktioniert linear nach dem Gesetz von Befehl und Gehorsam	Die Natur funktioniert nach linearen, deterministischen Gesetzen von Ursache und Wirkung
Gott kann alles nach seinem Willen steuern	Der Mensch kann alles nach seinem Willen steuern
Einschüchterung durch unverständliche theologische Formeln	Einschüchterung durch unverständliche mathematische Formeln

6 Planetare Krise und gesellschaftlicher Umbau

Die industrielle Zivilisation hat das Leben auf der Erde in das sechste große Artensterben seiner Geschichte gestürzt. Ob *Homo sapiens* es – anders als einst die Dinosaurier – überleben wird, ist alles andere als gewiss. Wenn Nahrungsketten reißen, maritime Ökosysteme zusammenbrechen, die Himalaya-Gletscher und mit ihnen die wichtigsten Süßwasserquellen Asiens schwinden, wenn die Bestäubung von wichtigen Nutzpflanzen durch zu hohe Temperaturen oder durch das Verschwinden von Insekten ausbleibt, kann es schon in den nächsten Jahrzehnten zu einem Zusammenbruch der globalen Nahrungsmittelproduktion kommen. Darauf weist auch eine Studie im Auftrag des britischen Versicherers Lloyd's hin.[1] Die Konflikte, die daraus erwachsen können, sind in unserer waffenstarrenden Welt mit einer Milliarde Kleinwaffen und 14 000 Atomsprengköpfen völlig unabsehbar.[2]

Die Chancen, ein dystopisches Kollapsszenario abzuwenden, hängen entscheidend davon ab, ob es gelingen wird, die gegenwärtige räuberische Ordnung, welche die Natur zu einem toten, beliebig ausbeutbaren Objekt degradiert hat, zu überwinden und durch ein System zu ersetzen, das unseren existenziellen Verbundenheiten Rechnung zu tragen vermag. Der Wandel, der dafür notwendig ist, durchzieht alle Lebensbereiche, von der Ökonomie und Politik über die Bildung und Wissenschaften bis zu unseren Kosmologien.

Zerfall und Reorganisation komplexer Gesellschaften

Die moderne Megamaschine ist sowohl ein komplexes als auch ein *totales* System: Es ist sowohl in unseren Köpfen, Körpern und menschlichen Beziehungen verankert als auch in ökonomischen und politischen Institutionen, in Rechtsformen von Unternehmen, in Gesetzen und internationalen Verträgen, in Grenzzäunen und Panzerbataillonen. Das Tückische an solchen allumfassenden Systemen besteht darin, dass sich nicht einfach einzelne Teile herausnehmen und verändern lassen, sondern sich im Prinzip alles zugleich ändern muss, weil alles mit allem zusammenhängt. Man kann zwar zum Beispiel versuchen, innerhalb eines Staates die Ökonomie von einer ausbeuterischen und destruktiven Profitmaximierungslogik auf eine Gemeinwohllogik umzupolen; aber dafür braucht es zugleich internationale Abkommen, die verhindern, dass das Kapital über Nacht ins Ausland flieht und das Land dem Zusammenbruch überlässt. Man kann auch versuchen, das Schulsystem zu ändern, um Menschen die volle Entfaltung ihrer Persönlichkeit zu ermöglichen, statt sie dafür zu dressieren, entfremdete Arbeiten auszuführen; aber dann braucht es auch, wie bereits der schwedische Ministerpräsident Olof Palme vor einem halben Jahrhundert bemerkte, eine nicht entfremdete Arbeitswelt, in der selbstständig fühlende und denkende Menschen tätig sein können.[3] Wir können versuchen, unsere Kosmologien zu erweitern und die Ideologie der Trennung zu überwinden; aber wie sollen wir unsere existenziellen Verbundenheiten wirklich erkennen, wenn wir den größten Teil der Zeit in Institutionen verbringen, die uns von unserer lebenden Mitwelt und unserer eigenen Innenwelt isolieren?

Komplexe soziale Systeme wie das moderne Weltsystem haben einen gewissen Spielraum für Veränderungen, der jedoch nicht unendlich groß ist. Bewegungen für Arbeiter- und Frauenrechte, für ein allgemeines, freies und gleiches Wahlrecht, für Frieden, Ökologie und eine menschenfreundliche Bildung haben in den letzten zwei Jahrhunderten große Fortschritte erreicht. Ohne sie dürften Frauen noch immer nicht wählen, müssten Arbeiter 60 Stunden in der Woche schuften, würden Schulkinder weiterhin geschlagen, könnten Staaten noch immer willkürlich über ihre Untertanen verfügen und Unternehmen ihren Dreck vollkommen ungefiltert in Wasser, Luft und Erde entsorgen. Doch bei allen Erfolgen sind zugleich Grenzen der Veränderung erkennbar. Das grundlegende Prinzip der Megamaschine ist trotz allem unberührt geblieben: der Zwang zur endlosen Expansion, die Umwandlung einer lebenden Mitwelt in tote Waren und die damit einhergehende Verwüstung der Biosphäre. Dieses Prinzip ist der harte Kern dieser Zivilisation, ihre Urfunktion, um die sich alle anderen Institutionen formiert haben. Aus diesem Grund ist er auch nicht auf dieselbe Weise zu verändern wie einzelne Missstände.

Die heute weitverbreiteten Gefühle von Ohnmacht gegenüber einer unaufhaltsamen Maschinerie, die uns auf den Abgrund zusteuert, sind daher mehr als verständlich. Auch die Fridays-for-Future-Bewegung, die mit einem bemerkenswerten Elan angetreten ist und Millionen von Menschen weltweit für den Klimaschutz auf die Straße gebracht hat, musste diese bittere Erfahrung machen: Die politisch-ökonomische Maschine walzt weitgehend ungerührt an ihnen vorbei, auch wenn hie und da mal ein grünes Fähnchen aus dem Fenster geschwenkt wird. In der Corona-Krise zeigte sich dies einmal mehr in aller Deutlichkeit: Trotz Appellen, die Krise für einen ökologischen Umbau zu nutzen und nicht die Fehler des Finanzcrashs von 2008 zu wiederholen, wurden Milliarden, ja Billionen von Euro und Dollar erneut in die destruktivsten Branchen der Erde, darunter die Automobil- und Flugzeugindustrie, kanalisiert; auf diese Weise wurde der tödliche Pfad, auf dem wir uns befinden, weiter zementiert.

Aber bedeutet dies alles, dass gesellschaftliches Engagement für Veränderung keinen Sinn hat, dass wir uns einfach vor unsere Bildschirme setzen sollten, solange sie noch laufen, um uns den Untergang in 4K anzuschauen, bis er uns schließlich selbst erwischt?

Nicht unbedingt. Um aber den langfristigen Sinn von Engagement zu begreifen, braucht es eine andere Vorstellung von systemischer Veränderung. Komplexe Systeme lassen sich nicht linear umbauen, so wie man bei einem Haus schrittweise den Grundriss verändern und neue Inneneinrichtungen und Heizsysteme einbauen kann. Bei lebenden Systemen – und dazu gehört auch unser Gesellschaftssystem – sind die Wirkungen von Eingriffen nichtlinear und oft nicht planbar. Wenn man zum Beispiel einen Elefanten bewegen will, dann kann es passieren, dass selbst ein Dutzend Leute, die mit aller Kraft schieben, nichts ausrichten. Unter anderen Bedingungen aber reicht schon ein kleines Signal aus, um eine ganze Herde dazu zu bringen, loszurennen. Die mitunter frustrierende Erfahrung, dass selbst massive Veränderungsbemühungen über lange Zeiträume keine Wirkung entfalten, bedeutet daher nicht, dass sich Verhältnisse zu anderen Zeiten nicht plötzlich sehr schnell wandeln können.

Komplexe soziale Systeme haben, wie alle lebenden Strukturen, Entwicklungszyklen. Sie entstehen, entfalten sich und sterben früher oder später. Die Vorstellung, dass ausgerechnet das gegenwärtige System ewig sein sollte – wie es etwa der amerikanische Politologe Francis Fukuyama mit seinem Slogan vom »Ende der Geschichte« einst verkündete –, ist absurd. Wie alle sozialen Systeme wird es irgendwann enden und, sofern den Menschen auf diesem Planeten noch eine Zukunft beschieden ist, neuen Organisationsformen Platz machen. Wann genau dies geschieht und auf welche Weise, lässt sich so wenig voraussagen wie das, was an seine Stelle treten wird. Wie niemand in der Lage ist, künftige Streichquartette oder neue Spezies zu prognostizieren, so können wir auch neue Kulturen und Zivilisationen nicht vorhersagen. Klar ist allerdings, dass die Krisen und Brüche, die wir schon jetzt erleben, zunehmen werden, solange die globale Megamaschine weiter expandiert und die sie tragenden Ökosysteme zerstört.

Der Zerfall eines sozialen Systems muss nicht gleichbedeutend mit dem Tod seiner Mitglieder sein. Als etwa das Weströmische Reich vor 1500 Jahren zerfiel, starben keineswegs die Menschen auf seinem Territorium. Für die Mehrheit der Bevölkerung war das Ende des Imperiums sogar mit einem Freiheitsgewinn verbunden, etwa für die versklavten Menschen und die Millionen von armen Bäuerinnen und Bauern, die sich zuvor schinden mussten, um die Steuerlast für die aufgeblähten Armeen zu bezahlen.

Allerdings ist die heutige Situation eine grundlegend andere als damals: Mit Waffenarsenalen, die jeden historischen Vergleich sprengen, leben wir in einer wesentlich gefährlicheren Welt als der des alten Roms; und anders als damals haben wir inzwischen die globalen Ökosysteme an Kipppunkte getrieben, jenseits derer ein viel umfassenderer Zusammenbruch droht als am Ende der Antike.

Der Übergang von einem System zu etwas Neuem ist notwendigerweise ein chaotischer Prozess, der sich nicht planen und steuern lässt. Je instabiler und chaotischer ein System wird, desto größeren Einfluss können selbst kleine Bewegungen und Turbulenzen auf die folgende Entwicklung haben. Der Prozess des Zerfalls und der Neuorganisation durchläuft dabei verschiedene Phasen: zum einen relativ lange Zeiträume, in denen das System anscheinend unverändert operiert; zum anderen plötzliche Brüche, heftige Krisen, in denen sich in sehr kurzer Zeit die Weichen für den weiteren Verlauf der Geschichte stellen, zum Beispiel Finanzkrisen, ökologische Katastrophen, Kriege oder Pandemien. Ein systemischer Übergang besteht in der Regel aus einer Kaskade von solchen Kipppunkten, die sich über Jahrzehnte, bisweilen auch Jahrhunderte erstrecken kann.

Was aber an einem solchen Kipppunkt geschieht, hängt entscheidend davon ab, was die Menschen in der Zeit davor, also in den scheinbar unbewegten Phasen, getan und gedacht haben, wie sie sich organisiert haben, wie sich Machtverhältnisse, Denkmuster, Debatten und kulturelle Hegemonien verschoben haben. Denn in der Krise, wenn die Uhren plötzlich sehr schnell gehen, zeigt sich, welche Teile der Bevölkerung rasch, entschlossen und koordiniert handlungsfähig sind, wer in der Lage ist, das politische und weltanschauliche Vakuum, das in solchen Situationen oft entsteht, zu füllen, und wer ein Verständnis dafür besitzt, welche Weichen gestellt werden müssen, um sich in die eine oder die andere Richtung zu bewegen.

Das Ergebnis der Prozesse an Kipppunkt A wird wiederum mitentscheidend dafür sein, welche Optionen an Kipppunkt B und C zur Verfügung stehen. In diesem nichtlinearen, chaotischen Prozess spielt alles, was wir denken, sagen und tun (und was wir nicht denken, sagen und tun), potenziell eine Rolle. Niemand kann wissen, was die Kristallisationspunkte für bestimmte Umbruchprozesse sein werden. Weder hätte irgendjemand voraussagen können, dass ein Teenager mit Asperger-Syndrom und einem Pappschild vor dem schwedischen Parlament eine globale Klimabewegung in Gang setzen würde, noch kann heute jemand sagen, was aus dieser Bewegung wird, wie sie die Menschen langfristig verändert und welche Rolle all das in Zukunft spielen wird. Als sich die schwarze Bürgerrechtlerin Rosa Parks in den Südstaaten der USA 1955 weigerte, einem Weißen im Bus den Platz frei zu machen, konnte sie nicht ahnen, dass dieser kleine Schritt der Zündfunke für eine Bewegung sein würde, die schließlich Millionen Menschen mobilisierte und das Land tiefgreifend veränderte.

Gewiss, all diese Bewegungen haben den destruktiven Kern der Megamaschine bisher bei Weitem nicht überwunden; und doch können sie einen entscheidenden Unterschied dabei machen, ob in den kommenden Krisen die Weichen weiter auf einen tödlichen Zusammenbruch gestellt oder ob neue Strukturen geschaffen werden, die langfristig ein menschenwürdiges und friedliches Leben ermöglichen.

Für eine realistische Betrachtung von systemischem Wandel ist es außerdem wichtig, aus der binären Logik von Weltrettung oder Untergang auszusteigen. Das gegenwärtige System hat über die vergangenen Jahrhunderte Tod und unermessliches Leid für Hunderte Millionen Menschen gebracht; für die kolonisierten Völker Asiens, Afrikas und der Amerikas ist die Welt bereits in vielerlei Hinsicht untergegangen, ebenso für die Opfer der großen Kriege und Genozide in Europa. Die globale Megamaschine wird im 21. Jahrhundert aller Wahrscheinlichkeit nach weiterhin massenhaftes Leiden erzeugen, vor allem durch die Folgen des ökologischen Zusammenbruchs. Doch es macht einen entscheidenden Unterschied, wie viele Menschen genau dabei sterben werden und welche Art von Existenz die Überlebenden dann führen. Für große Teile der Weltbevölkerung ist es zum Beispiel eine Frage von Leben und Tod, ob wir uns auf eine durchschnittliche Erwärmung von drei, vier oder fünf Grad zubewegen. Jedes Zehntel Grad Erwärmung, das verhindert werden kann, rettet unzählige Leben. Und für jedes einzelne lohnt sich der Einsatz.

Die Epidemie der Einsamkeit

Eines der größten Hindernisse dafür, uns systemische gesellschaftliche Veränderungen auch nur zu vorzustellen, ist die Atomisierung der Menschen, ihre Isolation. Seit einigen Jahren sprechen immer mehr Psychologinnen und Sozialwissenschaftler von einer »Epidemie der Einsamkeit«, die sich in vielen Ländern der Erde ausbreitet.[4] Dieses Phänomen betrifft keineswegs nur die älteren Generationen, wo chronische Einsamkeit bereits seit Langem grassiert, sondern zunehmend auch junge Menschen, die keine Freunde mehr haben und beziehungslos im Cyberspace herumirren. Eine Studie im Auftrag der britischen Regierung kam 2017 zu dem Ergebnis, dass 9 Millionen von 67 Millionen Menschen im Land nach eigenen Angaben unter häufiger oder chronischer Einsamkeit leiden.[5] Als Reaktion auf die Studie ernannte die Regierung sogar einen Einsamkeitsminister, der allerdings wegen mangelnder Mittel für sein Ressort bald das Handtuch warf.

Die britische Kulturhistorikerin Fay Bound Alberti weist in ihrem Buch *A Biography of Loneliness. The History of an Emotion* darauf hin, dass die Wurzeln dieser Einsamkeit weit in die Vergangenheit zurückreichen. Die neoliberale Epoche der letzten Jahrzehnte hat diese Entwicklung deutlich verstärkt, die Ursprünge liegen aber wesentlich weiter zurück, in der Zeit der Industrialisierung, als Fabrikarbeit, Disziplinarinstitutionen und Geldökonomie die Netzwerke sozialer Verbundenheit unterminierten. Im Englischen etwa fand das Wort »Einsamkeit« *(loneliness)* erst seit 1800 Verbreitung.[6]

Der Soziologe Hartmut Rosa hat die Geschichte der kapitalistischen Moderne als eine »Resonanzkatastrophe« beschrieben, in der sich die elementaren Resonanzbeziehungen zu anderen Menschen, zum eigenen Körper und zur nichtmenschlichen Natur radikal veränderten und zum Teil zusammenbrachen. Als Kehrseite der ökonomischen Expansion und Beschleunigung zeigt sich dabei, so Rosa, »die Angst davor, ein beziehungsloses, unverbundenes ›Atom‹ in einer schweigenden, stummen oder feindlichen Welt zu sein […], die Angst vor einem endgültigen und unwiderruflichen *Verstummen* der Welt«.[7]

Die Atomisierung der Gesellschaft und das Verstummen der Welt, das damit einhergeht, werden uns jedoch oft als Naturzustand des Menschen verkauft. Von klein auf hören wir, dass jeder seines eigenen Glückes oder Unglückes Schmied sei, wir lernen schon in der Schule, uns in Konkurrenz zu anderen zu definieren. Wir bekommen gesagt, dass Anerkennung und Reichtum für jeden erreichbar seien, wenn man sich nur genügend anstrengt und möglichst viele andere aus dem Rennen wirft. Dabei ist diese Ideologie eine offensichtliche Lüge: Dass alle an die Spitze kommen, ist unmöglich, denn die Spitze ist nur dadurch definiert, dass sie auf einer Pyramide von unzähligen Menschen ruht, die sie tragen. Oder um es mit einem anderen Bild zu sagen: Damit einige wenige im Scheinwerferlicht stehen können, muss es überall sonst dunkel sein.

Die Ideologie der Trennung lässt uns nur die Wahl, uns entweder mit aller Kraft nach oben zu kämpfen oder unten zu bleiben – und damit die Last der anderen, die auf uns herumtrampeln, tragen zu müssen. Die Option, die Architektur des Ganzen so zu verändern, dass niemand auf den anderen steht, kommt nicht vor.

Auf politischer Ebene hat die zunehmende Vereinzelung dazu geführt, dass kollektives Handeln und Selbstorganisation im größeren Stil für viele überhaupt nicht mehr vorstellbar sind. Gesellschaftliche Weichenstellungen werden als Summe individueller Entscheidungen verstanden – ob als Konsumentin im Supermarkt oder als Wähler an der Urne. Diese Konsumdemokratie der Einsamen ist ausgesprochen praktisch für all jene, die den Status quo einschließlich sozialer Ungleichheit und Raubbau am Planeten so lange wie möglich aufrechterhalten wollen. Denn große systemische Veränderungen, die etwa Infrastrukturen oder Eigentumsverhältnisse betreffen und sich nur auf einer kollektiv-politischen Ebene verändern lassen, stehen so gar nicht zur Debatte. Die Geschichte zeigt, dass solche strukturellen Veränderungen immer nur dann stattfinden, wenn Menschen sich dauerhaft organisieren und neue Beziehungen untereinander aufbauen. Oder, um genauer zu sein: wenn sie ihre Beziehungen, die durch die Maske des Geldes unsichtbar gemacht wurden, wieder sichtbar machen. Wenn wir erkennen, dass wir mit der Busfahrerin, die um die Ecke wohnt, dem marokkanischen Erntehelfer, der unsere Tomaten pflückt, der Kaffeebäuerin in Guatemala und dem Minenarbeiter im Kongo ein Netz von Beziehungen bilden, das uns trägt und unser Leben ermöglicht, dann beginnen wir, aus der künstlichen Einsamkeit, in die uns die Ideologie der Trennung sperrt, auszubrechen.

Bisweilen führen auch Katastrophen wie Überflutungen,

Stürme oder Epidemien – neben all dem Leid, das sie mit sich bringen – zu einer zeitweiligen Überwindung der Mauern. Kollektive Notsituationen können schlagartig den Mythos vom autarken Selfmade-Individuum zerschmettern: Wenn ich mich mit Geld nicht mehr von der Krise freikaufen kann, sondern auf die Hilfe anderer angewiesen bin, tritt die zuvor vergessene existenzielle Verbundenheit unmittelbar zutage. Die US-amerikanische Autorin Rebecca Solnit hat in ihrem Buch *A Paradise Built in Hell* zahlreiche Geschichten darüber zusammengetragen, wie Menschen in solchen Ausnahmezuständen plötzlich ihren verschütteten Sinn für Solidarität wiederentdeckten und bemerkenswerte Netzwerke zur gegenseitigen Hilfe aufgebaut haben.[8] Für viele ändert sich dadurch ihre Sicht auf das Leben und die Mitwelt grundlegend. Allerdings verschwinden solche Netzwerke meist wieder schnell, sobald die akute Krise vorbei ist und die früheren Strukturen wiederhergestellt werden. Es geht daher, wie wir später im Abschnitt zur Ökonomie sehen werden, in einer langfristigen Perspektive darum, dauerhafte Strukturen aufzubauen, die auf einer Anerkennung der gegenseitigen Verbundenheit, auf Kooperation, Gerechtigkeit und Zukunftsfähigkeit fußen.

Von der industriellen Naturzerstörung zu den Rechten der Natur

Die Einsamkeit und Entfremdung bezieht sich nicht allein auf die menschliche Mitwelt, sondern auch auf die Welt der Tiere und Pflanzen. Während wir unseren Kindern in Bilderbüchern und Filmen noch immer idyllische Bauernhöfe aus Omas Zeiten zeigen, sieht die Realität in der Regel vollkommen anders aus: Industrielle Tierhaltung und automatisierte Massenschlachtungen dokumentieren die extreme Entfremdung im Umgang mit Tieren, die zu bloßen Objekten im Räderwerk der Geldvermehrung degradiert werden. In Bezug auf Haustiere dagegen bricht sich eine zum Teil überbordende Emotionalität Bahn, die in seltsamem Kontrast zu den

Praktiken der Nutztierhaltung steht. Das Gleiche gilt für den liebevoll gepflegten Vorgarten und die vergifteten Monokulturwüsten ringsum. Das Verhältnis zur nichtmenschlichen Natur ist hier wie dort strukturell schizophren: Empathie, Sorge und Wertschätzung sind auf einen sehr engen Kreis begrenzt, etwa den Hund und den Garten, während die großen Kreisläufe der Nahrungsmittelproduktion ausgeblendet und einer gnadenlosen Ausbeutungslogik preisgegeben werden.

Industrielle Landwirtschaft, Massentierhaltung und Fischerei sind neben der Verbrennung fossiler Brennstoffe der größte Faktor bei der rasanten Zerstörung der Biosphäre. Etwa ein Drittel der Treibhausgase weltweit stammen aus Landwirtschaft und Entwaldung, vor allem aus der Rodung für Weiden und den Anbau von Futtermitteln für die Fleischproduktion, aus der Rinderzucht und aus der Überdüngung, die große Mengen von Methan und Lachgas freisetzt.[9] Das Agrobusiness zerstört die Vitalität und Fruchtbarkeit der Böden weltweit durch Pestizide, Bodenverdichtung und Erosion.[10] Hinzu kommen die Auswirkungen des rasanten Artensterbens, das ebenfalls zu einem beträchtlichen Teil auf das Konto der industriellen Landwirtschaft geht, wie der UN-Biodiversitätsbericht von 2019 belegt.[11] Auch die Erschöpfung der Süßwasserquellen, die sich in vielen Teilen der Welt abzeichnet, hat ihre Ursache vor allem in der Agrarindustrie, die für über 80 Prozent des Verbrauchs verantwortlich ist. Viele unterirdische Wasserspeicher, die Jahrtausende brauchen, um sich mit Wasser zu füllen, werden durch exzessives Abpumpen in wenigen Jahrzehnten erschöpft sein, etwa das gigantische Ogallala-Aquifer, das sich von Nord bis Süd quer durch die USA erstreckt und die Wasserversorgung mehrerer Bundesstaaten speist.[12]

Die Absurdität dieses ganzen Systems gipfelt darin, dass es bei alledem nicht einmal eine auskömmliche Ernährung für alle bereitstellt, sondern etwa 800 Millionen Menschen jeden Tag hungrig zu Bett gehen lässt, während auf der anderen

Seite Berge von Junkfood und billigen Fleischmassen ausgeworfen werden, deren stetig wachsender Konsum eine beträchtliche Zahl von Krankheiten hervorruft, vom Diabetes bis zur Adipositas. Und all dies wird künstlich mit gewaltigen Subventionen aus Steuergeldern am Leben erhalten, allein in der EU in Höhe von etwa 50 Milliarden Euro pro Jahr.

Dieses System ist der Inbegriff der totalen Entfremdung von der uns ernährenden Mitwelt. Es zeigt zugleich, wie tödlich es ist, unsere Beziehungen zur Pflanzen- und Tierwelt der Logik einer endlosen Ertrags- und Profitsteigerung zu überantworten. Der Weltagrarbericht und die Studien des UN-Sonderberichterstatters für das Recht auf Nahrung haben gezeigt, dass zur Erhaltung der lebenserhaltenden Ökosysteme ein Umstieg auf ökologische und überwiegend kleinbäuerliche Landwirtschaft dringend notwendig ist. Nur auf diese Weise kann die gesamte Weltbevölkerung ernährt werden, ohne einen Systemkollaps herbeizuführen.[13]

Nicht zuletzt die Pandemien, die aus der Massentierhaltung und der Zerstörung von Wildtierhabitaten hervorgehen, machen es überdeutlich: Ein tiefgreifender Wandel unserer Beziehungen zur nichtmenschlichen Natur ist eine Überlebensfrage. »We are nature defending itself« – wir sind Natur, die sich selbst verteidigt: Dieser Leitspruch der neuen globalen Ökologiebewegung bringt es auf den Punkt. Es geht nicht darum, stellvertretend für eine Natur zu agieren, die irgendwo getrennt von uns »da draußen« ist, sondern um die Erkenntnis, dass wir niemals getrennt von ihr waren, dass alles, was wir ihr antun, letztlich ein Schlag gegen uns selbst ist.

Die Abspaltung der nicht-menschlichen Natur zeigt sich auch in unseren Rechtssystemen. Während viele indigene Kulturen Tiere, Pflanzen und Ökosysteme als gleichberechtigte und beseelte Teile eines größeren Ganzen betrachten, werden sie in westlichen Gesellschaften juristisch meist noch immer als *Sachen* eingestuft – und damit einer im Prinzip schrankenlosen Ausbeutung unterworfen. Doch das beginnt sich zu ändern. In den letzten Jahrzehnten hat eine intensive Debatte darüber eingesetzt, wie sich diese anthropozentrische Schieflage überwinden lässt und welche Rechte der Natur zukommen sollen.[14] In den Verfassungen Ecuadors und Boliviens etwa wurden Rechte der Natur bereits verankert und sind teilweise einklagbar.[15] In Kanada, Neuseeland, Bangladesch, Indien, Kolumbien, Spanien, einigen US-Bundesstaaten und vielen anderen Ländern wurden Flüsse, Wälder, Berge, Nationalparks und Seen von Gerichten als Rechtspersonen mit unveräußerlichen Rechten anerkannt. Was sich hier abzeichnet, ist ein tiefgreifender Umbruch jahrhundertealter Rechts- und Eigentumsbegriffe. In der römischen Rechtstradition, die auch für die Neuzeit prägend war, genossen Landeigentümer eine nahezu schrankenlose Verfügungsgewalt über ihre Territorien einschließlich Flora und Fauna. Diese Rechte erstrecken sich heute zum Teil auch auf Konzerne, die in vielen Ländern zu juristischen Personen erklärt wurden. Ein Rechtssystem, das unserer existentiellen Verbundenheit mit der gesamten Biosphäre Rechnung trägt, muss hingegen diese Verfügungsgewalten beschränken und unsere Mitgeschöpfe als Wesen mit eigenen Rechten anerkennen.

Eine Ökonomie der Verbundenheit

Obwohl die Weltwirtschaft ein Netzwerk ist, das scheinbar alles mit allem verbindet – und obwohl das Internet eine Art »globales Dorf« geschaffen hat, in dem im Prinzip alle mit allen kommunizieren können –, beruht unsere Ökonomie bei näherer Betrachtung doch auf einer Reihe von tiefen Trennungen. Die grundlegendste dieser Trennungen ist die Abspaltung der Natur, die als tote Verfügungsmasse für das Räderwerk der endlosen Geldvermehrung dient. Diese Entbettung aus der Biosphäre macht die moderne Ökonomie so gefährlich: Sie verhält sich auf der Erde wie eine Armee außerirdischer Kolonisatoren, die alles mitnehmen, was sie kriegen können.[16]

Die Trennungen durchziehen aber auch die soziale Sphäre. Zunächst einmal werden die Arbeitenden auf vielerlei Weise an einer konstruktiven Kooperation gehindert und gegeneinander ausgespielt: Am Arbeitsmarkt müssen sie um Jobs konkurrieren, in der Firma um Karrierechancen, als Belegschaften um Marktanteile und weltweit um Standortvorteile. Außerdem sind die meisten Arbeitenden getrennt von den Entscheidungen darüber, was produziert wird, wie und wozu. Abhängig Beschäftigte müssen im Wesentlichen tun, was ihnen gesagt wird, die Entscheidungen werden von den Eigentümern und Managerinnen getroffen. Wie Noam Chomsky treffend bemerkte, sind große kapitalistische Unternehmen im Grunde nach dem Muster absolutistischer Tyranneien organisiert.[17]

Das hat auch zur Folge, dass die Arbeitenden von den Früchten ihrer Arbeit und der damit verbundenen Sinnerfahrung getrennt sind. Was sie produzieren, ist im Grunde austauschbar. An die Stelle der befriedigenden Sinnerfahrung, nützliche Dinge für eine Gemeinschaft herzustellen, tritt als abstrakte Kompensation das Geld, mit dem man hofft, sich einen Teil des Lebens, das durch die entfremdete Arbeit geraubt wird, zurückkaufen zu können.

Auf diese Weise ist auch die Beziehung der Produzierenden zu den Folgen ihrer Tätigkeit unterbrochen. Der Arbeiter bei Heckler & Koch bekommt gar nichts davon mit, wie mit den von ihm zusammengebauten Maschinengewehren Menschen in Mexiko niedergemäht werden; ebenso wenig wird die Lufthansa-Pilotin je die Klimatoten in Mosambik zu Gesicht bekommen, deren Tod nicht zuletzt eine Folge des zunehmenden Luftverkehrs ist. Die Verantwortung der Arbeitenden für die Konsequenzen ihrer Handlungen ist auf diese Weise extrem abstrakt und lässt sich leicht verdrängen. Zumal es in der Regel für die Produktionsmaschinerie gar keinen Unterschied macht, wenn jemand aus moralischen Gründen kündigt, denn der Job kann jederzeit von beliebigen anderen übernommen werden.

An der Spitze der Pyramide ist diese Form der Entfremdung ebenfalls zu finden. Zwar erhalten Topmanager das Hundert- bis Tausendfache eines Arbeiterlohns als Kompensation; doch auch für sie ist der Inhalt ihrer Tätigkeit vollkommen austauschbar, denn ihr einziger Zweck im großen Getriebe besteht darin, den Shareholder Value für die Anteilseigner zu steigern, egal mit welchen Mitteln und mit welchen verheerenden Konsequenzen. Die Anteilseigner selbst wiederum sind ebenfalls von den Wirkungen ihres Handelns getrennt: Die Rechtsform einer Aktiengesellschaft etwa schließt ausdrücklich eine Verantwortung und Haftung der Aktionäre aus. Oft wissen sie nicht einmal, was das Unternehmen im Einzelnen tut, um ihre Dividende zu erwirtschaften.

Es ergibt sich also eine Kette der strukturellen Verantwortungslosigkeit und systemischen Blindheit, die in die Tiefenstrukturen unserer Ökonomie eingebaut ist. Aus diesem Grund ist es für eine zukunftsfähige Ökonomie entscheidend, wieder Feedbackschleifen in die wirtschaftlichen Beziehungen einzuführen, die allen Beteiligten die ökologischen und sozialen Auswirkungen ihrer Handlungen unmittelbar zurückspiegeln.

Um uns eine Ökonomie vorzustellen, die die Netzwerke der Verbundenheit sowohl zwischen den Menschen als auch zwischen Menschen und der mehr-als-menschlichen Welt anerkennt und pflegt, statt sie zu verdunkeln, auszubeuten und zu zerstören, müssen wir zunächst das gängige Modell von der Beziehung zwischen Wirtschaft, Gesellschaft und »Umwelt« vom Kopf auf die Füße stellen.[18] In diesem Modell (siehe Grafik A) gilt die Wirtschaftsordnung als das übergeordnete System, in das sich alles andere einfügen muss. Die soziale Organisation hat sich nach den ökonomischen Rahmenbedingungen zu richten, eine Auffassung, die sich etwa in Angela Merkels berühmten Worten von der »marktkonformen Demokratie« spiegelt. Noch eine Stufe darunter steht schließlich die »Umwelt«, die man berücksichtigt, wenn die Bedürfnisse der Wirtschaft und der Gesellschaft gestillt sind.

In der Realität verhält es sich hingegen genau umgekehrt (Grafik B): Das übergeordnete System ist die Biosphäre, jede denkbare menschliche Ordnung kann stets nur ein Subsystem von ihr sein und ist in jedem Moment von der Funktionsfähigkeit des übergeordneten Systems abhängig. Der Planet kann ohne Menschen auskommen, die Menschheit aber nicht eine Sekunde ohne den Planeten.

Ein Subsystem kann das übergeordnete System niemals beherrschen und auch nicht unbegrenzt darin wachsen. Die beiden zentralen Prämissen der expansiven Industriegesellschaft – endloses Wachstum und Naturbeherrschung – sind aus diesem einfachen Grund tödliche Illusionen, die auf einer Verkehrung der realen Rangfolge beruhen.

Gesellschaften lassen sich außerdem prinzipiell nicht der Ökonomie unterordnen, denn jede denkbare Wirtschaft kann wiederum nur ein Teilsystem der Gesellschaft sein. Wenn Eltern zum Beispiel die Versorgung ihrer Kinder davon abhängig machten, dass sie unmittelbaren monetären Gewinn daraus schöpfen können, würde die Menschheit rasch aussterben.

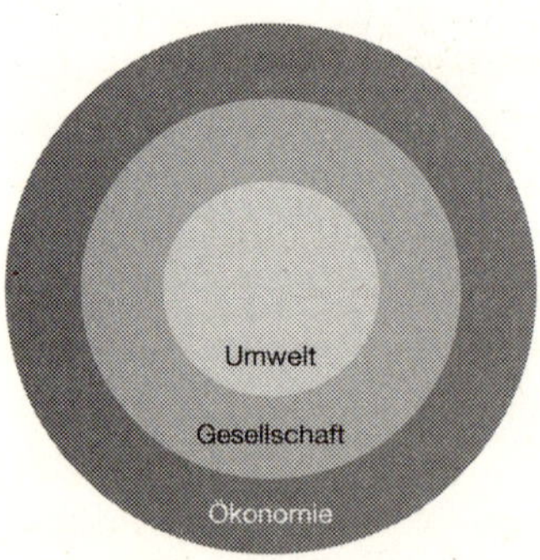

A: Verkehrte Welt

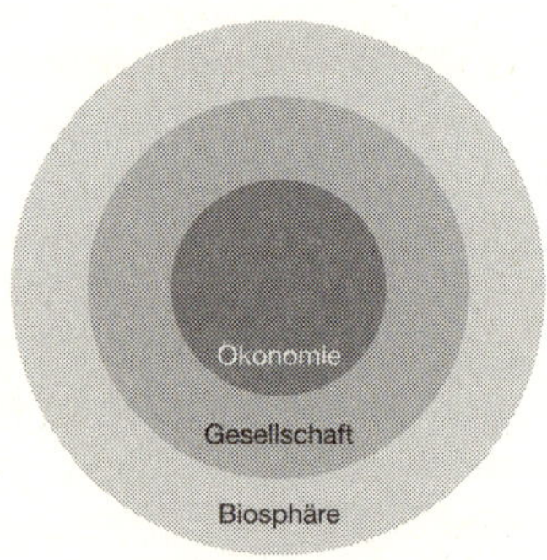

B: Reale Welt

Stellt man das verkehrte Modell vom Kopf auf die Füße, ergeben sich sofort vollkommen andere Prioritäten. Die Bewahrung der lebenserhaltenden Funktionen der Biosphäre bekommt Vorrang vor allen anderen Erwägungen, ganz einfach, weil ohne diese Funktionen alles andere nichts ist. Die Rede von Kompromissen zwischen Umwelt und Wirtschaft, wie sie unsere politischen Debatten beherrscht, ergibt logisch keinerlei Sinn. Wenn sich zeigt, dass eine bestimmte Wirtschaftsordnung mit der Erhaltung der Biosphäre unvereinbar ist, muss sie geändert werden. Egal, wie schwierig das sein mag. Die britische Ökonomin Kate Raworth hat die biosphärischen und sozialen Grenzen der Wirtschaft in das Bild eines Donuts gefasst: Am inneren Rand liegen die sozialen Fundamente der Ökonomie. Dazu gehören Zugang zu Nahrung, Wasser, Energie, Wohnung, Gesundheitsversorgung, Bildung sowie Netzwerken und Institutionen, die politische, soziale und juristische Gerechtigkeit herstellen. Der äußere Rand wird von den ökologischen Grenzen gebildet, darunter das Klimasystem, Süßwasserzyklen, Bodennutzung und Biodiversität. Was zwischen diesen beiden Rändern liegt, bildet

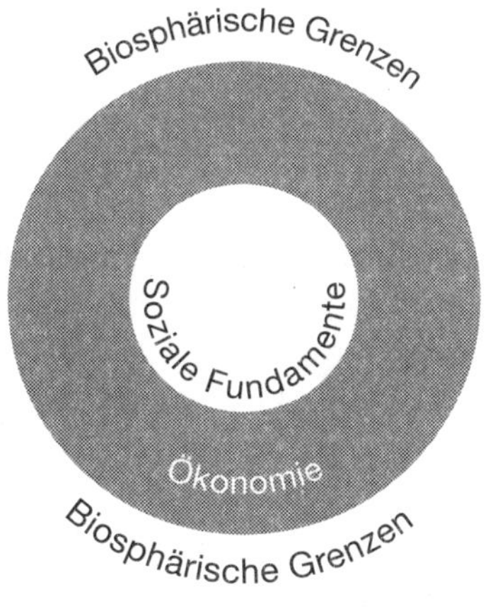

Donut-Modell nach Kate Raworth

den Spielraum, in dem sich eine zukunftsfähige Ökonomie bewegen kann.[19]

Die gegenwärtige Ökonomie erweist sich in dieser Perspektive als maximal falsch konstruiert: Sie überzieht bei Weitem die ökologischen Grenzen und stellt dabei noch nicht einmal eine Sicherung der elementaren sozialen Fundamente für das Gros der Weltbevölkerung bereit. Das Bild vom Donut ist nützlich, um sich eine Ökonomie vorzustellen, die genau umgekehrt funktioniert: Bereitstellung der sozialen Grundlagen innerhalb der planetaren Grenzen.

Eine Wirtschaft jenseits von Wachstums- und Profitzwang

Zu den Grundprinzipien einer zukunftsfähigen Ökonomie gehört, dass sie nicht auf permanente Expansion, also auf Wachstum angewiesen sein darf, denn es ist vor allem die Expansion, die für die ökologischen Krisen verantwortlich ist. Statt auf Wachstum würde sie auf eine gerechtere Verteilung der Produktion setzen. Das Problem der Unterversorgung von großen Teilen der Weltbevölkerung liegt ja keineswegs in einer zu geringen weltweiten Produktion, sondern zum einen in der extrem ungleichen Verteilung, zum anderen in der zunehmenden ökologischen Zerstörung durch die Überproduktion.

Um die Ökonomie aber von Wachstumszwang und Überproduktion zu befreien, genügt es nicht, wie manche Wachstums- und Konsumkritiker glauben, wenn alle Bewohner der reichen Länder einfach weniger verbrauchen und den Gürtel enger schnallen.[20] Denn täten wir dies und ließen dabei die bisherigen Institutionen so, wie sie sind, würden wir in kürzester Zeit in eine massive Krise geraten. Würden wir zum Beispiel aufhören, ständig neue Autos, Möbel, Smartphones und Kleidungsstücke zu kaufen, müssten die entsprechenden Firmen schrumpfen und einen großen Teil ihrer Belegschaften vor die Tür setzen; die Leute hätten in der Folge weder das

Geld, ihre Miete, noch ihre Kredite zu bezahlen, der Staat würde massiv an Einnahmen verlieren und müsste seinerseits Leistungen kürzen und Personal entlassen. Das Ergebnis wäre eine umfassende Wirtschafts-, Finanz- und Staatskrise mit verheerenden sozialen Konsequenzen. Zwar macht es individuell Sinn, den eigenen Konsum infrage zu stellen und zu reduzieren, gesamtgesellschaftlich ist damit allerdings noch längst keine Lösung erreicht, solange die tieferen Strukturen unangetastet bleiben.

Um einen Ausweg aus der Krise zu finden, genügt es auch nicht, wie Anhänger eines »grünen Wachstums« glauben, wenn wir statt der bisherigen »dreckigen« Güter einfach »saubere« kaufen. Das Beispiel der Elektromobilität zeigt dies sehr deutlich. Die Herstellung eines Elektroautos emittiert derzeit wesentlich mehr CO_2 als die Produktion eines konventionellen Pkw, vor allem wegen der großen Batterien. Man muss mit einem solchen Auto daher sehr lange fahren, damit die Klimabilanz im Vergleich zum Diesel oder Benziner positiv wird; und auch dies gilt erst dann, wenn das Auto vollständig mit erneuerbaren Energien fahren würde, wovon in absehbarer Zeit keine Rede sein kann. Elektroautos verschlingen darüber hinaus große Mengen seltener Erden und anderer Mineralien, etwa Lithium, für deren Abbau ganze Landstriche verwüstet und enorme Süßwassermengen verbraucht werden. Schon jetzt bahnt sich etwa in den Anden aus diesem Grund eine ökologische und soziale Katastrophe an, und dies bei einer noch minimalen Produktion von E-Autos.[21] Wollte man die derzeitigen etwa eine Milliarde Pkw weltweit durch angeblich saubere Elektroautos ersetzen, wäre das nächste ökologische Desaster programmiert und die Klimakrise keineswegs gelöst.[22] Statt einer bloßen Umstellung auf alternative Antriebe bräuchte es daher vollkommen andere Mobilitätskonzepte und eine massive Reduzierung des automobilen Verkehrs.

Um aus der Verwüstung der Biosphäre und dem Zwang des Immermehr auszusteigen, müssen wir uns als Erstes nicht mit dem Konsum, sondern mit der Produktion befassen. Die

500 größten Kapitalgesellschaften der Welt kontrollieren etwa zwei Drittel des Welthandels. Sie sind der Kern und Motor dieser Ökonomie. Abgesehen davon, dass sie durch ihre dominante Stellung über enorme politische Macht verfügen, stellen sie auch noch ein viel tieferes Problem dar: Sie sind so strukturiert, dass sie permanent expandieren müssen. Kapitalgesellschaften haben nur einen einzigen Zweck, der in ihrer Rechtsform festgeschrieben ist: Sie müssen das eingelegte Kapital vermehren. Nur aus diesem Grund existieren sie. Und da sich Geld nicht, wie bisweilen geglaubt wird, von selbst vermehrt, sondern auf Dauer nur, wenn auch mehr Güter und Dienstleistungen produziert werden, ist die Kapitalvermehrung an einen zunehmenden Durchsatz von Materialien gekoppelt.[23]

Die Kapitalgesellschaft, besonders in Form der Aktiengesellschaft, ist eine der folgenreichsten Erfindungen der Menschheitsgeschichte. Anders als im Falle eines individuellen Unternehmers, der sich, wenn er reich genug ist, jederzeit zur Ruhe setzen und sein Vermögen zur Schau stellen oder verprassen kann, ist ihr ein abstrakter Zwang zur Weiterverwertung des Kapitals in einem endlosen Kreislauf von Profit und Reinvestition eigen. Wenn sie darin innehält, geht sie unter. Für diejenigen, die ihr Geld dort anlegen, gleicht sie einer Maschine, die wie von selbst ständig mehr Geld auswirft. Was dieses Unternehmen zu diesem Zweck konkret tut, ob es Maschinengewehre oder Babysocken herstellt, ob es Wälder abholzt oder Ozeane nach den letzten Fischreserven durchpflügt, ist für die Shareholder vollkommen gleichgültig. Sie müssen sich damit auch gar nicht näher beschäftigen, da sie für die Handlungen und Verbrechen dieser Unternehmen keinerlei Haftung übernehmen.[24]

Die rechtliche Konstruktion, auf der die modernen Kapitalgesellschaften seit 400 Jahren beruhen, ist bei näherer Betrachtung eine Monstrosität, eine Art *Doomsday Machine* aus dem Kabinett des Dr. Seltsam.[25] Wie der Dokumentarfilm *The Corporation* anschaulich zeigt, agieren diese »juristischen Personen« strukturell psychopathisch.[26] Sie verfolgen manisch nur ein einziges Ziel, nämlich die Geldvermehrung; sie sind unfähig, die Interessen anderer Lebewesen zu berücksichtigen; und sie entziehen sich systematisch jeder Verantwortung für die Zerstörungen, die sie hinterlassen. Sie sind, mit anderen Worten, der Inbegriff der Großen Trennung.

Die Pathologie dieser Unternehmen liegt dabei nicht in der individuellen Gier ihrer Manager. Wer eine Kapitalgesellschaft leitet, kann theoretisch der netteste Mensch der Welt sein, er kann Biomöhren im Garten anbauen und Geflüchtete in seinem Haus beherbergen. Aber in seiner Funktion als CEO hat er nur einen einzigen Zweck zu erfüllen: die Quartalszahlen zu steigern. Erfüllt er diese Funktion nicht, spuckt die Maschine ihn aus.

Aus diesem Grund geht es bei einer Transformation der Ökonomie nicht um Appelle an »Corporate Responsibility« und dergleichen, sondern um einen Umbau der institutionellen Logiken. Anstelle von strukturell psychopathischen Institutionen brauchen wir solche, die auf Respekt für das Leben, auf Empathie, Verantwortung und Verbundenheit beruhen.

Solche Institutionen sind keineswegs eine ferne Utopie. Bestimmte Formen von Arbeiterkooperativen und Genossenschaften etwa sind so konstruiert, dass sowohl alle Beschäftigten an Entscheidungen beteiligt sind als auch die sozialökologischen Auswirkungen unternehmerischen Handelns bei den Entscheidungen berücksichtigt werden. Die Initiative für eine »Gemeinwohlökonomie«, die von dem Österreicher Christian Felber angestoßen wurde und mittlerweile in Dutzenden Ländern aktiv ist, hat solche Prinzipien systematisiert und zu einem ökonomisch-politischen Modell ausgebaut.[27] Es sieht vor, dass alle Unternehmen Gemeinwohlbilanzen vorlegen müssen, die nicht nur über das finanzielle Ergebnis Auskunft geben, sondern auch über die Folgen der unternehmerischen Aktivitäten über die gesamte transnationale Wertschöpfungskette hinweg, vom Ressourcenabbau bis zur

Entsorgung. Auf diese Weise werden die sonst abgespaltenen Kollateralschäden zunächst einmal sichtbar gemacht. Im nächsten Schritt geht es darum, welche Konsequenzen daraus folgen. Das Modell sieht vor, dass Unternehmen mit einer guten Gemeinwohlbilanz systematisch bevorteilt werden, indem sie weniger Steuern zahlen, günstigere Kredite bekommen und öffentliche Aufträge erhalten. Gemeinwohlschädigende Unternehmen dagegen zahlen hohe Steuern, bekommen keine oder nur sehr teure Kredite und keine öffentlichen Aufträge – und würden damit langfristig aus dem Verkehr gezogen. Auf diese Weise werden unsere Verbundenheiten mit dem biosphärischen und gesellschaftlichen Stoffwechsel in die Struktur der Unternehmen und in die politischen Rahmenbedingungen eingeschrieben: Wer diese Verbundenheiten pflegt und nährt, gedeiht selbst; wer sie unterminiert, geht unter.

Hinzu kommt: Mit zunehmender Größe eines Unternehmens geht es Schritt für Schritt in die Hand der Beschäftigten über. Betriebliche Entscheidungen werden bei großen Unternehmen von einem Gremium getroffen, das aus gewählten Belegschaftsvertretern und Repräsentantinnen aller »Stakeholder« besteht, also der Menschen und Ökosysteme, die von den Entscheidungen betroffen sind. Damit würde auch die Trennung der Arbeitenden von den Entscheidungen und den Konsequenzen ihres Tuns überwunden.

Das Problem von solchen alternativen Modellen – derer es einige gibt – besteht allerdings darin, dass sie in Nischen bleiben und es mit den Giganten der Weltwirtschaft nicht aufnehmen können. Und das wiederum liegt vor allem daran, dass Staaten die großen Kapitalgesellschaften in vielerlei Hinsicht systematisch bevorteilen und zu großen Teilen sogar künstlich am Leben erhalten, auf Kosten aller anderen Akteure. Zum Beispiel durch Subventionen. Der Internationale Währungsfonds schätzt, dass die fossilen Industrien, also Erdöl, Erdgas und Kohle, jedes Jahr mit der unvorstellbaren Summe von *5 Billionen* (5000 Milliarden) Dollar staatlich gefördert werden.[28] Allein in Deutschland wird außerdem die Autoindustrie jedes Jahr mit 15 Milliarden Euro subventioniert, vor allem durch Dienstwagenprivilegien, Pendlerpauschalen und Abwrackprämien. Der Flugverkehr, der für die weltweit am schnellsten steigenden Treibhausgasemissionen verantwortlich ist, wird, ebenfalls allein in Deutschland, mit zwölf Milliarden Euro jährlich gefördert, unter anderem durch den Verzicht auf Kerosin- und Mehrwertsteuern.[29] Hinzu kommt, dass die Infrastrukturen für den Flugverkehr, besonders Flughäfen, überwiegend von der öffentlichen Hand bezahlt werden; der Berliner Flughafen BER, der bisher etwa sieben Milliarden Euro verschlungen hat, ist nur ein Beispiel. Konkursgefährdete Fluggesellschaften wie Air Berlin oder Lufthansa werden darüber hinaus immer wieder mit verbilligten Staatskrediten in Milliardenhöhe am Leben erhalten.

Das gesamte Großbankensystem in Ländern wie Deutschland, Großbritannien, Frankreich, Italien, Spanien und den USA würde ohne staatliche Hilfen in Billionenhöhe gar nicht mehr existieren. Dabei handelt es sich nicht allein um die Rettungspakete von 2008/09, sondern auch um die praktisch zinslosen Kredite der Europäischen Zentralbank und der Federal Reserve Bank sowie die sogenannten Euro-Rettungsschirme, die im Wesentlichen die Banken und nicht die Bevölkerungen gerettet haben. Das Problem dieser Subventionen ist nicht allein, dass dadurch Steuergelder verschwinden, die dringend für die sozialen Sicherungssysteme und den Klimaschutz gebraucht werden, sondern auch, dass auf diese Weise Strukturen am Leben erhalten werden, die den ökologischen Kollaps weiter vorantreiben. Denn es sind ebendiese künstlich alimentierten Banken, die Tag für Tag die großen Finanzströme in die destruktivsten Branchen der Erde kanalisieren: in die Erdöl- und Kohleförderung, in den Bergbausektor, in die Auto- und Flugbranche, in die industrielle Landwirtschaft und die Rüstung.

Nimmt man all diese Sektoren und noch einige mehr zusammen, zeigt sich, dass die meisten der 500 größten Unternehmen der Welt ohne staatliche Hilfe gar nicht mehr existieren würden. Wir haben es hier also nicht mit einem Markt zu tun, sondern mit einem Geflecht aus Staaten und Oligopolen. Das Hindernis auf dem Weg zu einer zukunftsfähigen Ökonomie sind daher nicht allein die großen, destruktiv agierenden Kapitalgesellschaften, sondern auch die Staaten, die sie künstlich ernähren. Dabei ließe sich dies im Grunde relativ einfach ändern. Denn über die Verwendung von Steuergeldern entscheiden – anders als über Unternehmensinvestitionen – in einer Demokratie Parlamente. Statt die Gelder weiter in die Vernichtung des Planeten zu lenken, könnten sie auch in einen sozial-ökologischen Tiefenumbau investiert werden, in dezentrale, ökologische und gemeinwohlorientierte Strukturen. Das hätte volkswirtschaftlich sogar erhebliche Vorteile: Nicht nur würden die enormen Kosten für Umweltschäden und soziale Schieflagen gesenkt; das Geld würde auch, statt in Steueroasen wie den Bermudas zu verschwinden, in regionale Kreisläufe gelenkt.

Allerdings wurde die Chance, einen solchen Umbau zu beginnen, auch in der Corona-Krise gründlich verschlafen. Über die Billionen von Euro und Dollar, die Staaten in die Hand nahmen, um sie einmal mehr zu erheblichen Teilen in fossile Strukturen zu kanalisieren, gab es kaum eine breite öffentliche Debatte. Stattdessen wurde alles getan, um die alte, ächzende Maschine wieder flottzumachen, sodass sie ihren Weg zum Abgrund so schnell wie möglich fortsetzen kann. Wie viele Krisen unsere Gesellschaft noch brauchen wird, um irgendwann einmal andere Entscheidungen zu treffen, ist nicht vorauszusehen. Allzu viele Chancen dürften wir allerdings nicht mehr haben.

Politik der Verbundenheit: Teilhabe und planetare Verantwortung

Eine Ökonomie der Verbundenheit kann nicht ohne eine Politik der Verbundenheit funktionieren. In unserer heutigen Welt aber sind Ökonomie und Politik künstlich getrennt. Zwar können die Angehörigen von demokratisch verfassten Staaten alle vier oder fünf Jahre zwischen verschiedenen politischen Parteien wählen; aber in den Institutionen, in denen die meisten Menschen den größten Teil ihrer Zeit verbringen, haben sie meist wenig oder gar kein Mitspracherecht. Arbeiterinnen und Angestellte haben zwar in Ländern wie Deutschland über Betriebsräte formal in einigen Unternehmen ein Mitbestimmungsrecht; im besten Fall ähnelt es jedoch einer konstitutionellen Monarchie. Schüler haben in der Regel überhaupt kein Mitspracherecht über Inhalt und Form ihres Unterrichts, der den größten Teil ihrer Kindheit und Jugend bestimmt. Es ist nicht klar, wie diese systematische Einübung von Fremdbestimmung in der prägendsten Zeit des Lebens Menschen zu kritischen und aktiven Teilnehmenden einer Demokratie erziehen soll.

Bei näherer Betrachtung zeigt sich, dass ein großer Teil unserer Gesellschaft noch immer weitgehend demokratiefrei ist. Das lässt sich nur ändern, wenn die künstlichen Trennungen zwischen der politischen, ökonomischen und pädagogischen Sphäre überwunden werden. Eine echte Demokratie braucht eine Ökonomie, in der alle Beschäftigten und Stakeholder in die Entscheidungsstrukturen einbezogen sind. Eine solche Wirtschaftsdemokratie würde auch ein anderes Schulsystem erfordern, das von Anfang an auf Teilhabe und Mitbestimmung setzt.

Die Trennungen in unserem politisch-ökonomischen System betreffen aber nicht allein die Abspaltung der Politik von anderen gesellschaftlichen Bereichen, sondern durchziehen auch die demokratischen Institutionen selbst, und das seit Jahrhunderten. Als die »Gründerväter« der USA 1787 eine Verfassung entwarfen, die später zum vielfach nachgeahmten

Modell werden sollte, waren sie ausdrücklich bemüht, keine *democracy* zu schaffen – die sie als gefährlich betrachteten –, sondern eine *republic*, die darauf beruht, die Repräsentanten möglichst weit von ihren Wählern getrennt zu halten.[30] Nur so konnten auf Dauer die Interessen der großen Vermögens- und Landbesitzer gegen eine potenziell aufmüpfige Bevölkerung verteidigt werden.[31] Das Ziel von Regierungen sei es, so James Madison, Hauptautor der Verfassung, »die Minderheit der Wohlhabenden gegen die Mehrheit zu schützen«.[32]

Das repräsentative System stellt zwar einen enormen Fortschritt gegenüber den absolutistischen Herrschaftsformen dar – und sollte auch gegen all diejenigen, die es im Namen autoritärer Herrschaft zu schwächen versuchen, vehement verteidigt werden –; es bleibt aber unzureichend, wenn es darum geht, den planetaren Herausforderungen der Gegenwart gerecht zu werden. Denn es beruht, wie auch das ökonomische System, auf einer Reihe von tiefgreifenden Trennungen und damit letztlich auf einer Kette der Verantwortungslosigkeit.

Zunächst einmal sind die Repräsentanten sorgfältig von denen getrennt, die sie repräsentieren sollten. Spitzenpolitiker bilden eine eigene Kaste, die mit ihren Wählern meist nur durch die alle vier Jahre stattfindenden Wahlspektakel verbunden ist. In der Regel stehen dabei einige größere Blöcke von Profipolitikern zur Auswahl, die sich jeweils nur im Gesamtpaket wählen lassen. Einzelne Sachentscheidungen stehen nicht zur Wahl. Sind Politiker einmal gewählt, haben sie im Prinzip keine Verpflichtung, sich an Wahlprogramme zu halten, sie sind in ihren Entscheidungen ungebunden.

Zwar sollte man meinen, dass Repräsentanten wiedergewählt werden wollen und ihren Wählern daher etwas bieten müssen; doch tatsächlich verfolgen viele Toppolitiker, wenn sie eine gewisse Position erreicht haben, eine ganz andere Agenda: Sie verkaufen das öffentliche Wohl an private Interessen, zum Beispiel durch umfangreiche Privatisierungen und Deregulierungen, in dem Wissen, später zwar nicht wiedergewählt zu werden, dafür aber mit weitaus lukrativeren

Jobs in der Wirtschaft belohnt zu werden. Die Zahl solcher Fälle ist Legion, ob es sich um Gerhard Schröder handelt (Gazprom, Rosneft), Joschka Fischer (RWE, Siemens, BMW, Goldman Sachs und Barclays), Friedrich Merz (Blackrock, Commerzbank, BASF), José Manuel Barroso (Goldman Sachs) oder Sigmar Gabriel (Deutsche Bank). Das Geschäftsmodell lautet: Ich verkaufe mein Insiderwissen an die Industrie, lasse meine Partei und das Land gegen die Wand fahren und springe rechtzeitig mit dem goldenen Fallschirm ab. Ist es ein Wunder, dass sich immer mehr Menschen auf der ganzen Welt angewidert von diesem Spektakel abwenden und nicht mehr wählen – oder aber Demagogen folgen, die versprechen, »den Sumpf trockenzulegen«?[33]

Der Grund für das Fehlverhalten bestimmter Politiker liegt nicht einfach in ihrer individuellen moralischen Unzulänglichkeit, sondern in einer Struktur, die diese Verantwortungslosigkeit überhaupt erst ermöglicht. Der »moral hazard« in der Spitzenpolitik wird auch dadurch befördert, dass Entscheidungsträger für die langfristigen Konsequenzen ihres Handelns nicht zur Rechenschaft gezogen werden. Wer etwa im vollen Wissen um die tödlichen Konsequenzen des Klimachaos neue Kohlekraftwerke und Erdgaspipelines genehmigt, muss keine juristischen Folgen fürchten. Das Gleiche gilt für Politiker, die das öffentliche Gesundheitswesen kaputtsparen und damit das Leben von unzähligen Menschen aufs Spiel setzen.

Eine Politik der Verbundenheit muss auf allen Ebenen Rückkopplungs- und Verantwortungsschleifen einbauen. Wer zum Beispiel wissentlich mit seinen Entscheidungen die Zukunft der Menschheit gefährdet, sollte sich vor Gericht verantworten müssen. Eine weltweite Initiative setzt sich daher für die Einrichtung eines internationalen Umweltgerichtshofs ein, vor dem Personen und Organisationen für Verbrechen gegen die Natur angeklagt werden können.[34]

An der Basis geht es darum, die Trennung der Wähler von den Sachfragen zu überwinden. Bürgerräte und Volksentscheide etwa können einen erheblichen Beitrag dazu leisten. Ihr Vorzug besteht nicht allein darin, Bürgern die Möglichkeiten zu geben, direkt über Sachfragen zu entscheiden, sondern auch in der Förderung von politischer Bildung und qualifizierten öffentlichen Debatten über diese Themen.[35]

Eine Erweiterung und Vertiefung der Demokratie im Sinne einer Politik der Verbundenheit ist allerdings nicht zu erreichen, ohne dass Menschen ihr wesentlich mehr Zeit und Aufmerksamkeit widmen als bisher. Solange die Lohnarbeit bei vielen Menschen nicht nur 40, sondern inzwischen teilweise 50, 60, ja bis zu 80 Stunden pro Woche verschlingt und die Arbeitenden ausgebrannt zurücklässt, bleiben kaum Kraft und Muße für die Beschäftigung mit dem Gemeinwesen. Arbeitszeitverkürzungen sind daher nicht allein eine soziale und ökologische Notwendigkeit, sondern auch eine demokratische. Es sind jedoch nicht nur die Zwänge der Ökonomie, die mehr Engagement verhindern. Eine Überwindung der Großen Trennung in der Politik ist auch unvereinbar mit der Bequemlichkeit, Entscheidungen zu delegieren, sich dann aus allem herauszuhalten und am Stammtisch über die Repräsentanten zu schimpfen. Solange sich in einem Land wie Deutschland, mit einem durchschnittlichen Konsum von audiovisuellen Medien von über acht Stunden pro Tag, die meisten Bürgerinnen und Bürger nicht einmal eine Stunde täglich öffentlichen Belangen widmen wollen, ist an eine Vertiefung der Demokratie nicht zu denken.[36]

Die Erneuerung der Wissenschaften und die Wiederkehr der Innenwelten

Die Physik hat einst den Anspruch erhoben, alles, was geschieht, durch deterministische Kausalbeziehungen zu erklären. Dieser Anspruch wurde später auch zur Grundlage aller anderen Naturwissenschaften, einschließlich der Biologie. Wissenschaft in diesem Sinne beruht darauf, Sätze vom Typ »Immer wenn X, dann Y« zu formulieren. Nur auf diese

Weise lassen sich präzise Vorhersagen erstellen, die überprüft werden können. Und ohne überprüfbare Vorhersagen keine Naturwissenschaft.

Allerdings mussten die Physiker im Laufe der vergangenen 150 Jahre erkennen, dass Kausalbeziehungen von diesem Typ nur für einen bestimmten Bereich der Wirklichkeit gelten, nämlich für das, was der britische Philosoph John Austin einst »mittelgroße trockene Güter« nannte.[37] Bereits Luft- und Flüssigkeitsströmungen können nichtlineare und nichtdeterministische Systeme bilden.[38] Je weiter die Physik in die kleinsten Dimensionen der stofflichen Welt vordrang, desto mehr lösten sich die klassischen Vorstellungen von Raum, Kausalität und Vorhersagbarkeit auf. Im Quantenbereich gibt es keine physikalischen Körper mehr, Immer-wenn-dann-Sätze können für einzelne Vorgänge nicht formuliert werden, sie gelten nur statistisch, also wenn man große Mengen von Prozessen beobachtet und daraus einen Mittelwert bildet.

Im Bereich des Lebens scheitern die klassischen Kausalitätsvorstellungen vollends. Da Leben durch Bedeutung organisiert ist, nicht durch mechanische Stöße, und da es keine exakt identischen Organismen auf der Welt gibt, reagiert jedes Lebewesen potenziell anders auf einen bestimmten Reiz. Und da kein Lebewesen jemals in zwei verschiedenen Momenten genau gleich ist, kann auch sein Verhalten jeweils unterschiedlich ausfallen. Schon aus diesen Gründen lassen sich in der Biologie und Ökologie keine strengen Immer-wenn-dann-Sätze aufstellen. Zwar kann man einzelne biochemische Vorgänge aus ihrem Zusammenhang reißen, im Labor isoliert betrachten und dann bestimmte Aussagen formulieren. Doch der größere Funktionszusammenhang des lebenden Organismus, in dem jede Wirkung zugleich Ursache in komplexen, nichtlinearen Kreislaufprozessen ist, wird dadurch nicht erfasst.

In dieser Perspektive erscheint die Form der Kausalität, welche die Naturwissenschaften einst als das übergeordnete Prinzip des gesamten Universums betrachteten, eher als ein

Spezialfall. Was aber bedeutet es für die Wissenschaften, anzuerkennen, dass wir in einem Kosmos leben, der sich zu einem beträchtlichen Teil der Vorhersagbarkeit und damit auch der menschlichen Kontrolle entzieht?

Zunächst einmal führt diese Einsicht zwingend dazu, die Hybris aufzugeben, dass wir uns mit Forschung und Technologie die Erde untertan machen könnten. Statt einer Herrschaft durch Technik braucht es eine Kultur der Kooperation mit komplexen lebenden (und anderen nichtlinearen) Systemen.[39] Das Beispiel der balinesischen Subaks und der Schweizer Ingenieure zeigt, dass der Versuch einer linearen Kontrolle komplexer Systeme ins Desaster führt.

Den Naturwissenschaften kommt hier eine neue Rolle zu: Die einfühlende ganzheitliche Beobachtung gewinnt an Gewicht gegenüber der atomistischen Analyse; das Konkrete, Spezifische, Einmalige eines bestimmten natürlichen Systems tritt gegenüber universellen, abstrakten Modellen mehr in den Vordergrund; und die qualitative Betrachtung wird ebenso bedeutsam wie das Messen und Zählen.

Eine solche Neuausrichtung der Wissenschaften bedeutet auch, den tiefen Graben, der sich im Laufe der Neuzeit zwischen den Naturwissenschaften einerseits und den Sozial- und Geisteswissenschaften andererseits aufgetan hat, zu überwinden. Wenn man das Ökosystem der balinesischen Reisterrassen nicht verstehen kann, ohne zugleich die Kosmologie und das soziale System der Balinesen zu begreifen, dann kann nur eine integrierte Sicht, die die »zwei Kulturen« miteinander verbindet, ein angemessenes Bild des Gesamtsystems liefern.[40]

Die Trennung der beiden Wissenschaftskulturen, die sich im 19. Jahrhundert entwickelte, war von Anfang an willkürlich. Die Biologie etwa, die sich der Erforschung lebender Systeme widmet, wurde dem Lager der »harten« Naturwissenschaften zugerechnet, wogegen Soziologie und Anthropologie, die sich mit lebenden menschlichen Systemen befassen – und damit eigentlich ein Untergebiet der Wissenschaften vom

Leben bilden müssten –, zu den Sozialwissenschaften gezählt wurden. Die Grenzlinie wurde damit entlang des cartesischen Dogmas gezogen, dass nur der Mensch so etwas wie einen Geist besitze, und zementierte so die Große Trennung.

Wenn man ein ernsthafteres Kriterium für die Definition von Naturwissenschaften anführen wollte, dann müsste es die Prognosefähigkeit sein. Der bedeutende Wissenschaftstheoretiker Imre Lakatos sah die Demarkationslinie für eine solche Definition in der Fähigkeit, neue Tatsachen vorauszusagen.[41] Wendet man aber dieses Kriterium auf die Biologie an, so zeigt sich, dass sie nicht einmal vorhersagen kann, was meine Katze in zwei Minuten tun wird – geschweige denn, welche neuen Spezies in zwei Millionen Jahren entstehen. Nach diesem Kriterium wären daher große Teile der Biologie, darunter die Verhaltens- und die Evolutionsforschung, keine Naturwissenschaft. Es blieben letztlich nur noch Physik und (Bio-)Chemie. Doch auch hier sind, unter anderem durch die Quantenphysik und die Forschungen von Ilya Prigogine, Systeme zum Vorschein gekommen, die sich einer strengen Prognostik entziehen. Der vermeintlich harte Kern der harten Wissenschaft schmilzt auf diese Weise immer weiter dahin. Zwar bleibt durchaus etwas übrig – der Bereich, der deterministisch beschreibbar ist –, aber ein beträchtlicher Teil unserer realen Welt, auch jenseits der menschlichen Sphäre, wird davon nicht erfasst.

Statt den willkürlichen Gräben zwischen den zwei Kulturen und den verschiedenen Fakultäten zu folgen, braucht eine angemessene Beschreibung unserer Welt die Verbindung der Sphären. Denn menschliche Gesellschaften bestehen letztlich aus kooperierenden Lebewesen, die über ein Innenleben verfügen und ihrerseits aus kooperierenden Zellen bestehen, in denen Billionen von Molekülen zusammenwirken, die wiederum auf jenen seltsamen miteinander verflochtenen Energiefeldern beruhen, die wir als Quantenphänomene bezeichnen. Wo will man in diesem gewaltigen Gefüge eine Trennlinie zwischen Natur und Geist ziehen?

Zur Überwindung der Großen Trennung gehört daher auch die Wiederkehr der Innenwelten, die im technokratischen Weltbild als irrationaler »subjektiver Rest« abgewertet wurden. Diese Ausblendung der erlebten Wirklichkeiten hat dazu geführt, dass die Welt zu einem beträchtlichen Teil unverständlich wird: Weder können wir so die Handlungen von Menschen und anderen Lebewesen begreifen noch Gesellschaften und Ökonomien, noch die Interaktionen von Ökosystemen und Gesellschaften.

Die Vorstellung, dass Zahlen in einer Sphäre höherer Wahrheit angesiedelt seien als die erlebten Qualitäten unserer Wahrnehmung, muss daher als Aberglaube ad acta gelegt werden. Das Messen und Zählen kann wichtige Erkenntnisse beisteuern, aber niemals die qualitative Wahrnehmung *ersetzen*. Unsere Sinne haben sich über Hunderte Millionen Jahre co-evolutionär mit unserer Mitwelt entwickelt und auf diese Weise eine genau auf diese Welt zugeschnittene Differenzierung und Feinheit erreicht, die uns weit mehr mitteilen kann, als es bloße Zahlen vermögen.[42]

Unsere Wahrnehmung als Quelle von Wahrheit anzuerkennen ist allerdings keineswegs mit einem »neuen Irrationalismus« oder »Subjektivismus« zu verwechseln. Die Erde wird nicht dadurch flach, dass einzelne Leute das Gefühl haben, sie sei nicht rund. An die Stelle einer unmöglichen abstrakten Objektivität tritt keine subjektive Beliebigkeit, sondern *Intersubjektivität*, also der Dialog von Menschen über ihre Wahrnehmungen und über die Schlüsse, die daraus zu ziehen sind. Je umfassender und differenzierter die Wahrnehmungen sind, je weiter unser Sensorium entwickelt ist, desto *welthaltiger* wird dieser Dialog sein. Und damit auch die Wissenschaft.

Eine neue Sicht auf Bildung und Gesundheit

Diese Perspektivenverschiebung hat weitreichende Konsequenzen für viele gesellschaftliche Bereiche. In der Bildung etwa bedeutet es, die Vorstellung aufzugeben, Lernen bestehe darin, vorgefertigtes Wissen von einem Wissensinhaber zu einem Empfänger zu transferieren, ein Irrtum, der noch immer einen beträchtlichen Teil unseres Schulsystems prägt. Wie schon der französische Humanist François Rabelais im 16. Jahrhundert bemerkte, sind Kinder keine Gefäße, die gefüllt, sondern Feuer, die entfacht werden wollen. Lernen findet vor allem dann statt, wenn Menschen ein authentisches Interesse an Dingen entwickeln – wenn also ihre Innenwelten beteiligt sind –, und dieses Interesse entsteht meist in Beziehungen zu anderen Menschen, die etwas Interessantes tun. Lehrpläne durchzuexerzieren, deren Sinn Kinder (und auch viele Erwachsene) kaum verstehen, gehört aus Sicht der Kinder oft nicht zur Kategorie der interessanten Tätigkeiten. Um diesen Mangel zu kompensieren, muss die Schule daher auf Zwangsmittel setzen: Benotungen, Ermahnungen, Sitzenbleiben, Angst. So wird zwar nur wenig *über die Welt* gelernt, aber dafür eine entscheidende Lektion über die Funktionsweise unserer Gesellschaft: Fragt nicht nach dem Sinn und tut, was euch gesagt wird. Auf diese Weise produziert unser Bildungssystem Jahr für Jahr Millionen von entfremdeten Menschen für eine entfremdete Welt. Die Versuche, andere Formen von Lernen und Schule zu entwickeln, wie sie seit über 100 Jahren in verschiedenen Ansätzen der Reformpädagogik unternommen werden, sind vor diesem Hintergrund von entscheidender Bedeutung, um die Große Trennung zu überwinden.

Aber nicht allein die Formen, sondern auch die Inhalte der Bildung bedürfen eines Wandels. Naturwissenschaften etwa werden bis heute in Schulen und technischen Ausbildungen meist so unterrichtet, als ob es sich um abgeschlossene Wissensgebiete handele, in denen keine wesentlichen Fragen mehr offen sind. Doch wie wir in den ersten drei Kapiteln gesehen haben, ist das Gegenteil richtig: Einige der tiefreichendsten Fragen der Physik und Biologie sind nach wie vor ungelöst und möglicherweise sogar unlösbar. Mit jeder neuen Entdeckung nehmen nicht nur die Kenntnisse zu, sondern auch die Rätsel, und das oft in überproportionaler Weise: Der Bereich der Geheimnisse wächst schneller als der des Wissens. Und selbst das, was zumindest im Ansatz erkannt werden kann, sprengt, wie etwa die subatomare Welt oder die Selbstorganisation in einer Zelle, unser Vorstellungsvermögen. Angesichts dieser Lage wäre die angemessene Form der naturwissenschaftlichen Lehre eine *Pädagogik des Staunens*, die unseren Sinn für die Rätselhaftigkeit unserer Existenz und die Grenzen des Wissens schärft. Eine solche Pädagogik ist nicht nur wesentlich interessanter, weil sie zum Nachdenken anregt, sondern kann uns auch vor der tödlichen Hybris bewahren, zu glauben, wir hätten die Natur durchschaut und könnten sie uns untertan machen.

Die technokratische Weltsicht, die Innensichten systematisch ausblendet, hält sich auch in der Medizin mit erstaunlicher Hartnäckigkeit. Da man aber lebende Prozesse im Menschen ohne Berücksichtigung der Innensicht nicht wirklich verstehen kann, können auch Krankheit und Gesundheit nicht adäquat begriffen werden. Nehmen wir als Beispiel ein scheinbar banales, scheinbar mechanisches Krankheitsbild wie die Arthrose, eine degenerative Veränderung der Gelenke, die in Industriegesellschaften zu einer wahren Volkskrankheit geworden ist. Gelenke scheinen ein idealer Gegenstand für mechanistische Auffassungen des Lebens zu sein, da ihr Aufbau und ihre Funktion auf den ersten Blick an Gliederpuppen erinnern. Die traditionelle medizinische Lehrmeinung zur Arthrose besagt, dass die Krankheit vor allem durch eine Abnutzung der Gelenke zustande kommt, durch übermäßigen Gebrauch und Verschleiß, ähnlich wie bei einem Auto Bremsen, Kupplung oder Radaufhängungen verschleißen.[43] Die Diagnose lautet daher oft: unvermeidbar und unheilbar. Tatsächlich aber ist die Krankheit, wie die jüngere Forschung belegt, die Folge eines komplexen Zusammenspiels von allzu eingeschränkten und einseitigen Bewegungen und einer eng damit verbundenen Reduktion geistig-emotionaler Beweglichkeit. Eine sitzende, auf Bildschirmtätigkeiten reduzierte und emotional ereignisarme Lebensweise führt dazu, dass wir unsere Gelenke nur in einem sehr engen Bereich gebrauchen und die maximale Spannbreite von Streckung, Beugung und Drehung nur noch selten nutzen. Dadurch verhärten die Gewebe und komprimieren die Gelenke.[44] Kinder sind in der Regel von solchen degenerativen Prozessen nicht betroffen, solange sie nicht dauerhaft zum Stillsitzen gezwungen werden. Das hat damit zu tun, dass sie einen intensiven *Bewegungsdrang* verspüren, dass ihnen Bewegung *Freude* macht und sie ständig alle möglichen Positionen, Drehungen, Streckungen und Sprünge ausprobieren. Es ist die Welt ihres *Er*lebens, die ihre Handlungen leitet und ihnen damit auch sagt, was der Körper braucht, um sich gesund zu entwickeln. Jahrelanges erzwungenes Sitzen in Schulen und in Büros schränkt nicht nur unsere äußere Beweglichkeit ein, sondern lässt nach und nach auch die inneren Bewegungsimpulse verkümmern, bis man sie nicht mehr spürt. Das Wort *emotion* kommt nicht zufällig von *motion* (Bewegung). Der emotionale Fluss ist ein entscheidender Faktor für die Geschmeidigkeit unserer Bewegungsorgane.

Die Mechanik einer Maschine ist daher die falsche Metapher für unseren »Bewegungsapparat«, der tatsächlich gar kein Apparat ist, sondern Teil einer geistig-emotional-kinetischen Einheit, die ihrerseits wiederum untrennbar mit der Umgebung verbunden ist. Wer heilen will, muss seine Aufmerksamkeit auf Störungen dieser gesamten Einheit lenken und nicht auf ein Detail verengen, das in seiner Isolation wie ein rein mechanisches Problem erscheinen mag.

So wie man die Genese von körperlichen Erkrankungen nur verstehen kann, wenn man den emotionalen und sozialen Gesamtzusammenhang berücksichtigt, so werden auch viele psychische Leiden nur begreiflich, wenn sie nicht als isolierte Funktionsstörungen eines Individuums betrachtet werden.

Denn das Innenleben von Menschen ist stets Teil des größeren emotionalen Stoffwechsels der Gesellschaft; und die Ursachen psychischer Erkrankungen entgehen oft einem Blick, der nur kleine Ausschnitte von großen Kreisen erkennt.

Statt zum Beispiel zu sagen: »Lisa hat eine Depression«, wäre es angemessener, davon zu sprechen, dass Lisa Teil eines Systems ist, das Depressionen hervorbringt. Dieses System kann eine Familie sein, ein Arbeitsumfeld oder auch eine ganze Gesellschaft. Eine Ökonomie etwa, die Menschen in einen lebenslangen Konkurrenzkampf um Arbeit, Geld, Wohnraum und Aufmerksamkeit treibt und sie auf diese Weise systematisch in Gewinner und Verlierer spaltet, zerstört Gefühle der Verbundenheit und bringt Angst, Getriebensein und Einsamkeit hervor. Doch die systemischen Ursachen dieses Leidens bleiben unsichtbar, solange der diagnostische Horizont beim neuronalen Transmitterhaushalt oder bestenfalls bei der Kleinfamilie endet.

Ähnlich wie im Falle von Pestiziden in der Landwirtschaft kann die Gabe von Psychopharmaka zwar vorübergehend bestimmte Symptome bekämpfen, etwa einen Transmittermangel; doch die tieferen Gründe für die Störung des Gleichgewichts bleiben im Dunkeln. Die Eingriffe können sogar dazu führen, dass sich die systemischen Fehlsteuerungen langfristig verstärken, weil wichtige Warnsignale unterdrückt werden. Würden wir die Millionen von seelisch leidenden Menschen in unserer Gesellschaft, die versuchen, sich durch den Konsum von Antidepressiva, Neuroleptika, Alkohol und anderen Drogen über Wasser zu halten, nicht als isolierte Fälle betrachten, sondern als besonders sensible Signalgeber, dann könnten wir wesentlich besser erkennen, was im Großen und Ganzen nicht stimmt, und entsprechend handeln. Doch die chemische Lösung tötet den Boten, bevor wir seinen Bericht überhaupt gehört haben.

An diesem Punkt konvergieren die scheinbar nur privaten, individuellen Fragen der körperlichen und geistigen Gesundheit mit den großen ökonomischen und politischen Herausforderungen. Denn wie sollen Menschen, wenn sie die Symptome der gegenwärtigen Krisen beständig in sich unterdrücken, in die Lage geraten, die dahinterliegenden Ursachen zu erkennen, aus ihrer Isolation herauszukommen und gemeinsam handlungsfähig zu werden? Schon aus diesem Grund ist die Sphäre der Innenwelten nicht von den großen Menschheitsfragen zu trennen. Die Leiden an der Entfremdung ernst zu nehmen und den verdrängten Innenwelten eine Stimme zu geben, ist eine eminent politische Handlung, ohne die ein Tiefenumbau der Gesellschaft nicht gelingen kann.

Epilog 3: Wer wir sind, bleibt offen

Der größte Feind der Erkenntnis ist die Illusion des Wissens. Der Sinn dieses Buches ist es, in die Wand unseres eingebildeten Wissens eine Bresche zu schlagen, eine Öffnung, die uns erlaubt, die Welt und uns selbst wieder mit jenem staunenden Blick zu betrachten, der Kindern oft eigen ist. Der technokratische Mythos erzählt davon, dass die Welt unserer Wahrnehmungen, unserer Gefühle, unserer erlebten Beziehungen eine Vorspiegelung sei, hinter der sich eine harte, kalte, mechanische und letztlich banale Wirklichkeit verberge. Doch tatsächlich ist genau das Gegenteil der Fall: Die Banalität, die Kälte, die Mechanik – all das sind nur Projektionen unserer gesellschaftlichen Prägungen auf eine Welt, die zutiefst rätselhaft ist und sich einer mechanischen Erklärung vollkommen entzieht. Wer und was wir sind, ist heute um keinen Deut weniger geheimnisvoll als zur Zeit der ersten Menschen. Die Wissenschaften haben dieses Rätsel nicht gelöst, sondern vertieft. Um die Worte des Quantenphysikers Richard Feynman zu wiederholen: »Die Wissenschaft kann dem Mysterium einer Blume nie etwas wegnehmen, sondern nur etwas hinzufügen.« Das Rätsel etwa, dass aus einer winzigen Zelle ein menschliches Wesen wird, das in sich ein eigenes Universum aus Gedanken, Gefühlen, Bildern und Musik entwickelt, wird durch unsere Kenntnisse der Biologie und Quantenphysik keineswegs gelüftet, sondern im Gegenteil um das Staunen darüber bereichert, wie unvorstellbar komplex und reich selbst das kleinste Detail unserer Existenz ist. Das selbstorganisierte Zusammenspiel von unzähligen Teilen im harmonischen Ganzen einer Zelle stellt jede Sinfonie weit in den Schatten. Oder um es anders zu sagen: Dass Menschen Musik schaffen und wahrnehmen können, ist ein Spiegel der Tatsache, dass sie selbst aus etwas bestehen, das der Musik ähnlich ist.

Dank

Für viele Gespräche und Anregungen zu allen Aspekten des Buches sowie unermüdliches kritisches Gegenlesen gilt mein besonderer Dank Reinhard Hoffmann. Auch meiner Lektorin Charlyne Bieniek möchte ich meinen großen Dank ausdrücken für ihren genauen und klugen Blick sowie für wichtige Impulse zur Struktur des Buches.

Für Anregungen zum 1. Kapitel, insbesondere zur Quantenphysik, danke ich herzlich Dr. Verena Schulte-Frohlinde und Dr. Michael Gegg. Dr. Gregor Hagedorn bin ich zu großem Dank verpflichtet für seine fruchtbaren Hinweise zum 3. Kapitel. Auch Dr. Andrea Vetter möchte ich für das Gegenlesen des Textes danken.

Noam Chomsky verdanke ich den ersten Impuls für das Buch durch seinen Vortrag »The Machine, the Ghost, and the Limits of Understanding«, den er 2011 an der Universität Oslo hielt.

Ausgewählte Literatur

Kapitel 1

Fritjof Capra: Das Tao der Physik. *Die Konvergenz von westlicher Wissenschaft und östlicher Philosophie*, München 1977

Eduard Jan Dijksterhuis: *Die Mechanisierung des Weltbildes*, Berlin 1956

Albert Einstein: *Über die spezielle und die allgemeine Relativitätstheorie*, Heidelberg 2009 [1916]

David Graeber: *Schulden. Die ersten 5000 Jahre*, Stuttgart 2013

Joshua Gregory: *A Short History of Atomism*, London 1981

Werner Heisenberg: *Quantentheorie und Philosophie*, Stuttgart 1979; *Schritte über Grenzen*, München 1971

Thomas S. Kuhn: *Die Struktur wissenschaftlicher Revolutionen*, Frankfurt a. M. 1976

Imre Lakatos: *The Methodology of Scientific Research Programmes*, Cambridge 1978

Jacques Monod: *Zufall und Notwendigkeit*, München 1971

Roger Penrose: *Fashion, Faith, and Fantasy in the New Physics of the Universe*, Princeton 2017

Paolo Rossi: *Die Geburt der modernen Wissenschaft in Europa*, München 1997

Richard Seaford: *Money and the Early Greek Mind*, Cambridge 2004

Fabian Scheidler: *Das Ende der Megamaschine. Geschichte einer scheiternden Zivilisation*, Wien 2015

Lee Smolin: *Die Zukunft der Physik. Probleme der Stringtheorie und wie es weitergeht*, München 2009

Kapitel 2

Gregory Bateson: *Geist und Natur*, Frankfurt a. M. 1979; *Ökologie des Geistes*, Frankfurt a. M. 1981

David Chalmers: *The Conscious Mind. In Search of a Fundamental Theory*, Oxford 1996

Noam Chomsky: *Was für Lebewesen sind wir?*, Frankfurt a. M. 2016

Charles Darwin: *The Power of Movement in Plants*, London 1880

Denis Diderot: *Entretien entre d'Alembert et Diderot*, Paris 1965 [1769]

Jesper Hoffmeyer: *Biosemiotics. An Examination into the Signs of Life and the Life of Signs*, Scanton/London 2008

Stuart Kauffman: *Humanity in a Creative Universe*, Oxford 2016

Arthur Koestler: *Das Gespenst in der Maschine*, München 1968

Colin McGinn: *Wie kommt der Geist in die Materie? Das Rätsel des Bewusstseins*, München 2001

Thomas Nagel: *What Is It Like to Be a Bat? Wie ist es, eine Fledermaus zu sein?* Stuttgart 2016 [1974]

Roger Penrose: *Schatten des Geistes. Wege zu einer neuen Physik des Bewusstseins*, Heidelberg 1995

Roger Penrose et al. (Hg.): *Consciousness and the Universe. Quantum Physics, Evolution, Brain and Mind*, Cambridge (MA) 2017

Ilya Priogine, Isabelle Stengers: *Dialog mit der Natur. Neue Wege naturwissenschaftlichen Denkens*, München 1990

Fabian Scheidler: *Die volle und die leere Welt*, Klein-Jasedow 2019

Erwin Schrödinger: *Was ist Leben?*, München 1989 [1944]

Jonathan Shear (Hg.): *Explaining Consciousness: The Hard Problem*, Cambridge (MA) 1999

Kapitel 3

Joachim Bauer: *Das kooperative Gen. Evolution als kreativer Prozess*, München 2010

Martin Bojowald: *Zurück vor den Urknall. Die ganze Geschichte des Universums*, Frankfurt a. M. 2009

Charles Darwin: *Die Entstehung der Arten*, Stuttgart 2005 [1872]; *Die Abstammung des Menschen*, Paderborn 2005 [1871]

Richard Dawkins: *Das egoistische Gen*, Reinbek 1996 [1976]; *Der erweiterte Phänotyp. Der lange Arm der Gene*, Heidelberg 2010

Eva Jablonka, Marion Lamb: *Evolution in vier Dimensionen. Wie Genetik, Epigenetik, Verhalten und Symbole die Geschichte des Lebens prägen*, Stuttgart 2017

Stuart Kauffman: *A World Beyond Physics. The Emergence and Evolution of Life*, Oxford 2019

Marc W. Kirschner, John C. Gerhart: *Die Lösung von Darwins Dilemma. Wie die Evolution komplexes Leben schafft*, Reinbek 2007

Richard Lewontin: *Biology as Ideology: The Doctrine of DNA*, New York 1993

Konrad Lorenz: *Die Rückseite des Spiegels*, München 1973
Lynn Margulis: *Leben. Vom Ursprung zur Vielfalt*, Heidelberg 1999
Humberto Maturana, Francisco Varela: *Der Baum der Erkenntnis. Die biologischen Wurzeln menschlichen Erkennens*, Frankfurt a. M. 2009 [1984]
Ernst Mayr: *Eine neue Philosophie der Biologie*, München 1991
Denis Noble: *The Music of Life. Biology beyond Genes*, Oxford 2006
Roger Penrose: *Zyklen der Zeit. Eine neue ungewöhnliche Sicht des Universums*, Heidelberg 2012
James Shapiro: *Evolution. A View from the 21st Century*, Upper Saddle River (NJ) 2011
Paul Steinhardt, Neil Turok: *Endless Universe. Beyond the Big Bang*, New York 2007

Kapitel 4

Benedict Anderson: *Die Erfindung der Nation*, Frankfurt/M. 1996
Albert Einstein: *Why Socialism?*, in: Monthly Review, Mai 1949
Silvia Federici: *Caliban und die Hexe. Frauen, der Körper und die ursprüngliche Akkumulation*, Wien 2012
Michel Foucault: *Überwachen und Strafen*, Frankfurt a. M. 1994
Judith Herman: *Trauma and Recovery. The Aftermath of Violence – from Domestic Abuse to Political Terror*, New York 1992
Gideon Freudenthal, Peter Mc Laughlin: *The Social and Economic Roots of the Scientific Revolution*, New York 2009
Jürgen Habermas: *Technik und Wissenschaft als »Ideologie«*, Frankfurt a. M. 1970
Max Horkheimer: *Kritik der instrumentellen Vernunft*, Frankfurt a. M. 1967
Sarah Irving: *Natural Science and the Origins of the British Empire*, London/New York 2008
Ray Kurzweil: *Menschheit 2.0. Die Singularität naht*, Berlin 2014
Karl Marx: *Das Kapital, Band 1*
Carolyn Merchant: *Der Tod der Natur. Ökologie, Frauen und neuzeitliche Naturwissenschaft*, München 1987
David Montgomery: *Dreck. Warum unsere Zivilisation den Boden unter den Füßen verliert*, München 2010
Lewis Mumford: *Der Mythos der Maschine. Kultur, Technik und Macht*, Frankfurt a. M. 1977
Karl Polanyi: *The Great Transformation. Politische und ökonomische Ursprünge von Gesellschaften und Wirtschaftssystemen*, Frankfurt a. M. 1995 [1944]
James C. Scott: *Seeing Like a State*, New Haven 1988

Sonia Shah: *Pandemic: Tracking Contagion from Cholera to Ebola and Beyond*, New York 2016
Immanuel Wallerstein: *Der historische Kapitalismus*, Hamburg 1984

Kapitel 5

Gregory Bateson, Mary Catherine Bateson: *Wo Engel zögern. Unterwegs zu einer Epistemologie des Heiligen*, Frankfurt a. M. 1993
Kenneth Boulding: *Die neuen Leitbilder*, Düsseldorf 1958
Philippe Descola: *Jenseits von Natur und Kultur*, Frankfurt a. M. 2011
Fred B. Eisenman: *Bali. Sekala and Niskala, Volume 1: Essays on Religion, Ritual, and Art*, Hongkong 1990
Werner Heisenberg: *Der Teil und das Ganze. Gespräche im Umkreis der Atomphysik*, München 1969
Stuart Kauffmann: *Reinventing the Sacred A New View of Science, Reason, and Religion*, New York 2008
J. Stephen Lansing: *Priests and Programmers. Technologies of Power in the Engineered Landscape of Bali*, Princeton 1991;
Perfect Order: Recognizing Complexity in Bali, Princeton 2012
Marcel Mauss: *Die Gabe. Form und Funktion des Austauschs in archaischen Gesellschaften*, Frankfurt a. M. 1990 [Paris 1925]
Gerardo Reichel-Dolmatoff: *The Forest Within: The World-view of the Tukano Amazonian Indians*, Totnes 1996

Kapitel 6

Frank Adloff, Tanja Busse (Hg.): *Welche Rechte braucht die Natur? Wege aus dem Artensterben*, Frankfurt/M. 2021
Fay Bound Alberti: *A Biography of Loneliness. The History of an Emotion*, Oxford 2019
Aaron Antonovsky: *Salutogenese. Zur Entmystifizierung der Gesundheit*, Tübingen 1997
Giacomo d'Alisa et al.: *Degrowth. Handbuch für eine neue Ära*, München 2016
Christian Felber: *Die Gemeinwohlökonomie*, Wien 2012
Ivan Illich: *Selbstbegrenzung. Eine politische Kritik der Technik*, München 1998
Kate Raworth: *Die Donut-Ökonomie. Endlich ein Wirtschaftsmodell, das den Planeten nicht zerstört*, München 2018
Hartmut Rosa: *Resonanz. Eine Soziologie der Weltbeziehung*, Frankfurt a. M. 2016
Fabian Scheidler: *Chaos. Das neue Zeitalter der Revolutionen*, Wien 2017
Ute Scheub: *Demokratie. Die Unvollendete*, München 2017

Vandana Shiva, Kartikey Shiva: *Oneness vs the 1 %. Shattering Illusions, Seeding Freedom*, Oxford 2019
Rebecca Solnit: *A Paradise Built in Hell: The Extraordinary Communities That Arise in Disaster, New York 2010*
Joseph Tainter: *The Collapse of Complex Societies*, Cambridge 1988
Immanuel Wallerstein, Randall Collins, Michael Mann et al.: *Stirbt der Kapitalismus? Fünf Szenarien für das 21. Jahrhundert*, Frankfurt a. M. 2014
Wuppertal Institut für Klima, Umwelt, Energie (Hg.): *Zukunftsfähiges Deutschland in einer globalisierten Welt*, Frankfurt a. M. 2008

Anmerkungen

Einleitung

1 Fabian Scheidler: *Das Ende der Megamaschine. Geschichte einer scheiternden Zivilisation*, 10. Auflage, Wien 2018.

2 Lynn Margulis: *Leben. Vom Ursprung zur Vielfalt*, Heidelberg 1999, S. 23.

3 Sonia Shah : *Think Exotic Animals Are to Blame for the Coronavirus? Think Again*, in : The Nation, 18. 2. 2020. Vgl. auch dies.: Pandemic: *Tracking Contagion from Cholera to Ebola and Beyond*, New York 2016.

4 Jacques Monod: *Zufall und Notwendigkeit*, München 1971, S. 211.

5 Der französische Ethnologe Philippe Descola prägte dafür den Begriff der »Großen Trennung« (»Great Divide«/»Grand Partage«). Philippe Descola: *Jenseits von Natur und Kultur*, Frankfurt a. M. 2011.

6 Vgl. Ray Kurzweil: *Menschheit 2.0. Die Singularität naht*, Berlin 2014.

7 Zu Johannes Kepler, der Renaissance-Philosophie und dem »organischen Weltbild« vgl. Carolyn Merchant: *Der Tod der Natur. Ökologie, Frauen und neuzeitliche Naturwissenschaft*, München 1987, S. 82–141.

8 Für Newton war der kosmische Raum ein »sensorium dei«, ein Organ Gottes. Vgl. Philippe Hamou: *Sensorium Dei. Espace et présence sensible de l'esprit chez Newton*, in: Revue philosophique de la France et de l'étranger 2014/1, Bd. 139, S. 47–72.

9 Zur Entwicklung frühkindlicher Kausalitätskonzepte vgl. Roberta Corrigan, Peggy Denton: *Causal Understanding as a Developmental Primitive*, in: Developmental Review, Bd. 16, Ausgabe 2, Juni 1996, S. 162–202.

10 Zur Geschichte des mechanistischen Weltbildes vgl. Eduard Jan

Dijksterhuis: *Die Mechanisierung des Weltbildes*, Berlin 1956; Lewis Mumford: *Der Mythos der Maschine. Kultur, Technik und Macht*, Frankfurt a. M. 1977.

11 Scheidler: *Das Ende der Megamaschine*, S. 100.

12 Ebd., S. 80–89.

13 Der Begriff »Megamaschine« geht auf den Technikhistoriker Lewis Mumford zurück; Lewis Mumford: *Der Mythos der Maschine. Kultur, Technik und Macht*, Frankfurt a. M. 1977.

14 Auf die Tatsache, dass große Konzerne keineswegs unbürokratischer als Staaten sind, weist David Graeber in seinem Buch *Bürokratie. Die Utopie der Regeln*, Stuttgart 2016, hin. Im Jahr 2019 betrug das weltweite Bruttoinlandsprodukt 86,6 Billionen Dollar. Die 500 größten Konzerne der Welt vereinigten auf sich laut Forbes-Magazin (»Global 500«) 33,3 Billionen Dollar Umsatz. Das entspricht knapp 40 Prozent der Weltwirtschaft. Zugleich beschäftigen sie aber laut Forbes nur knapp 70 Millionen Menschen, was in etwa 2,3 Prozent der weltweiten Arbeiterschaft ausmacht. Zur Geschichte der Aktiengesellschaften siehe Scheidler: *Das Ende der Megamaschine*, S. 98–101.

15 Zitiert nach Geseko von Lüpke: *Politik des Herzens. Nachhaltige Konzepte für das 21. Jahrhundert*, Uhlstädt-Kirchhasel 2003, S. 32.

1 Stoff

1 »We are such stuff/as dreams are made on, and our little life/is rounded with a sleep.« William Shakespeare: *Der Sturm*, 4. Akt, 1. Szene, in der Übersetzung von Gerd Stratmann, Stuttgart 1982, S. 121.

2 Richard Seaford: *Money and the Early Greek Mind*, Cambridge 2004.

3 Der historische Krösus war wegen seines sagenhaften Reichtums berühmt und von etwa 555 bis 541 v. Chr. Regent von Lydien, einer griechischen Provinz in Kleinasien, die zugleich die Wiege der vorsokratischen Philosophie und der ersten Münzwirtschaften war. Midas ist eine mythologische Gestalt, die möglicherweise auf einen ebenfalls in Kleinasien regierenden König aus dem 8. Jahrhundert v. Chr. zurückgeht. Nach der Legende wünschte er sich, dass alles, was er berührte, zu Gold werde, und musste nach Erfüllung des Wunsches verhungern.

4 Vgl. David Graeber: *Debt. The First 5000 Years*, New York 2011, S. 244–249. (Deutsch: *Schulden. Die ersten 5000 Jahre*, Stuttgart 2013, Kapitel 9 »Die Achsenzeit«.)

5 Demokrit: *Fragment 125*, in: Laura Gemelli Marciano (Hg.): *Die Vorsokratiker, Band 3*, Mannheim 2010.

6 Monod: *Zufall und Notwendigkeit*, München 1971, S. 211.

7 Joshua Gregory spricht vom »Exil des Atoms«: »Es gibt in der

Forschung einen Konsens darüber, dass im Mittelalter das Konzept des Atomismus aufgeben wurde, dass es beinahe verschwunden ist.« (Übers. d. Autors.) *A Short History of Atomism*, London 1981, S. 23.

8 Mechanistische und atomistische Positionen waren nicht immer vollkommen deckungsgleich. Descartes etwa vertrat zwar eine mechanistische, aber keine klassisch atomistische Position (er glaubte nicht an ein Vakuum und auch nicht an unteilbare kleinste Einheiten). Seine Lehre ließ sich jedoch mit der atomistischen ohne große Widersprüche verbinden. Vgl. Eduard Jan Dijksterhuis: *Die Mechanisierung des Weltbildes*, Berlin 1956, S. 466.

9 Vgl. Scheidler: *Das Ende der Megamaschine. Geschichte einer scheiternden Zivilisation* S. 105–130.

10 Vgl. Paolo Rossi: *Die Geburt der modernen Wissenschaft in Europa*, München 1997, S. 29–33.

11 Brief an Richard Bentley von 1692/93, in: Herbert Westren Turnbull: *The Correspondence of Isaac Newton*, Cambridge 1961, Bd. 3, S. 253 f.

12 Vgl. Alexandre Koyré: *Newtonian Studies*, London 1965, S. 117 f.; Imre Lakatos: *The Methodology of Scientific Research Programmes*, Cambridge 1977, S. 99.

13 Robert Boyle: *Experiments and Notes about the Mechanical Origin or Production of Electricity*, London 1675, in: Michael Hunter, Edward B. Davis (Hg.): *The Works of Robert Boyle*, Vol. 8: *Publications of 1674–6*, London 2000.

14 James Clerk Maxwell: *A Treatise on Electricity and Magnetism*, Bd. 2, Oxford 1873, S. 437 f.

15 Berühmt geworden sind die sogenannten Michelson-Morley-Experimente aus den Jahren 1881 und 1887. Die Experimente sollten die Geschwindigkeit des hypothetischen »Lichtäthers« relativ zur Erde ermitteln. Allerdings waren die Ergebnisse mit den damaligen Äthervorstellungen nicht in Einklang zu bringen. Eine ausführliche Darstellung der Debatten um die Experimente bietet Lakatos: *The Methodology of Scientific Research Programmes*, S. 73–78.

16 Thomas S. Kuhn: *Die Struktur wissenschaftlicher Revolutionen*, Frankfurt a. M. 1976, S. 85 ff.

17 Albert Einstein zitiert nach Milič Čapek: *The Philosophical Impact of Contemporary Physics*, Princeton 1961, S. 319.

18 Eine Beschreibung des wissenschaftlichen Ringens um die Quantentheorie liefert Werner Heisenberg: *Die Geschichte der Quantentheorie*, in: ders.: *Quantentheorie und Philosophie*,Stuttgart 1979. Außerdem: Werner Heisenberg: *Die Plancksche Entdeckung* sowie *Erinnerungen an Niels Bohr*, in: ders.: *Schritte über Grenzen*, München 1971.

19 Louis de Broglie postulierte bereits in den 1920er-Jahren, dass alle »Teilchen« auch Wellencharakter haben. 1961 führte der deutsche Physiker Claus Jönsson ein Doppelspaltexperiment mit Elektronen durch und konnte damit nachweisen, dass Elektronen, ebenso wie Photonen, Interferenzmuster erzeugen, sich also wie Wellen verhalten. Spätere Experimente konnten dies sogar für Moleküle und größere Molekülaggregate zeigen. Vgl. Christian Brand et al.: *Matter-wave physics with nanoparticles and biomolecules*, in: Les Houches Summer School, Session CVII, Current Trends in Atomic Physics, 2016, S. 13. Auch größere Körper, einschließlich Lebewesen, kann man im Prinzip als Materiewellen beschreiben, allerdings lassen sich dazu keine Doppelspaltexperimente mehr durchführen.

20 Es hat früh auch andere Deutungen der Quantenphysik gegeben. Louis de Broglie etwa entwickelte 1927 eine Theorie, derzufolge es stets sowohl ein reales Teilchen als auch eine reale Welle gebe, wobei die Welle der Bewegung des Teilchens vorausgehe und diese lenke. In den 1950er-Jahren stieß David Bohm auf Broglies Arbeit und entwickelte sie weiter. Vgl. David Bohm: *A Suggested Interpretation of the Quantum Theory in Terms of »Hidden« Variables*, in: Physical Review, Bd. 85, Nr. 2, Januar 1952, S. 166–193; Lee Smolin: *Im Universum der Zeit. Auf dem Weg zu einem neuen Verständnis des Kosmos*, München 2014, S. 222 f.

21 Der Quantenphysiker und Nobelpreisträger Richard Feynman bemerkte einst: »Ich glaube, sicher sagen zu können, dass niemand die Quantenphysik versteht.« (Übers. d. Autors) Richard P. Feynman: *The Character of Physical Law*, New York, 1965, S 129.

22 Die heisenbergsche Unschärferelation besagt, dass man bei einem subatomaren Phänomen nicht gleichzeitig den Impuls und den Ort genau bestimmen kann.

23 Der Impuls setzt sich aus der Masse eines physikalischen Objektes, seiner Geschwindigkeit und seiner Bewegungsrichtung zusammen.

24 Den Vorgang, dass sich durch eine Messung ein bestimmter Eigenzustand des Systems herauskristallisiert, nennt man in der Quantenphysik auch »Kollaps der Wellenfunktion«. Dass erst eine Messung den Zustand eines Quantensystems festlegt, führt allerdings zu einem Paradox, das Erwin Schrödinger in einem berühmten Gedankenexperiment veranschaulicht hat: Sperrt man eine Katze in eine geschlossene Box, in der sich auch eine Apparatur befindet, die in Abhängigkeit vom radioaktiven Zerfall eines Atoms die Katze entweder tötet oder am Leben lässt, dann müsste die Katze so lange gleichzeitig tot und lebendig sein, bis der Kasten geöffnet wird, also die »Messung« durchgeführt wird. Da dies nach allem, was wir in der makroskopischen Welt beobachten können, unmöglich ist, hat

es seither zahlreiche Bemühungen gegeben, den Kollaps der Wellenfunktion anders zu verstehen, etwa als einen Kollaps der Unwissenheit des Beobachters. Das Paradox, das als »Schrödingers Katze« bekannt wurde, gilt aber bis heute als nicht befriedigend gelöst. Vgl. Erwin Schrödinger: *Die gegenwärtige Situation in der Quantenmechanik*, in: Naturwissenschaften 23 (48), November 1935, S. 807–812.

25 Bei verschränkten Quanten folgt bei einer Messung aus der Festlegung eines Zustandes bei Teilchen A zugleich auch die Festlegung des Zustandes von Teilchen B, und zwar unabhängig von der Entfernung und absolut gleichzeitig (ohne Rücksicht auf die Begrenzungen durch die Lichtgeschwindigkeit).

26 John Stewart Bell: *On the Einstein Podolsky Rosen Paradox*, Physics 1 (3) 1964, S. 195–200. Stuart J. Freedman, John F. Clauser: *Experimental Test of Local Hidden-Variable Theories*, Physical Review Letters 28 (14) 1972, S. 938–941.

27 Zitiert nach dem Film *Einstein's Quantum Riddle*, PBS Nova, USA 2019.

28 Nach dem Experiment von John Clauser im Jahr 1972 dauerte es zehn Jahre, bis Alain Aspect et al. 1982 in Frankreich ein weiteres Experiment durchführten, das zum gleichen Ergebnis kam. Siehe Alain Aspect et al.: *Experimental Realization of Einstein-Podolsky-Rosen-Bohm Gedankenexperiment: A New Violation of Bell's Inequalities*, in: Physical Review Letters 49(2), 12. 2. 1982, S. 91 f. Zum Quasar-Experiment auf La Palma siehe: Dominik Rauch et al.: *Cosmic Bell Test Using Random Measurement Settings from High-Redshift Quasars*, in: Physical Review Letters 121 (8), 20. 8. 2018.

29 Vandana Shiva im Gespräch, in: Lüpke (Hg.): *Politik des Herzens*, S. 233. Die Verschränkung zweier Quanten ändert die Wahrscheinlichkeitsverteilung für die Zustände der beiden verschränkten Systeme. Durch weitere Interaktionen mit anderen Quanten werden diese verschränkungsbedingten Wahrscheinlichkeitsverteilungen nicht aufgehoben, sondern kumulativ durch neue Verschränkungen verändert. Insofern hat das System tatsächlich ein »Gedächtnis« aller seiner früheren Begegnungen.

30 Hans-Peter Dürr: *Ist die Biologie nur Physik?* Vortrag beim Internationalen Institut für Biophysik, Hombroich 1997: www.youtube.com/watch?v=nArFh59EnkM, abgerufen am 25. 10. 2020.

31 Umfragen zu diesem Thema wurden immer wieder auf internationalen Physikerkonferenzen durchgeführt. Eine Umfrage unter 72 führenden Kosmologen etwa kam 1995 zu dem Ergebnis, dass 58 % der These eines Multiversums zuneigen (veröffentlicht in der Zeit-

schrift *Sciences et Avenir*, Januar 1998). Allerdings ist die Aussagekraft solcher Umfragen auch immer wieder infrage gestellt worden.

32 Die klassische »Kopenhagener Deutung« der Quantenphysik wurde 1927 von Niels Bohr und Werner Heisenberg entwickelt und später von Paul Dirac und John von Neumann weiterentwickelt. Diese Deutung – die bisweilen auch als »Standardinterpretation« bezeichnet wird – besagt, dass der Wahrscheinlichkeitscharakter der Quantengleichungen nicht Ausdruck der Unvollkommenheit der Theorie oder des beschränkten Wissens des Beobachters ist, sondern dass die zugrunde liegenden Phänomene selbst nicht determiniert sind und nur im Moment der Messung einen festgelegten Zustand annehmen. Da diese Deutung mit den Kausalvorstellungen der klassischen Physik unvereinbar ist, wurde sie immer wieder herausgefordert, u. a. durch die »Viele-Welten-Interpretation«.

33 Als Antimaterie werden »Teilchen« bezeichnet, die entgegengesetzte elektrische Ladungen haben wie gewöhnliche Materie. Ein Positron etwa hat dieselben Eigenschaften wie ein Elektron, nur mit positiver statt negativer Ladung, ein Antiproton ist mit einem Proton identisch, besitzt aber eine negative Ladung. In der Natur kann Antimaterie durch Höhenstrahlung oder radioaktiven Zerfall entstehen, ist aber meist sehr kurzlebig. Treffen ein Proton und ein Antiproton aufeinander, zerstrahlen sie. Warum unser Universum aus Materie und nicht aus Antimaterie besteht – beziehungsweise warum es nicht anfangs aus gleichen Mengen der beiden Varianten bestand und sich anschließend zerstrahlt hat –, ist eine der großen ungelösten Fragen der Physik.

34 Um den immer unübersichtlicheren Teilchenzoo zu ordnen und auch ein bestimmtes, bis dahin unerklärliches Verhalten von Neutronen zu erklären, entwickelten unabhängig voneinander verschiedene Physiker in den 1960er-Jahren Modelle, denenzufolge Protonen und Neutronen aus kleineren Einheiten bestehen, die damals wahlweise Partonen (Richard Feynman), Aces (George Zweig) oder Quarks (Murray Gell-Mann) genannt wurden. 1968 wurde dann das Modell erstmals in einem Teilchenbeschleuniger in Stanford (Kalifornien) experimentell getestet, indem Elektronen hochenergetisch in Protonen geschossen wurden. Die Elektronen prallten auf eine Weise ab, die mit den Vorhersagen des Quarkmodells übereinstimmte, mit der Vorstellung solider, blockartiger Protonen dagegen unvereinbar war. 1973 wurde ein weiteres Experiment durchgeführt, welches das (bis dahin erweiterte) Quarkmodell bestätigte.

35 Zum Higgs-Feld und Higgs-Boson vgl. die Anmerkung 38 in diesem Kapitel.

36 Vgl. Fritjof Capra: *Das Tao der Physik. Die Konvergenz von westlicher Wissenschaft und östlicher Philosophie*, Bern 1984, S. 220.

37 Die Quantenfeldtheorie (QFT), eine Weiterentwicklung der Quantenmechanik, beschreibt »Teilchen« und elektromagnetische Felder in der gleichen Weise. »Teilchen« werden in der QFT als Anregungszustände von Feldern interpretiert.

38 Erschwerend kommt hinzu, dass auch die Masse der Quarks und aller anderen Teilchen nach dem Standardmodell nicht in ihnen selbst liegt, sondern erst durch die Wechselwirkung mit einem hypothetischen »Higgs-Feld« zustande kommt, das den gesamten Raum, auch das Vakuum, gleichmäßig durchziehen soll. Ein indirekter Hinweis für die Existenz dieses Feldes könnte die Entdeckung des Higgs-Bosons sein, das nach dem Standardmodell ein Anregungszustand dieses Feldes ist. Einige seit 2012 durchgeführte Experimente am CERN-Teilchenbeschleuniger in Genf werden als möglicher Nachweis des Higgs-Bosons interpretiert, auch wenn eine vollständige Auswertung noch aussteht.

39 Zitiert nach Lüpke: *Politik des Herzens*, S. 29.

40 Noam Chomsky: *The Machine, the Ghost and the Limits of Understanding*, September 2011, Universität Oslo, Center for he Study of Mind and Nature: www.youtube.com/watch?v=D5in5EdjhD0, abgerufen am 25. Oktober 2020 (Übers. d. Autors).

41 Vgl. beispielsweise Sigmund Brandt: *Geschichte der modernen Physik*, München 2011, oder den Beitrag *Die Teilchenphysik in der Sinnkrise* von Frank Grotelüschen im Deutschlandfunk (17. 2. 2019), wo von den »Grundbausteinen der Welt«, »unteilbaren Bausteinen« und einem »Baukasten unserer Welt« die Rede ist.

42 Der Ökonom Paul Krugman definierte eine Zombie-Idee als eine »Behauptung, die durch Analyse und Beweise gründlich widerlegt wurde und tot sein sollte – aber nicht tot bleibt, weil sie einem politischen Zweck dient«, New York Times, 14. 2. 2013 (Übers. d. Autors).

43 Vgl. Scheidler: *Das Ende der Megamaschine*, S. 105–130.

44 Vgl. z. B. Werner Heisenberg: *Die Bedeutung des Schönen in der exakten Naturwissenschaft*, in: ders.: *Quantentheorie und Philosophie*, Stuttgart 1979.

45 Die Vorstellung, die Wirklichkeit »enthalte« versteckte Extradimensionen, beruht auf einem Missverständnis darüber, was Dimensionen sind. Dimensionen sind keine Eigenschaften der Wirklichkeit, sondern menschliche Vermessungskonstruktionen, die wir auf die Welt projizieren. Die Erfindung zusätzlicher »versteckter« Dimensionen eröffnet zwar einen großen Raum für die Mathematik, führt aber nicht zu überprüfbaren Vorhersagen.

46 Vgl. Lakatos: *The Methodology of Scientific Research Programmes.*

47 Lee Smolin: *Die Zukunft der Physik. Probleme der Stringtheorie und wie es weitergeht*, München 2009.

48 Der Quantenphysiker Richard Feynman bezeichnete eine Wissenschaft, in der die Jagd nach Anerkennung und Geld den tatsächlichen Erkenntniswert verdrängt, einst auch als »Cargo-Kult-Wissenschaft« (Richard Feynman: *Cargo Cult Science*, in: Engineering and Science, Juni 1974, S. 10–13). Vgl. dazu auch: Jerome R. Ravetz: *Scientific Knowledge and its Social Problems*, Piscataway (NJ) 1971, sowie Philip Mirowski: *Science-Mart. Privatizing American Science*, Harvard 2011. Ein weiteres Beispiel für die Prägung der wissenschaftlichen Praxis durch soziale und ökonomische Motivationen hat Bruno Latour in seiner Studie *Laboratory Life. The Construction of Scientific Facts*, Beverly Hills 1979, angeführt. (Latour hat später betont, dass es ihm nicht darum gehe, wissenschaftliche Fakten als grundsätzlich konstruiert darzustellen – eine Gefahr, die er angesichts der zunehmenden Zahl von Fake News, Klimaleugnern etc. sah.)

49 Zum Scheitern der neoklassischen Ökonomik vgl. Kapitel 5 und dort insbesondere die Anm. 10 bis 12.

50 In der Landwirtschaft und Ökonomik beschreibt das Gesetz des sinkenden Grenzertrages den Umstand, dass bei zunehmendem Input ab einem bestimmten Punkt der Output in Relation zum Input immer langsamer steigt und schließlich sogar fallen kann. Der Historiker und Anthropologe Joseph Tainter hat dieses Prinzip in seinem Buch *The Collapse of Complex Societies*, Cambrige 1988, auf ganze Gesellschaftsordnungen wie etwa das Römische Reich übertragen. Siehe dazu auch: Fabian Scheidler: *Chaos. Das neue Zeitalter der Revolutionen*, Wien 2017, S. 85–94.

51 Douglas Adams: *Per Anhalter durch die Galaxis*, fünfteilige Romanserie, veröffentlicht zwischen 1979 und 1992.

52 Brian Schmidt, Adam Riess, Alexei Filippenko, Robert Kirshner et al. (High-Z Supernova Search Team): *Observational evidence from supernovae for an accelerating universe and a cosmological constant*, Astronomical Journal, Bd. 116, 1998, S. 1009–38. Schmidt und Riess sowie Saul Perlmutter vom Supernova Cosmology Project erhielten für diese Entdeckung 2011 den Nobelpreis für Physik.

53 Die kosmologische Konstante führte Einstein 1917 in seine Feldgleichungen der Allgemeinen Relativitätstheorie ein. Der Grund dafür bestand darin, dass die Gleichungen ohne eine solche Konstante entweder sich ausdehnenden oder sich zusammenziehenden Universen entsprachen, Einstein und seine Zeitgenossen aufgrund der damals zugänglichen Beobachtungen jedoch glaubten, das Univer-

sum sei statisch. Nachdem Georges Lemaître und Edwin Hubble mithilfe neuer Teleskopbeobachtungen aber in den 1930er-Jahren zeigen konnten, dass das Universum expandiert, verwarf Einstein die Konstante als »größte Eselei [s]eines Lebens«. Seit der Entdeckung, dass das Weltall nicht nur expandiert, sondern sich diese Expansion auch *beschleunigt*, haben einige Physiker diese Konstante jedoch wieder eingeführt. Dieser mathematische Handgriff ist allerdings nicht mit einer physikalischen Erklärung zu verwechseln.

54 Vgl. David Merritt: *Cosmology and Convention*, in: Studies in History and Philosophy of Modern Physics, 2016.

55 Der Philosoph und Wissenschaftstheoretiker Karl Popper bezeichnete die Einführung von Ad-hoc-Hypothesen nur dann als legitim, wenn daraus neue falsifizierbare Vorhersagen resultieren. Karl Popper: *The Logic of Scientific Discovery*, New York 1959, S. 82 f.

56 David Merritt: *Cosmology and Convention*, in: Studies in History and Philosophy of Modern Physics, 2016, S. 50.

57 Vgl. die 3sat-Sendung *Das Dunkel der Astrophysik* vom 11.05.2017.

58 Die starke und die schwache Wechselwirkung (Kernkraft) sind zwar nur auf sehr kleine Entfernungen innerhalb der Atome und ihrer Kerne wirksam, jedoch im Prinzip auch eine »Fernwirkung«, denn sie beruhen nicht auf mechanischen Stößen. Die schwache Wechselwirkung, die vor allem beim radioaktiven Zerfall von Atomen und bei der Kernfusion eine Rolle spielt, gleicht, wie Glashow, Salam und Weinberg 1968 zeigen konnten, der elektromagnetischen Wechselwirkung und lässt sich mathematisch als »elektroschwache Wechselwirkung« mit ihr vereinheitlichen. Die starke Wechselwirkung wird von den »Gluonen« getragen und hält die Quarks innerhalb der Protonen und Neutronen zusammen.

2 Leben

1 Rainer Maria Rilke: »Es winkt zu Fühlung fast aus allen Dingen« (1914), in: ders.: *Die Gedichte*, Frankfurt a. M. 2006, S. 618.

2 Zitiert nach Merchant: *Der Tod der Natur*, S. 275.

3 Noch in der ersten Hälfte des 20. Jahrhunderts standen einige führende Biologen im Lager der Vitalisten, darunter Hans Driesch (1867–1941). Ernst Mayr, einer der einflussreichsten Biologen des 20. Jahrhunderts, bemerkte dazu: »Es wäre ahistorisch, Vitalisten lächerlich zu machen. Wenn man die Schriften eines der führenden Vitalisten wie Driesch liest, ist man gezwungen, ihm zuzustimmen, dass viele der Grundprobleme der Biologie nicht einfach durch eine Philosophie wie die von Descartes gelöst werden können, in der der Organismus einfach als Maschine betrachtet wird. Die Logik der Kritik der Vitalisten war einwandfrei.« Ernst Mayr: *The Walter*

Arndt Lecture: The Autonomy of Biology, online unter: www.biologie.uni-hamburg.de/b-online/e01_2/autonomy.htm, abgerufen am 25. Oktober 2020 (Übers. d. Autors).

4 Auf die zirkuläre Logik des Vitalismus hatte bereits der Biologe Thomas Henry Huxley (1825–1895) hingewiesen, der bemerkte, Leben durch eine *vis vitalis* zu erklären sei so erkenntnisfördernd, wie die Eigenschaften von Wasser auf seine Wasserartigkeit zurückzuführen. Sein Enkel, der Biologe Julian Huxley (Bruder des Romanautors Aldous Huxley), ergänzte in Bezug auf das vitalistische Konzept des *élan vital*, das der Philosoph Henri Bergson geprägt hatte: »Zu behaupten, dass biologische Prozesse durch einen *élan vital* erklärt werden, ist, als würde man die Bewegung eines Zuges durch den *élan locomotif* seines Triebwagens ›erklären‹.« Zitiert nach Mary Ann Gillies: *Henri Bergson and British Modernism*, Montreal 1996, S. 31.

5 Mit Wissenschaften sind hier die empirischen Wissenschaften gemeint, im Unterschied zu Formalwissenschaften wie der Logik, die im Allgemeinen der Philosophie zugerechnet werden. In der frühen Neuzeit wurde allerdings auch ein Naturforscher in der Regel als *philosophus* bezeichnet, die spätere Teilung der Disziplinen existierte noch nicht.

6 Gregory Bateson: *Geist und Natur*, Frankfurt a. M. 1979, S. 126 f.

7 Edward Lorenz: *The Essence of Chaos*, Seattle 1993, S. 181–184.

8 Solche Kipppunkte werden auch »Bifurkationen« genannt, was so viel bedeutet wie »Weggabelungen«.

9 Ilya Prigogine, Isabelle Stengers: *Dialog mit der Natur. Neue Wege naturwissenschaftlichen Denkens*, München 1990, S. 23.

10 Gregory Bateson: *Geist und Natur*, Frankfurt a. M. 1979, S. 123; ders., *Ökologie des Geistes*, Frankfurt a. M. 1981, S. 582 ff.

11 Gregory Bateson: *Steps to an Ecology of Mind*, San Francisco 1972, S. 452 (Übers. d. Autors, entspricht *Ökologie des Geistes*, Frankfurt a. M. 1981, S. 581).

12 Vgl. Fabian Scheidler: *Die volle und die leere Welt*, Klein-Jasedow 2019, S. 12 ff.

13 In der Philosophie und Bewusstseinsforschung werden von außen nicht einsehbare Erlebnisqualitäten auch als *Qualia* bezeichnet, ein Begriff, der erstmals 1866 von dem Philosophen Charles Peirce systematisch benutzt und später von Clarence Irving Lewis präzisiert wurde.

14 Thomas Nagel: *What Is It Like to Be a Bat? Wie ist es, eine Fledermaus zu sein?* Stuttgart 2016 [1974]. www.philosopher.eu/others-writings/nagel-what-is-it-like-to-be-a-bat, abgerufen am 25. 10. 2020.

15 Domink Heyers et al.: *A Visual Pathway Links Brain Structures Active during Magnetic Compass Orientation in Migratory Birds*, in: PLoS ONE, Bd. 2, Nr. 9, 2007.

16 Die Tradition der Abwertung des Erlebten und der Aufwertung der abgeleiteten Abstraktion beginnt bereits mit Platon. Vgl. etwa das berühmte Höhlengleichnis in Platons *Politeia*.

17 Die Himba im heutigen Namibia etwa benutzen für das, was Europäer »grün« und was sie »blau« nennen, dasselbe Wort und unterscheiden bei Tests nicht zwischen beidem. Allerdings haben sie mehrere Wörter für Grüntöne und sehen im Test auch Grünnuancen, die europäische Probanden nicht erkennen. Vgl. Debi Roberson et al.: *Colour categories and category acquisition in Himba and English*, in: Nicola Pitchford, Carole P. Biggam (Hg.): *Progress in Colour Studies,* Amsterdam 2006, S. 159–172, sowie die BBC-Dokumentation *Do you see what I see? The Himba tribe* (GB 2011).

18 Vgl. David Chalmers: *The Conscious Mind*, Oxford 1996.

19 Zur Intersubjektivität als Grundlage der Wissenschaft vgl. Jürgen Habermas: *Erkenntnis und Interesse*, in: ders.: *Technik und Wissenschaft als »Ideologie«*, Frankfurt a. M. 1970.

20 »Auch der Naive meint mit der Aussage, sein Freund X sei eben ins Zimmer getreten, gewiss nicht nur dessen erlebendes Subjekt noch auch seine objektiv erforschbare Körperlichkeit, sondern ganz eindeutig die Einheit beider.« Konrad Lorenz: *Die Rückseite des Spiegels*, München 1973, S. 13. In diesem Hauptwerk von Konrad Lorenz versucht der Verhaltensforscher, die Evolution des Lebens als Erkenntnisprozess zu beschreiben. Auch wenn einige Aspekte, etwa die Passagen über die »angeborenen Auslösemechanismen«, inzwischen überholt sind, ist dieses Werk doch eine der bemerkenswertesten biologischen Schriften des 20. Jahrhunderts. Leider ist Lorenz' Schaffen durch seine Rolle im Nationalsozialismus nachhaltig getrübt. Während er Pionierarbeit etwa in der einfühlenden Beobachtung von Tieren leistete, stützte er mit seinen Thesen über die Notwendigkeit rassischer Selektion in den 1940er-Jahren die NS-Ideologie.

21 Vgl. Scheidler: *Die volle und die leere Welt*, S. 53 f.

22 Zu den bemerkenswerten Ausnahmen der Fixierung der Biologie auf eine reine Außensicht gehört Charles Darwins Buch *Der Ausdruck der Gemütsbewegungen bei dem Menschen und den Tieren*, erstmals erschienen 1872.

23 Vgl. Scheidler: *Das Ende der Megamaschine*, S. 105–114. Siehe auch: Dijksterhuis: *Die Mechanisierung des Weltbildes*, S. 482, sowie Mumford: *Der Mythos der Maschine*. S. 395–399.

24 Die philosophische Strömung des »eliminativen Materialismus«

geht auf die 1960er-Jahre zurück, insbesondere auf Schriften von Burrhus Skinner, Richard Rorty und Paul Feyerabend. Zu den späteren Vertretern zählen u. a. Richard Dennett (*Conciousness Explained*, Boston 1991) sowie Patricia und Paul Churchland (*A Neurocomputational Perspective: The Nature of Mind and the Structure of Science*, Cambridge [MA] 1989). Gemeinsam ist diesen Autoren, dass sie die Existenz von Erlebnisqualitäten (»Qualia«) und Emotionen entweder abstreiten oder als bloße Täuschung abtun. Allerdings bleibt in der Argumentation unklar, wo der Unterschied etwa zwischen einem eingebildeten Schmerz und einem echten Schmerz sein soll oder zwischen einem eingebildeten Himmelsblau und einem echten. Selbst wenn man Qualia als Täuschung bezeichnet, sind diese Täuschungen für den, der etwas erlebt, ja trotzdem real. Der enorme argumentative Aufwand, der hier betrieben wird, um etwas zu leugnen, das beim besten Willen nicht wegzudiskutieren ist, ist ein Beispiel für den letztlich irrationalen Versuch einer systematischen Abspaltung der Innenwelten, der typisch für das technokratische Denken ist (vgl. dazu Kapitel 4: Die Große Trennung).

25 Der »Vater des Behaviorismus« John B. Watson vertrat etwa die Auffassung, Denken sei nichts anderes als die Bewegung des Kehlkopfes (John B. Watson: *Behaviorism*, Chicago 1961). Wie einflussreich Watsons Schule bis heute ist, zeigt sich daran, dass Burrhus Skinner, der berühmteste Nachfolger von Watson, noch 2002 von der American Psychological Association zum bedeutendsten Psychologen des 20. Jahrhunderts gekürt wurde.

26 Im letzten Kapitel des Buches schreibt Schrödinger: »(i) My body functions as a pure mechanism according to the Laws of Nature. (ii) Yet I know, by incontrovertible direct experience, that I am directing its motions, of which I foresee the effects, that may be fateful and all-important, in which case I feel and take full responsibility for them. The only possible inference from these two facts is, I think, that I – I in the widest meaning of the word, that is to say, every conscious mind that has ever said or felt 'I' – am the person, if any, who controls the ›motion of the atoms‹ according to the Laws of Nature.« Erwin Schrödinger: *What is Life?*, Cambridge 1944. (Deutsche Übersetzung: *Was ist Leben?*, München 1989) Schrödingers Buch handelt im Übrigen vor allem von den biochemischen Grundlagen des Lebens und stellte die These auf, dass die Erbsubstanz in einem großen Molekül codiert sein müsse – eine These, die die Molekularbiologen Francis Crick und James Watson später bei der Entschlüsselung der DNA inspirierte.

27 Das Phänomen, dass kausale Prozesse in komplexen Systemen im Allgemeinen und in Lebewesen im Besonderen nicht nur von den

unteren zu den höheren Ebenen verlaufen, sondern auch umgekehrt, ist auch als »Abwärtskausalität« (»downward causation«) bekannt. Vgl. Donald T. Campbell: *»Downward causation« in hierarchically organised biological systems,* in: Francisco José Ayala, Theodosius Dobzhansky (Hg.): *Studies in the philosophy of biology: Reduction and related problems,* London 1974, S. 179–186. Vgl. auch: Denis Noble: *The Music of Life. Biology beyond Genes*, Oxford 2006, S. 42–54.

28 Zitiert nach Ernst May: *Toward a New Philosophy of Biology: Observations of an Evolutionist*, Harvard 1989, S. 63 (Übers. d. Autors).

29 Ebd., S. 63–64.

30 Die vergleichende Verhaltensforschung und die Instinkttheorie der 1950er- bis 1970er-Jahre nahmen noch an, dass es ein großes Repertoire starrer »angeborener Auslösemechanismen« gebe, die durch »Schlüsselreize« ausgelöst werden. Die neuere Forschung hat indes gezeigt, dass sich fast alles »Instinktverhalten« tatsächlich im Dialog mit der Umwelt entwickelt. Auch die Neurophysiologie konnte bisher keine angeborenen »festen Verschaltungen« für Verhalten entdecken.

31 Auf die »Veto«-Frage bei Willkürentscheidungen beziehen sich einige neuere Studien. Simone Kühn und Marcel Brass haben 2009 gezeigt, dass auch bewussten Vetos wiederum eine unbewusste Vorbereitung vorausgeht (*Retrospective construction of the judgement of free choice*, in: Consciousness and Cognition 18 [1], 2009, S. 12–21). Eine spätere Studie eines Teams um den Hirnforscher John-Dylan Haynes an der Berliner Charité belegt dagegen, dass Probanden wesentlich mehr Vetofreiheiten haben als zuvor gedacht (John-Dylan Haynes et al.: *Point of no return in vetoing self-initiated movements*, in: Proceedings of the National Academy of Sciences of the USA, December 2015).

32 Zu Schimpansen vgl. etwa das umfangreiche Forschungswerk von Jane Goodall, z. B.: *Through a Window: 30 years observing the Gombe chimpanzees*, London 1991 (deutsch: *Ein Herz für Schimpansen*, Reinbek 1996).

33 Zu Elefanten vgl. die Langzeit-Feldstudien von Cynthia Moss: *Die Elefanten vom Kilimandscharo. Dreizehn Jahre im Leben einer Elefantenfamilie*, Hamburg 1993.

34 Vgl. Michael Tomasello: *Eine Naturgeschichte des menschlichen Denkens*, Berlin 2014.

35 Vgl. etwa die Pionierarbeiten von Alexander Lurija, z. B. *Der Mann, dessen Welt in Scherben ging*, Reinbek 1991, und die Arbeiten von Oliver Sacks.

36 Oliver Sacks: *Der Mann, der seine Frau mit einem Hut verwechselte*, Reinbek 1990.

37 Nach Pribram könnten dabei Quantenfelder, die sich um Neuronen herum bilden, von entscheidender Bedeutung sein. Vgl. Karl Pribram: *Brain and Perception: Holonomy and Structure in Figural Processing*, Hillsdale (NJ) 1991.

38 Das enterische Nervensystem durchzieht als dünne Schicht die Muskeln des Magen-Darm-Traktes. Zusammen mit Sympathicus und Parasympathicus bildet es das vegetative Nervensystem und steuert die Verdauungstätigkeiten. Es spielt außerdem eine wichtige Rolle bei emotionalen Prozessen und ist möglicherweise auch an intuitiven »Bauchentscheidungen« beteiligt.

39 Jesper Hoffmeyer: *Biosemiotics. An Examination into the Signs of Life and the Life of Signs*, Scanton/London 2008, S. 18.

40 Noble: *The Music of Life. Biology beyond Genes*, S. 131.

41 Francis Crick: *The Astonishing Hypothesis: The Scientific Search For The Soul*, New York 1995.

42 Francis Crick, Christof Koch: *A Framework for Consciousness*, in Nature Neuroscience, 2003, S. 1139.

43 Dass die jahrhundertelange Suche nach einem »Sitz des Bewusstseins« erfolglos verlief, hindert allerdings selbst renommierte Forschungsinstitutionen nicht daran, weiter unbeirrt Aussagen wie diese in die Welt zu setzen: »Der Inhalt des Bewusstseins sitzt folglich mindestens in zwei verschiedenen Gehirnregionen.« (Website der Max-Planck-Gesellschaft, 19. 9. 2014, www.mpg.de/8419486/sitz_des_bewusstseins, abgerufen am 25. Oktober 2020). Was die an dieser Stelle zitierte Studie tatsächlich herausgefunden hat, ist, dass bei Makaken zwei verschiedene Gehirnregionen aktiv sind, wenn sie visuelle Reize verarbeiten.

44 Darauf, dass wir bei relativ weit vom Menschen entfernten Verwandten im Tierreich kaum mehr Hinweise darauf finden, ob sie über bewusstes Erleben verfügen (und schon gar nicht, wie es aussieht), weisen auch Christof Koch et al. in ihrem Artikel *Neural correlates of consciousness: progress and problems* hin, in: Nature Reviews Neuroscience, Mai 2016, Bd. 17, S. 317.

45 »Es ist kaum eine Übertreibung zu sagen, dass die Spitze der kleinen Wurzel so ausgestattet ist und das Vermögen hat, die Bewegungen der anschließenden Teile so zu dirigieren, dass sie gleich dem Gehirn eines der niederen Tiere wirkt.«) Charles Darwin: *The Power of Movements in Plants*, London 1880 (Übers. d. Autors).

46 Janosch Deeg: *Die vernetzte Welt der Pflanzen*, Spektrum.de, 3. 11. 2018, www.spektrum.de/news/die-vernetzte-welt-der-pflanzen/1598658, abgerufen am 08. 11. 2020.

47 Eine kritische Auseinandersetzung mit dem Begriff und einigen Thesen der Pflanzenneurobiologie bieten: Amedeo Alpi, Nikolaus Amrhein et al.: *Plant neurobiology: no brain, no gain?*, in: Trends in Plant Science, 12 (4), 2007, S. 135 f.

48 Vgl. Scheidler: *Die volle und die leere Welt*, S. 62. Die Vorstellung, dass ein ganzes Ökosystem wie ein Wald ein eigenständiges Innenleben habe, ist zum Beispiel in einigen indigenen Kosmologien zu finden. Die Kichwa Ecuadors etwa sprechen vom Kawsak Sacha, dem »lebendigen Wald«. In einer Erklärung der Bewohner der Gemeinde Sarayaku heißt es: »Kawsak Sacha ist ein lebendiges Wesen mit Bewusstsein, gebildet aus allen Lebewesen des Waldes, vom allerkleinsten bis zu den größten und mächtigsten Wesen.« (Zitiert nach der Zeitschrift Oya, Ausgabe 51, Dezember 2018, S. 10; siehe auch: www.kawsaksacha.org, abgerufen am 25. Oktober 2020).

49 Bisher wurden, auch nach ausführlichen mikroskopischen Untersuchungen, noch niemals zwei identische Schneekristalle entdeckt. Die Vielfalt scheint also nahezu unendlich zu sein, was an der enormen Zahl an beteiligten Atomen liegt, die sich in verschiedenen Konstellationen anordnen können.

50 Vgl. David Chalmers: *The Conscious Mind: In Search of a Fundamental Theory*, Oxford 1996, S. 129.

51 Es gab auch Versuche, die »zweite Substanz« materiell aufzufassen, etwa in den Arbeiten des Hirnforschers John Eccles (vgl. John Eccles, Karl Popper: *Das Ich und sein Gehirn,* München 1982). Allerdings haben diese Ansätze zu keinen neuen Entdeckungen geführt. Doch selbst wenn man weitere physikalische oder biochemische Faktoren auf diese Weise entdeckt hätte, würde die Frage, wie Materie *Er*leben hervorbringen kann, dadurch nicht beantwortet, sondern nur verschoben.

52 Colin McGinn: *Wie kommt der Geist in die Materie? Das Rätsel des Bewusstseins*, München 2001, S. 116–121.

53 Denis Diderot: *Entretien entre d'Alembert et Diderot*, Paris 1965 [1769], S. 51 f. (Übers. d. Autors).

54 Ebd., S. 53.

55 Vgl. Chalmers: *The Conscious Mind.* Eine Diskussion von Chalmers' Thesen mit Beiträgen von Daniel Dennett, Francisco Varela, Francis Crick, Roger Penrose u. a. findet sich in dem Buch *Explaining Consciousness: The Hard Problem*, hg. v. Jonathan Shear, Cambridge (MA) 1999. Als Bezeichnung einer zusätzlichen Fundamentalkategorie für Qualia ist zum Beispiel der Buchstabe Q vorgeschlagen worden. Allerdings muss man sich darüber im Klaren sein, dass eine solche Kategorie, im Gegensatz zu den übrigen physikalischen Größen, nicht quantitativer, sondern qualitativer Art ist.

56 Christof Koch entwickelte zusammen mit dem Neurowissenschaftler Giulio Tononi die »Integrated Systems Theory«. In diesem Modell wird allen Systemen, ob biologisch oder nicht, eine Größe ϕ (Phi) zugeordnet, die für das Maß der »integrierten Information« steht, die die Autoren wiederum mit Bewusstsein bzw. Qualia gleichsetzen. Während etwa ein System aus drei Quarks in einem Proton aufgrund der (vermeintlich) geringen Komplexität nur ein minimales Phi besäße, würde diese Größe mit zunehmender Integration verschiedener Teile in ein komplexes Netzwerk stetig zunehmen, bis hin zu den höheren Säugetieren und Menschen. Die der Theorie zugrunde liegende Annahme, dass die Welt der Qualia bereits in der vorbiologischen Welt beginnt (»Panpsychismus«), könnte zwar durchaus zutreffend sein, ist jedoch nie beweisbar oder falsifizierbar. Die darauf aufbauende Idee einer Quantifizierung von Innensichten – mitsamt dem aufwendigen mathematischen Apparat, den die Autoren entwickelt haben – ist allerdings schon im Grundsatz irreführend. Erstens können wir niemals wissen und überprüfen, ob Protonen, Ringelwürmer oder Heuschrecken Innensichten haben, weil dieses Wissen immer nur von innen zugänglich ist. Und zweitens sind Innensichten gerade durch *Qualitäten* bestimmt, die sich nicht auf Quantitäten reduzieren lassen. Koch und Tononi versteigen sich sogar zu der Behauptung, man könne irgendwann ein »Phi-Meter« bauen, das den Grad von Bewusstsein in allen Dingen und Wesen auf einer eindimensionalen Skala messen könne.

57 William Kingdom Clifford: *On the Nature of Things-in-Themselves*, in: Mind, Band 3, Nr. 9, S. 57–67, Januar 1878.

58 Eddington war ein Pionier der Astrophysik. Unter anderem erkannte er als Erster, dass die Quelle der Sonnenenergie die Kernfusion ist. 1928 schrieb er: »Der Stoff der Welt ist ›Mind-stuff‹ [Geistesstoff]. […] Für den sachlichen Physiker ist es schwierig, die Ansicht zu akzeptieren, dass das Substrat von allem geistigen Charakter hat. Aber niemand kann leugnen, dass der Geist das Erste und Direkteste in unserer Erfahrung ist, und alles andere ist eine entfernte Folgerung.« Arthur Eddington: *The Nature of the Physical World*, London 1928, S. 276–278 (Übers. d. Autors).

59 Träume finden nicht, wie man lange dachte, nur in den sogenannten REM-Phasen (Rapid Eye Movement) statt, sondern auch in den Non-REM-Phasen des Tiefschlafs. Allerdings gibt es nach bisherigem Kenntnisstand auch traumlose Phasen im Tiefschlaf.

60 Vielleicht erleben wir diese Phasen aber auch auf eine vom Wachzustand und vom Traum so radikal verschiedene, »vegetative«

Weise, dass wir uns nach dem Aufwachen unmöglich daran erinnern können.

61 Zur Verbindung von Quantenphysik und Bewusstseinsforschung vgl. Stuart Kauffman: *Beyond the Stalemate: Conscious Mind-Body – Quantum Mechanics – Free Will – Possible Panpsychism – Possible Interpretation of Quantum Enigma*, arXiv, 20. 10. 2014, sowie ders.: *Humanity in a Creative Universe*, Oxford 2016. Außerdem Roger Penrose: *Schatten des Geistes. Wege zu einer neuen Physik des Bewusstseins*, Heidelberg/Berlin/Oxford 1995.

62 Sam Parnia et al.: *AWARE–AWAreness during REsuscitation–A prospective study*, in: Resuscitation (Official Journal of the European Resuscitation Council), Bd. 85, Ausgabe 12, Dezember 2014, S. 1799–1806. Siehe auch: Sarah Knapton: *First Hint of »Life After Death« in Biggest Ever Scientific Study*, The Telegraph, 7. 10. 2014.

63 Gespräch mit Kenneth Ring, in: Lüpke: *Politik des Herzens*, S. 367 f.

64 Auch die – wissenschaftlich sehr umstrittene – Reinkarnationsforschung beschäftigt sich kaum mit Erinnerungen an den Sterbevorgang, sondern vor allem mit der Sammlung von Geschichten von Menschen, die glauben oder behaupten, eine Reinkarnation einer anderen Person zu sein. Der amerikanische Psychiater Ian Stevenson hat über Jahrzehnte etwa 3000 solche Fälle gesammelt und ist zu dem Schluss gekommen, sie würden für die Möglichkeit einer Wiedergeburt sprechen (Ian Stevenson: *Reincarnation and Biology: A Contribution to the Etiology of Birthmarks and Birth Defects*, Santa Barbara 1997). Stevensons Werk wurde allerdings massiv wegen methodischer Fehler kritisiert, u. a. von Paul Edwards in dessen Buch *Reincarnation: A Critical Examination*, Amherst 1996.

65 Frank Marlowe: *Why the Hadza are Still Hunter-Gatherers*, in: Sue Kent (Hg.): *Ethnicity, Hunter-Gatherers, and the »Other«*, Washington 2002, S. 247–275.

66 Der Ausdruck »Gespenst in der Maschine« (»ghost in the machine«) wurde von dem britischen Philosophen Gilbert Ryle geprägt, um den cartesischen Dualismus von Automatenkörper und souveränem Geist zu beschreiben. Auf diesen Begriff bezieht sich Arthur Koestlers Buch *Das Gespenst in der Maschine*, München 1968.

67 Noam Chomsky: *Was für Lebewesen sind wir?*, Frankfurt a. M. 2016, S. 48 f.

68 Zitiert nach Lüpke: *Politik des Herzens*, S. 32.

69 Die Position, dass es prinzipielle Grenzen menschlicher Erkenntnis gebe, wird auch bisweilen als »new mysterianism« bezeichnet. Damit ist keine esoterische Mysterienschule gemeint, sondern eine erkenntnistheoretische Position. Zu den Vertretern gehören u. a. der

Linguist Noam Chomsky, der Physiker Roger Penrose, der Kognitionswissenschaftler Steven Pinker sowie die Philosophen Thomas Nagel und Colin McGinn. Vgl. Colin McGinn: *The Problem of Consciousness*, Oxford 1991, sowie ders.: *Wie kommt der Geist in die Materie?*, München 2001.

70 Das Zitat von Richard Feynman stammt aus dem BBC-Dokumentarfilm *The Fantastic Mr. Feynman*, GB 2013.

71 Vgl. Ray Kurzweil: *Menschheit 2.0. Die Singularität naht*, Berlin 2014.

72 In der *Apologie des Sokrates* schreibt Platon: »Wahrscheinlich weiß keiner von uns beiden etwas Rechtes; aber dieser glaubt, etwas zu wissen, obwohl er es nicht weiß; ich dagegen weiß zwar auch nichts, glaube aber auch nicht, etwas zu wissen. Um diesen kleinen Unterschied bin ich also offenbar weiser, dass ich ebendas, was ich nicht weiß, auch nicht zu wissen glaube.« Platon: *Apologie des Sokrates*, 21d–22a.

3 Evolution und Kreativität

1 Albert Einstein: Mein Weltbild, hg. von Carl Seelig, Frankfurt a. M. 2010 [1934], S. 12.

2 Die erste Urknall-Theorie wurde von dem belgischen Astronomen und Priester Georges Lemaître in den späten 1920er-Jahren entwickelt. Damals wurde von fast allen Physikern, einschließlich Einstein, angenommen, dass das Universum statisch sei. In den 1930er-Jahren bestätigten allerdings die Beobachtungen von Edwin Hubble die Expansion des Universums. In den 1940er- und 1950er-Jahren entwickelten Ralph Alpher und andere die Big-Bang-Theorie weiter und sagten die kosmische Hintergrundstrahlung voraus, die tatsächlich 1964 entdeckt wurde. Die Inflationshypothese war nicht Teil dieser frühen Urknall-Theorien. Sie wurde seit den frühen 1980er-Jahren von Alan Guth, Paul Steinhardt und anderen entwickelt, um Probleme der Big-Bang-Theorie zu lösen. Die Theorie postuliert ein hypothetisches Inflatorfeld (»Inflaton«), das für eine extrem rasche Ausdehnung des Universums nach dem Big Bang verantwortlich sein soll. Die Inflationshypothese wird heute allerdings von einigen führenden Forschern als Sackgasse eingestuft, so etwa von Roger Penrose (Oxford University) und von Paul Steinhardt selbst, der seit 2001 Inhaber des Albert-Einstein-Lehrstuhls in Princeton ist. Die Hauptkritikpunkte sind, dass die Inflationstheorie erstens extrem unwahrscheinliche Anfangsbedingungen braucht und, zweitens, aufgrund von Quanteneffekten notwendigerweise in ein Multiversum mit unendlich vielen verschiedenen Universen führt, in denen alle denkbaren Eigenschaften realisiert sind. Die

Theorie erklärt damit nicht die spezifischen Eigenschaften unseres Universums, sondern mündet in ein »anything goes«. Sie ist außerdem nicht falsifizierbar. Steinhardt et al. haben daher ein alternatives Modell entwickelt, das ohne Inflation auskommt und auf einem ewigen Wechsel von Kontraktion und Ausdehnung des Universums beruht (siehe Big Bounce). Vgl. Paul Steinhardt, Neil Turok: *Endless universe. Beyond the Big Bang*, New York 2007.

3 Zur Big-Bounce-Theorie vgl. auch Martin Bojowald: *Zurück vor den Urknall. Die ganze Geschichte des Universums*, Frankfurt a. M. 2009, sowie Roger Penrose: *Zyklen der Zeit: Eine neue ungewöhnliche Sicht des Universums*, Heidelberg 2012.

4 Nach der heute dominierenden Theorie entstand das Sonnensystem samt der Erde aus einer interstellaren Molekülwolke, die vor allem aus Wasserstoff und Helium bestand, und den Resten einer Supernova-Explosion, aus der die schwereren Elemente stammen.

5 Niles Eldredge, Stephen J. Gould: *Punctuated equilibria: an alternative to phyletic gradualism*, in: Niles Eldredge: *Time frames*, Princeton 1985, S. 193–223. »Punktiert« bedeutet hier, dass die langen Phasen der »Stasis«, in denen wenig Neues entsteht (und daher eine Art Gleichgewichtszustand herrscht), durch Phasen durchbrochen (»punktiert«) werden, in denen sehr schnell viele neue Formen entstehen.

6 Lorenz: *Die Rückseite des Spiegels*, S. 48–52.

7 Viren bestehen nur aus Erbsubstanz (DNA oder RNA), sie haben keinen eigenen Stoffwechsel und keine Zellmembran. Außerhalb von Wirtszellen verfügen sie als »Virionen« in der Regel über eine Proteinhülle.

8 Dieser Teil der Theorie wurde bereits in den 1920er-Jahren unabhängig voneinander von dem sowjetischen Biochemiker Alexandr Oparin und dem britischen Biologen John Haldane aufgestellt. Die Laborversuche von Stanley L. Miller und Harold C. Urey von der University of Chicago im Jahr 1953 bestätigten, dass sich komplexe organische Moleküle wie Aminosäuren unter geeigneten Bedingungen spontan aus einfacheren Bestandteilen formieren können. Allerdings ist bis heute unklar, ob die Erdatmosphäre dafür tatsächlich damals die nötigen Voraussetzungen besaß. Alternativ wird in der Astrobiologie die These diskutiert, dass organische Verbindungen vom Weltraum auf die Erde gelangt sein könnten. Radioastronomen haben bereits zahlreiche komplexe organische Moleküle im Weltraum nachweisen können.

9 Manfred Eigen: *Molekulare Selbstorganisation und Evolution*, in: Die Naturwissenschaften, Bd. 58, Berlin/Heidelberg 1971, S. 465–523, sowie ders.: *Stufen zum Leben*, München/Zürich 1987.

10 Vgl. Leslie Orgel: *The Origin of Life on the Earth*, in: Scientific American, Oktober 1994, Bd. 271, S. 76–83; Michael Yarus: *Life from an RNA World: The Ancestor Within*, Harvard 2010.

11 Hoffmeyer: *Biosemiotics*, S. 31.

12 Martin J. van Kranendonk, Tara Djokic, David Deamer: *Wie entstand Leben?*, in: Spektrum der Wissenschaft, 12/2017.

13 Vgl. William Martin, Michael Russell: *On the origins of cells: a hypothesis for the evolutionary transitions from abiotic geochemistry to chemoautotrophic prokaryotes, and from prokaryotes to nucleated cells*, in: Philosophical Transactions of the Royal Society, Bd. 358, Ausgabe 1429, London 2003, S. 59–83. Vgl. auch: Martin Paetsch, Rainer Harf: *Die Geburt des Lebens*, in: Geo kompakt, Ausgabe 58, Hamburg 2018.

14 Verwirrenderweise wurden Archaeen auch früher als Archaebakterien bezeichnet, obwohl sie keine Untergruppe der Bakterien, sondern eine der drei Domänen des Lebens bilden, neben den Bakterien und den Eukaryoten.

15 Die sauerstoffkonsumierenden Bakterien wurden nach der heute allgemein akzeptierten Endosymbiosetheorie zu Mitochondrien in den eukaryotischen Zellen. Davon zeugt auch noch die Tatsache, dass diese Organellen eine eigene DNA haben. Die Mitochondrien spielen eine entscheidende Rolle bei der Energiegewinnung der Zelle, sie sind unter anderem am Aufbau von Adenosintriphosphat beteiligt, das im Körper als Energieträger fungiert.

16 Lynn Margulis: *Origin of Eukaryotic Cells*, New Haven 1970.

17 »Life did not take over the globe by combat, but by networking.« Lynn Margulis, Dorion Sagan: *Marvellous microbes*, in: Resurgence Magazine, Ausgabe 206, Mai/Juni 2001, S. 10–12.

18 Eine sehr anschauliche, dynamische Visualisierung des Zellinneren bietet die animierte Filmreihe *The Inner Life of the Cell* der Harvard University (USA 2006).

19 Noble: *The Music of Life. Biology Beyond Genes*, S. 76.

20 Etwa 84 % der menschlichen Zellen sind zellkernlose rote Blutkörperchen, die deutlich kleiner und weit weniger komplex sind als die übrigen Körperzellen. Zu den 30 Billionen körpereigenen Zellen kommen schätzungsweise 39 Billionen Bakterienzellen. Vgl. Ron Sender: *Revised Estimates for the Number of Human and Bacteria Cells in the Body*, in: PLoS Biology, 19. 8. 2016.

21 Die Quantenbiologie hat inzwischen bereits zahlreiche Hinweise darauf gefunden, dass Quanteneffekte eine wichtige Rolle unter anderem bei der Photosynthese, dem Geruchssinn, der Enzymaktivität, bei DNA-Mutationen und der Orientierung von Vögeln durch

ihren Magnetsinn spielen können. Vgl. Maike Pollmann: *Mit allen Quantenmitteln*, Spektrum.de, 20. 8. 2010, www.spektrum.de/news/mit-allen-quantenmitteln/1034267, abgerufen am 08. 11. 2020. Die Vorläufer der Quantenbiologie gehen bis in die 1920er-Jahre zurück, der Name wurde 1963 von Per-Olov Löwdin geprägt. Zu den Ursprüngen der Quantenbiologie vgl. Leyla Joaquim et al.: *Quantum Explorers: Bohr, Jordan, and Delbrück Venturing into Biology*, in: Physics in Perspective, September 2015, Band 17/3, S. 236–250.

22 Marc W. Kirschner, John C. Gerhart: *Die Lösung von Darwins Dilemma. Wie die Evolution komplexes Leben schafft*, Reinbek 2007, S. 82–85.

23 Die chilenischen Biologen Humberto Maturana und Francisco Varela formulierten es so: »Die Autopoiese der Zellen, die einen Metazeller bilden, ordnet sich der Autopoiese des autopoietischen Systems zweiter Ordnung unter.« (Humberto Maturana, Francisco Varela: *Der Baum der Erkenntnis. Die biologischen Wurzeln menschlichen Erkennens*, Frankfurt a. M. 2009 [1984], S. 110.) Der Begriff Autopoiese wurde von Maturana geprägt, um eine einheitliche Definition des Lebens zu ermöglichen. Autopoietisch sind selbstorganisierte Systeme, deren Produkt sie selbst sind.

24 Hoffmeyer: *Biosemiotics*, S. 28.

25 Donald T. Campbell: *»Downward causation« in hierarchically organised biological systems*, in: Francisco José Ayala, Theodosius Dobzhansky (Hg.): *Studies in the philosophy of biology: Reduction and related problems*, London 1974, S. 179–186. Vgl. dazu auch: Noble: *The Music of Life. Biology beyond Genes*, S. 42–54.

26 Interview mit Scott Gilbert am Rande der Konferenz »Where are Biological Sciences Going?« an der Sapienza-Universität Rom, Oktober 2017, online verfügbar unter www.youtube.com/watch?v=Tv8h30aDbVU, abgerufen am 10. 1. 2020. Vgl. dazu auch: Scott F. Gilbert, David Epel: *Ecological Developmental Biology: The Environmental Regulation of Development, Health, and Evolution*, Sunderland (MA) 2015.

27 Ibn Khaldūn: *The Muqaddimah: An Introduction to History*, hg. v. N. J. Dawood, ins Englische übersetzt von Franz Rosenthal, Princeton 1967.

28 Gegen diese Dogmatik hatten sich allerdings schon die »Kirchenväter« Origenes und Augustinus in der Spätantike gewendet, konnten sich damit aber offiziell nicht durchsetzen.

29 Bridged Kulasekara et al.: *c-di-GMP heterogeneity is generated by the chemotaxis machinery to regulate flagellar motility*, in: ELife, 17. 12. 2013; Matthias Christen et al.: *Asymmetrical distribution of*

the second messenger c-di-GMP upon bacterial cell division, in: Science, 4. 6. 2010, 328 (5983), S. 1295–97.

30 Die Planktonvielfalt trotz geteilter ökologischer Nische und Ressourcenknappheit wird auch als »Plankton-Paradox« bezeichnet, weil sie dem sogenannten »Konkurrenzausschlussprinzip« zu widersprechen scheint. Das Paradox wurde erstmals von dem US-amerikanischen Limnologen und Ökologen George Evelyn Hutchinson im Jahr 1961 formuliert und beschäftigt bis heute die Wissenschaft.

31 Maturana, Varela: *Der Baum der Erkenntnis*, S. 125.

32 Vgl. Denis Noble im Interview mit der Huffington Post, 9. 7. 2014: »Graduelle Mutation, gefolgt von Selektion, hat sich tatsächlich nicht zwingend als Ursache für die Artenbildung erwiesen.« Und: »Es gibt keinen wirklich klaren Beweis dafür, dass Artenbildung durch allmähliche Mutationen gefolgt von Selektion zustande kam.«: www.huffingtonpost.com/suzan-mazur/replace-the-modern-sythes_b_5284211.html, abgerufen am 25. 10. 2020 (Übers. d. Autors). Das Vorbild, das Darwin für seine Selektionstheorie vor Augen stand, nämlich die künstliche »Zuchtwahl« durch den Menschen, kann ebenfalls kein einziges Beispiel für die Entstehung von neuen Arten bieten. Weder die Nutztier- noch die Nutzpflanzenzüchtungen haben über die Jahrtausende neue Arten hervorgebracht, sondern nur unzählige innerartliche Varianten.

33 In der Ausgabe von *The Origin of Species* von 1872 schrieb Darwin: »Da aber meine Schlussfolgerungen neuerdings vielfach entstellt worden sind mit der Behauptung, ich mache die Abänderung der Arten ausschließlich von der natürlichen Zuchtwahl abhängig, so sei mir die Bemerkung gestattet, dass ich in der ersten wie in den folgenden Ausgaben dieses Werkes an einer auffälligen Stelle, nämlich am Schluss der Einleitung, Folgendes sagte: ›Ich bin überzeugt, dass die natürliche Zuchtwahl das Hauptmittel, wenn auch nicht das ausschließliche Mittel der Abänderung war.‹ Das hat freilich gar nichts genützt. Die Macht fortwährender Missdeutung ist groß.« (Übers. d. Autors.) Vgl. Charles Darwin: *Die Entstehung der Arten*, Stuttgart 2005, S. 665. Vgl. auch: Stephen Jay Gould: *Darwinian Fundamentalism*, in: New York Review of Books, 12. 6. 1997.

34 Thomas Malthus: *Essay on the Principle of Population*, London 2015 [1798].

35 Zum New Poor Law und seinen Folgen vgl. Karl Polanyi: *The Great Transformation*, Frankfurt a. M. 1978.

36 »Wenn der Mensch noch höher fortschreiten will, so muss er einem

heftigen Kampf ausgesetzt bleiben.« Charles Darwin: *Die Abstammung des Menschen,* Paderborn 2005 [1871], S. 700.

37 Ein Zeugnis von Herbert Spencers radikal sozialdarwinistischen und rassistischen Ansichten gibt das folgende Zitat aus dem Jahr 1851: »Der alte Raubtierinstinkt [...] war der Zivilisation dienlich, indem er die Erde von den minderwertigen Rassen reinigte. Die Kräfte, die an dem großen Plan des vollendeten Glücks arbeiten, merzen – ohne Rücksicht auf gelegentliches Leiden – diejenigen Teile der Menschheit aus, die diesem Projekt im Wege stehen, und zwar mit derselben Entschlossenheit, wie sie Raubtiere oder Herden von nutzlosen Weidetieren ausrotten.« (Übers. d. Autors.) Herbert Spencer: *Social Statics,* New York 1954 [1851], S. 373.

38 Vgl. Kirschner, Gerhart: *Die Lösung von Darwins Dilemma. Wie die Evolution komplexes Leben schafft.*

39 Darwin war bei der Vorstellung langsamer, gradueller Artenbildung stark beeinflusst von den Arbeiten des Geologen Charles Lyell (1797–1875), der in seinen Werken die (bis heute gültige) Auffassung vertrat, dass die Gestalt der Erdkruste vor allem auf langsame, graduelle tektonische Verschiebungen zurückzuführen ist, nicht auf katastrophische Ereignisse.

40 Der Begriff »Moderne Synthese« (im Deutschen auch manchmal »Synthetische Evolutionsbiologie« genannt) wurde von Julian Huxley in seinem Buch *Evolution – The Modern Synthesis* (Cambridge [MA] 2010 [1942]) geprägt. Die Moderne Synthese führt die Erkenntnisse der von August Mendel (1822–1884) begründeten Vererbungsforschung (»Genetik«) und der darwinschen und weissmannschen Evolutionstheorie zusammen. Später wurde sie ergänzt durch Beiträge aus der Populationsbiologie, der Paläontologie und der Biochemie. Bisweilen wird die Moderne Synthese mit dem vorausgehenden Neodarwinismus gleichgesetzt; tatsächlich stellt sie jedoch eine erhebliche Erweiterung dar.

41 Rosalind Franklin arbeitete in den frühen 1950er-Jahren an Röntgenbeugungsdiagrammen der DNA und trug wesentlich zur Entdeckung der Doppelhelixstruktur bei. Crick und Watson benutzten Franklins Forschungsergebnisse ohne ihr Wissen und ihre Zustimmung und erhielten später den Nobelpreis, Franklin dagegen nicht. Auch in den Nobelpreisreden von Crick und Watson wurde Franklin nicht erwähnt.

42 Einen ersten Hinweis darauf, dass Chromosomen bzw. Gene nicht statisch sind, hatte Thomas Hunt Morgan geliefert, der schon zu Beginn des 20. Jahrhunderts das Phänomen des sogenannten »crossing over« entdeckte, bei dem im Prozess der Zellteilung bestimmte Chromosomenteile vertauscht werden. Vgl. Ingrid Lobo: *Thomas*

Hunt Morgan, Genetic Recombination, and Gene Mapping, in: Nature Education 1 (1), 2008, S. 205. Barbara McClintock setzte Morgans Forschung zum »crossing over« später fort.

43 Vgl. dazu auch Kirschners und Gerharts Theorie der »erleichterten Variation« in: *Die Lösung von Darwins Dilemma.*

44 James Shapiro: *Evolution: A View from the 21st Century*, Upper Saddle River (NJ) 2011.

45 Der Forschungszweig der evolutionären Entwicklungsbiologie (evolutionary developmental biology, kurz: Evo-Devo) hat erheblich zu der Erkenntnis beigetragen, dass die Evolution nicht in erster Linie durch kleine zufällige Mutationen von proteincodierenden DNA-Abschnitten vorangetrieben wird. Giraffen etwa haben keine besonderen Gene für lange Hälse, Elefanten nicht für große Körper. Die verschiedenen Körperformen dieser Tiere kommen dadurch zustande, dass die Zellen mithilfe einer kleinen Anzahl regulatorischer Gene dafür sorgen, dass während der Embryonalentwicklung bestimmte Körperbausequenzen früher oder später aktiviert werden, dass sie länger oder kürzer aktiv bleiben und dass sie in verschiedenen Teilen des Embryos wirken. Eine der überraschendsten Tatsachen dabei ist, dass diese regulatorischen Gene bei allen Tieren praktisch gleich sind, also extrem wirkungsvoll über Hunderte von Millionen von Jahren gegen Veränderungen geschützt wurden. Was sich in der Evolution verändert hat, sind also nicht diese Gene selbst, sondern ihr Gebrauch durch den Organismus. Vgl. Kirschner, Gerhart: *Die Lösung von Darwins Dilemma*.

46 Dawkins benutzt das Wort »Gen« hier für DNA-Abschnitte. Tatsächlich bedeutete dieser Begriff aber ursprünglich etwas anderes. Er wurde 1909 von dem dänischen Botaniker Wilhelm Johannsen geprägt – ein halbes Jahrhundert vor der Entschlüsselung des DNA. Johannsen verstand unter »Gen« die Faktoren, die den Phänotyp bestimmen. Infolge der molekularbiologischen Entdeckungen wurde der Begriff später umdefiniert und zur Bezeichnung von DNA-Abschnitten benutzt. Dabei wurde die deterministische Idee mitgeschleppt, obwohl sie auf molekularer Ebene keinen Sinn ergibt. Vgl. Denis Noble: *Evolution Beyond Neo-Darwinism*, in: The Journal of Experimental Biology 2015; 218, S. 7–13.

47 Richard Dawkins: *Das egoistische Gen*, Reinbek 1996 [1976], S. 16.

48 Ebd., S. 48.

49 »Ich denke, dass die Moderne Synthese als genzentrierte Sicht der Evolution Kausalität in der Biologie falsch verstanden hat. Gene sind schließlich, wenn sie als DNA-Sequenzen definiert sind, rein passiv. DNA allein macht absolut nichts, bis sie vom Rest des Systems durch Transkriptionsfaktoren, Marker der einen oder

anderen Art und Wechselwirkungen mit den Proteinen aktiviert wird. DNA allein ist also keine Ursache im aktiven Sinne. Ich denke, es wird besser als passive Datenbank beschrieben, die vom Organismus verwendet wird, um die von ihm benötigten Proteine herzustellen.« Denis Noble im Gespräch mit Suzan Mazur, Huffington Post, 9. 5. 2014 (Übers. d. Autors). In seinem Buch *The Music of Life. Biology Beyond Genes* stellt Noble der dawkinsschen Maschinenmetaphorik des »egoistischen Gens« eine andere Lesart entgegen.

50 »First, DNA is not self-reproducing, second, it makes nothing, and third, organisms are not determined by it.« Zitiert nach: Hoffmeyer: *Biosemiotics.* S. 31. Vgl. Richard Lewontin: *Biology as Ideology: The Doctrine of DNA*, New York 1993.

51 Barbara McClintock: Nobelpreisrede, 1983.

52 Hoffmeyer: *Biosemiotics*, S. 32.

53 »A gene doesn't have a self. A gene is not a self. How can something be selfish when it has no self? The self is the cell. All cells have self and the self has been forgotten.« Aus einer Diskussion zwischen Lynn Margulis und Richard Dawkins, moderiert von Denis Noble, Balliol College, Oxford University, 8. 5. 2009: www.voicesfromoxford.org/homage-to-darwin-part-2-symbiogenesis-film-and-discussion, abgerufen am 25. Oktober 2020.

54 Richard Dawkins: *The Extended Phenotype. The Long Reach of the Gene*, Oxford 1982, S. 1.

55 Der Begriff »zentrales Dogma« geht auf Francis Crick zurück, der dies 1957 so formulierte: »Das Zentrale Dogma besagt, dass ›Informationen‹, die einmal in das Protein gelangt sind, nicht mehr aus diesem herausgelangen können. Genauer gesagt: Die Übertragung der Informationen von Nukleinsäure zu Nukleinsäure oder von der Nukleinsäure zum Protein kann möglich sein, aber der Transfer von Protein zu Protein oder von Protein zu Nukleinsäure ist unmöglich. Information bedeutet hier die genaue Bestimmung der Reihenfolge, entweder von Basen in der Nukleinsäure oder von Aminosäureresten im Protein.« (Übers. d. Autors.) Francis Crick: *On Protein Synthesis*, in: F. K. Sanders: *Symposia of the Society for Experimental Biology*, Nr. XII: *The Biological Replication of Macromolecules*, Cambridge (MA) 1958, S. 138–163.

56 Dabei spielen die regulatorischen Gensequenzen eine wichtige Rolle, die keine Proteine codieren, sondern bestimmte DNA-Abschnitte zum Beispiel durch Methylierung aktivieren oder deaktivieren können.

57 Vgl. Denis Noble: *The Music of Life Sourcebook*, S. 17, Download unter ep.physoc.org (University of Oxford).

58 Beispiele transgenerationaler Epigenetik geben z. B. John Maynard Smith: *Evolutionary Genetics*, New York 1998; E. Jablonka, M. Lamb: *Epigenetic Inheritance and Evolution. The Lamarckian Dimension*, Oxford 1995; dies.: *Evolution in Four Dimensions*, Boston 2005.

59 Ein Team der Cambridge University und der Harvard Medical School hat beispielsweise herausgefunden, dass Hunger bei Mäusen über mehrere Generationen hinweg die Keimzellen-DNA der Nachkommen epigenetisch verändern kann (Elizabeth J. Radford et al.: *In utero undernourishment perturbs the adult sperm methylome and intergenerational metabolism*, Science, Bd. 345, Ausgabe 6198, 15. 8. 2014; Jocelyn Kaiser: *Mom's environment during pregnancy can affect her grandchildren*, Science Magazine, 10. 7. 2014).

60 Für eine »erweiterte Synthese« treten u. a. Massimo Pigliucci, Gerd B. Müller, Eva Jablonka und Marc Kirschner ein. Die Initiatve »The Third Way«, deren Ziele sich mit den Verfechtern der erweiterten Synthese in vielen Punkten überschneiden, wird u. a. von Denis Noble und James Shapiro vorangetrieben. Siehe auch: www.thethirdwayofevolution.com. In einem Papier für die Royal Society haben Proponenten der »erweiterten Synthese« sechs zentrale Punkte herausgearbeitet, in denen das neue Modell über die klassische Evolutionstheorie hinausgeht: Kevin N. Laland et al.: *The extended evolutionary synthesis: its structure, assumptions and predictions*«, in: Proceedings of the Royal Society B, Juli 2015. http://dx.doi.org/10.1098/rspb.2015.1019, abgerufen am 25. 10. 2020.

61 James Lovelock: *Reflections on Gaia*, in: *Scientists Debate Gaia: The Next Century*, hg. v. Stephen H. Schneider, James R. Miller, Eileen Crist, Penelope J. Boston, Boston 2004, S. 3.

62 Vgl. Lewontin: *Biology as Ideology. The Doctrine of the DNA*.

63 Vgl. Scheidler: *Das Ende der Megamaschine*, S. 30.

64 Seit vor etwa 5000 Jahren in Mesopotamien die ersten Herrschaftsapparate entstanden, die es Menschen erlaubten, über andere durch Befehl und Gehorsam zu gebieten, hat das Bild des Herrschens unsere Vorstellung des Kosmos entscheidend geprägt. Zunächst entstand, in enger Verbindung mit der Formation irdischer Herrschaft, die Vorstellung eines herrschenden Gottes, der von seinem Thron aus über seine Geschöpfe, vermittelt durch einen Hofstaat und die »himmlischen Heerscharen«, gebietet – ganz so, wie ein irdischer Regent über seine Untertanen verfügt. Diese Entwicklung gipfelte in der monotheistischen Vorstellung eines allwissenden und alleinherrschenden Gottes, die die christliche Religion entscheidend geprägt hat. In der Neuzeit, mit der Entstehung des kapitalistischen Weltsystems, trat an die Stelle Gottes Stück für Stück der Mensch in Gestalt des allmächtigen Ingenieurs, der die Natur zu seinen

Zwecken beherrschen konnte. Die Technokratie erbte so die Struktur der Theokratie. Vgl. Scheidler: *Das Ende der Megamaschine,* S. 28–31.

65 Der Systembiologe Stuart Kauffman schreibt: »Es gibt kein Gesetz [...], das die Evolution des Lebens bestimmt.« Stuart Kauffman et al.: *No entailing laws, but enablement in the evolution of the biosphere,* arXiv, 10. 1. 2012, (Übers. d. Autors). Vgl. auch Stuart Kauffman: *Humanity in a Creative Universe,* Oxford 2016.

66 Die Suche nach verbindenden Mustern auf verschiedenen Ebenen des Seins (Evolution, Verhalten, Denken, Ästhetik usw.) war ein zentraler Teil von Gregory Batesons Werk. Vgl. *Geist und Natur,* Frankfurt/M. 1979.

67 Arthur Koestler: *Der göttliche Funke. Der schöpferische Akt in Kunst und Wissenschaft,* Bern/München 1966.

68 Zitiert nach David Sheff: *All We Are Saying: The Last Major Interview with John Lennon and Yoko Ono,* New York 2000 (Übers. d. Autors).

69 Die Erzählung von Kekulé über seinen Traum findet sich in einer Rede aus dem Jahr 1890, in: Berichte der deutschen chemischen Gesellschaft 23 (1890), S. 1306 f. Kekulé schließt seine Erzählung mit dem Satz: »Lernen wir träumen, meine Herren, dann finden wir vielleicht die Wahrheit.«

70 Gregory Bateson stellt dem klassischen Syllogismus vom »Modus Barbara« (»Sokrates ist ein Mensch/Menschen sterben/Sokrates wird sterben«), den es nur im Reich der menschlichen Sprache gibt, einen assoziativ-metaphorischen Modus entgegen (»Gras stirbt/ Menschen sterben/Menschen sind Gras«). Dieser Modus bilde, so Bateson weiter, »den Stoff, aus dem die Naturgeschichte gemacht ist«. Gregory Bateson, Mary Catherine Bateson: *Wo Engel zögern. Unterwegs zu einer Epistemologie des Heiligen,* Frankfurt a. M. 1993, S. 45–50.

4 Die vier Verbundenheiten und die Große Trennung

1 Nicht alle Bakterien atmen Sauerstoff. Anaerobe Bakterien atmen als Energiedonatoren Minerale, zum Beispiel Schwefel. Dabei wird elementarer Schwefel zu Schwefelwasserstoff (H_2S) reduziert. Auch Eisen, Kobalt, Mangan und Uran werden von einigen anaeroben Bakterien anstelle des Sauerstoffes genutzt.

2 Michael Hernke et al.: *Direct human health risks of increased atmospheric carbon dioxide,* in: Nature Sustainability, Bd. 2, 2019, S. 691–701. Siehe auch Nicola Davis: *Indoor carbon dioxide levels could be a health hazard, scientists warn,* in: The Guardian, 8. 7. 2019, www.theguardian.com/environment/2019/jul/08/indoor-carbon-

dioxide-levels-could-be-a-health-hazard-scientists-warn, abgerufen am 25.10.2020.

3 Margulis: *Leben*, S. 23.

4 Für die Entstehung der ersten Einzeller war vermutlich zusätzlich die Energie von Thermalquellen wichtig, die sich aus dem heißen Erdkern speist (siehe Kapitel 3).

5 Obwohl nur 17 Prozent des Kalorienbedarfs der Menschheit von Tieren stammt, benötigen sie 77 Prozent des globalen Agrarlands (BUND: *Der Fleischatlas*, S. 10). Um 1 kg Rindfleisch zu produzieren, werden ca. 16 kg Futtermittel benötigt – was auch den enormen Wasserbedarf der Fleischproduktion bedingt.

6 Albert Einstein: *Why Socialism?*, erstmals erschienen in: Monthly Review, Mai 1949; deutsche Übersetzung: www.ag-friedensforschung.de/science/einsteinjahr2.html, abgerufen am 25.10.2020.

7 Karl Marx: *Das Kapital*, Bd. 1, Kapitel 1, Teil 4: *Der Fetischcharakter der Ware und sein Geheimnis* (MEW 23,86–98); zum Geldfetisch siehe MEW 23,106–108. Vgl. auch Georg Lukács: *Die Verdinglichung und das Bewußtsein des Proletariats*, in: ders.: *Geschichte und Klassenbewußtsein*, Berlin 1923.

8 Vgl. Karl Marx, Friedrich Engels in *Die deutsche Ideologie:* »Die Gedanken der herrschenden Klasse sind in jeder Epoche die herrschenden Gedanken.«

9 Marcel Mauss: *Die Gabe. Form und Funktion des Austauschs in archaischen Gesellschaften*, Frankfurt a. M. 1990 [Paris 1925].

10 Auf den Umstand, dass unsere Wahrnehmung unsere primäre Wirklichkeit ist, auf der auch alle Wissenschaft beruht, haben unter anderem David Hume, der Philosoph und Logiker Clarence Irving Lewis (der den Begriff »Qualia« in die Fachwelt einführte), Bertrand Russell und Noam Chomsky hingewiesen. Russell etwa bemerkte, dass der »höchste Grad der Gewissheit meinen eigenen Wahrnehmungen« gebührt (*The Analysis of Matter*, Nottingham 2007 [1927], S. 388). Vgl. auch Noam Chomsky: *Was für Lebewesen sind wir?*, Frankfurt a. M. 2016, S. 49. Auf denselben Umstand geht auch der niederländische Wissenschaftshistoriker Eduard Jan Dijksterhuis in seinem klassischem Werk *Die Mechanisierung des Weltbildes* ein. Dort schreibt er über die mechanistische Philosophie, wie sie im 17. Jahrhundert entstand: »Die Unterscheidung zwischen primären geometrisch-mechanischen Qualitäten, die einem Körper wirklich zukommend gedacht werden, und sekundären, die nur Namen für subjektive Empfindungen bei physischen Prozessen darstellen, wird in der zweiten Hälfte des Jahrhunderts allgemein anerkannt, ja sogar als fast selbstverständlich betrachtet. [...] Dass die primären Qualitäten Größe, Gestalt, Bewegung uns doch auch nur

in der sinnlichen Wahrnehmung gegeben sind und dass also die ganze Unterscheidung eigentlich keinen Sinn hat, wird nur selten bemerkt.« *Die Mechanisierung des Weltbildes*, Berlin 1956, S. 482 f.

11 »Die letzten Geheimnisse unseres Gehirns« ist der Titel einer ARTE-Dokumentation aus dem Jahr 2016.

12 Der Begriff »modernes Weltsystem« wurde von dem US-Soziologen Immanuel Wallerstein (1930–2019) geprägt, der auch die Weltsystemanalyse mitbegründete. Vgl. Immanuel Wallerstein: *Das moderne Weltsystem, Band 1–4*, Wien 1986–2012.

13 China hat über viele Jahrhunderte, vor allem in der Song-, Ming- und Qing-Dynastie, sehr erfolgreich eine »nicht kapitalistische Marktwirtschaft« praktiziert, in der Staat und Kapital – anders als im Westen – strukturell getrennt waren. Die Kaiser haben in diesen Epochen der Händlerklasse massive Schranken auferlegt. Vgl. Giovanni Arrighi: *Adam Smith in Beijing. Die Genealogie des 21. Jahrhunderts,* Hamburg 2008; Scheidler: *Chaos*, S. 180–205.

14 Bundeszentrale für politische Bildung: *Weltwirtschaft und internationale Arbeitsteilung*, Heft 280; André Gorz: *Auswege aus dem Kapitalismus. Beiträge zur politischen Ökologie*, Zürich 2009, S. 81.

15 Vgl. Scheidler: *Das Ende der Megamaschine*, S. 77–104.

16 Vgl. dazu den epochemachenden Vortrag *The Social and Economic Roots of Newton's Principia* des sowjetischen Physikers und Wissenschaftshistorikers Boris Hessen von 1931. Darin zeigt Hessen, dass die führenden Forscher der frühen Neuzeit, von Galileo bis Newton, im Wesentlichen die physikalischen Grundlagen der technischen Probleme von Kriegsindustrie, Bergbau und Schifffahrt behandelten, die für die neue entstehende kapitalistische Schicht entscheidend waren. (Im Gegensatz zu dem brillanten und faktenreichen ersten Teil des Vortrags bietet der zweite Teil hingegen eine eher dogmatische Abhandlung über den Materialismus. Dieser Dogmatismus wurde Hessen auch zum Verhängnis, als er Einsteins Relativitätstheorie verwarf, weil sie »idealistisch« und nicht »materialistisch« sei und für eine Wiederbelebung der gescheiterten Äthertheorie eintrat. Das Beispiel zeigt, wie tiefsitzend die Vorurteile des mechanistischen Weltbildes auch in Teilen der marxistischen Intelligenzija verankert waren und mitunter noch sind.)

17 Die ersten drei Teile des zweiten Buchs der *Principia* widmen sich zum Beispiel ausführlich dem Thema der Bewegung von Körpern in einem widerständigen Medium, ein Problem, das in der Ballistik eine entscheidende Rolle spielt. (Galileos Wurfparabeln beschreiben nur die Flugbahn im Vakuum, reale Kanonenkugeln aber fliegen durch die Luft.) Vgl. Hessen, ebd., S. 20.

18 Francis Bacon (1561–1621), der oft als »Vater der wissenschaft-

lichen Methode« bezeichnet wird, war Anteilseigner und Mitglied im Rat der Virginia Company, einer Aktiengesellschaft, die eine führende Rolle bei der gewaltsamen Kolonisierung der nordamerikanischen Ostküste spielte. Robert Boyle, der Begründer der modernen Chemie, war Mitglied im Direktorium der British East India Company, die bald zum mächtigsten Akteur der Kolonisierung Asiens aufstieg, und Anteilseigner der Hudson's Bay Company, die ein Drittel des heutigen Kanada samt ihren Einwohnern als private Kolonie annektierte. Boyle war außerdem Gouverneur der New England Company (ursprünglich: Corporation for the Promoting and Propagating the Gospel of Jesus Christ in New England), einer puritanischen Missionsgesellschaft, die an der nordamerikanischen Ostküste aktiv war. Außerdem war er Mitglied im Council of Foreign Plantations, einem Regierungsrat, der sich der kolonialen Expansion widmete. (Vgl. Sarah Irving: *Natural Science and the Origins of the British Empire*, London/New York 2008.) Christiaan Huygens, der Begründer der Wellentheorie des Lichts, arbeitete 13 Jahre lang intensiv mit der Niederländischen Ostindienkompanie zusammen. (Vgl. Alfons Van der Kraan: *The Dutch East India Company, Christiaan Huygens and the Marine Clock, 1682–95*, in: Prometheus, Bd. 19, Ausgabe 4, Dezember 2001, S. 279–298.) John Locke (der »Vater des Liberalismus und Empirismus«) und Isaac Newton waren Aktionäre der South Sea Company, die im transatlantischen Sklavenhandel aktiv war.

19 Im englischen Original ist vom »Empire of Man over Inferior Creatures« die Rede. Die Doppeldeutigkeit des englischen Wortes »man« (Mann/Mensch) betont hier den patriarchalen Aspekt des Projektes noch mehr.

20 Zum Begriff der instrumentellen Vernunft vgl. Max Horkheimer: *Kritik der instrumentellen Vernunft*, Frankfurt a. M. 1967, sowie Max Horkheimer und Theodor W. Adorno: *Dialektik der Aufklärung*, Frankfurt a. M. 1981 [1944].

21 Die Sozialwissenschaften haben für die Kultur der Berechnung, die in der Frühen Neuzeit entstand, verschiedene Begriffe geprägt: »Zweckrationalität« (Max Weber), »instrumentelle Vernunft« (Max Horkheimer) und »Verdinglichung« (Georg Lukács).

22 Die organische Betrachtungsweise existierte in der Renaissance in sehr unterschiedlichen Varianten. Für Neuplatoniker wie Giovanni Pico della Mirandola (1463–1494) und Heinrich Cornelius Agrippa (1486–1535) war der Organismus des Universums hierarchisch gegliedert und in Seele, Geist und eine als passiv gedachte Materie getrennt. Ihre Philosophie war durchaus vereinbar mit den gesellschaftlichen Hierarchien ihrer Zeit. Revolutionärer waren die

»Naturalisten« wie Giordano Bruno (1548–1600) und Tommaso Campanella (1568–1639). Für sie gab es nur ein alles durchdringendes lebendiges Prinzip, das jedoch noch immer als verschieden von der Materie gedacht wurde. Am tiefgreifendsten wurde die bestehende Ordnung von »Vitalisten« wie Paracelsus und später von Johan van Helmont herausgefordert. Sie behaupteten, Geist und Materie seien ein und dieselbe lebendige, aktive Substanz, aus der alles besteht. Vgl. Merchant: *Der Tod der Natur*, S. 82–141.

23 Die Prozessakten zum Fall Giordano Bruno sind aus den vatikanischen Archiven verschwunden (warum und wohin, ist unbekannt), daher lassen sich die zentralen Gründe für seine Verurteilung nur indirekt rekonstruieren. Die Aufzeichnungen von Gesprächen mit Bruno, seine eigenen Schriften und die Reaktionen der Kirche darauf zeigen, dass die Behauptung eines unendlichen und durchgehend beseelten Universums vermutlich im Zentrum der Anklage stand, weil sie die Zentralität der Kirche und des Menschen (über dessen Schicksal die Kirche ein Monopol beanspruchte) im Universum infrage stellte. Für die oft kolportierte Behauptung, es sei, wie im Fall von Galileo, um Brunos Verteidigung des kopernikanischen Weltbildes gegangen, gibt es keine Hinweise. Vor dem Prozess gegen Galileo (1633) ging die Inquisition gegen Verteidiger des Kopernikus selten scharf vor, auch der Prozess gegen Galileo wurde weit weniger fanatisch geführt als der gegen Bruno. Während Bruno in Rom acht Jahre in Kerkerhaft saß, stand Galileo später nur unter Hausarrest und konnte im Übrigen alle Annehmlichkeiten des Lebens genießen.

24 Carolyn Merchant: *The Death of Nature. Women, Ecology, and the Scientific Revolution*, San Francisco 1980, S. 115. (Das Zitat findet sich nur im englischsprachigen Original: »It is not reasonable to believe that any part of the world is without soul life, sensation, and organic structure.«) Vgl. auch Irving Louis Horowitz: *The Renaissance Philosophy of Giordano Bruno*, New York 1952, S. 27.

25 Der Quantenphysiker Wolfgang Pauli schrieb über Keplers Auffassung: »Für Kepler war die Erde etwas Lebendiges, so wie der Mensch. Wie lebende Körper Haare haben, so hat die Erde Gras und Bäume, wobei die Zikaden die Schuppen sind; wie Lebewesen Urin über die Blase ausscheiden, so produzieren die Berge Quellen; Schwefel und andere vulkanische Stoffe entsprechen den Exkrementen, Metalle und Regenwasser dem Blut und dem Schweiß. [...] Gleichzeitig ist die *anima terrae* auch eine formgebende Kraft im Inneren der Erde und formt etwa die fünf regelmäßigen geometrischen Körper in Edelsteinen und Fossilien. [...] In Keplers Sichtweise ist die *anima terrae* für das Wetter und andere meteorolo-

gische Phänomene verantwortlich. Zu viel Regen etwa ist eine Krankheit der Erde.« (Übers. d. Autors.) Wolfgang Pauli: *The Influence of Archetypal Ideas on the Scientific Theories of Kepler*«, in: Carl G. Jung, Wolfgang Pauli: *The Interpretation of Nature and the Psyche*, New York 1955. (Eine deutlich kürzere Fassung existiert auch auf Deutsch: *Der Einfluss archetypischer Vorstellungen auf die Bildung naturwissenschaftlicher Theorien bei Kepler*, Studien aus dem C. G. Jung-Institut IV, Zürich 1952, S. 109–194.)

26 Merchant: *Der Tod der Natur*, S. 143.

27 Zum Begriff der »Großen Trennung« (»Great Divide«/»Grand Partage«) vgl.: Philippe Descola: *Jenseits von Natur und Kultur*, Frankfurt a. M. 2011.

28 Zur Entwicklung der Zentralperspektive vgl. das klassische Werk des Kunsthistorikers Erwin Panofsky: *Die Perspektive als ›symbolische Form‹*, Leipzig/Berlin 1927.

29 Vgl. Merchant: *Der Tod der Natur*.

30 Vgl. dazu: James C. Scott: *Seeing Like a State*, New Haven 1988, sowie Scheidler: *Das Ende der Megamaschine*, S. 115–121.

31 Der Begriff Kybernetik (von griechisch *kybernétes*, »Steuermann«) wurde 1947 von dem Mathematiker Norbert Wiener geprägt. Wiener war auch federführend – zusammen mit dem Neurophysiologen Warren McCulloch und dem Mathematiker John von Neumann – an den sogenannten Macy-Konferenzen beteiligt, die zwischen 1946 und 1953 die Grundlagen von zirkulärer Kausalität und Feedbackmechanismen in biologischen und sozialen Systemen erkundeten. Zu den Teilnehmenden und Pionieren der Kybernetik gehörten außerdem der Biophysiker Heinz von Foerster, der Anthropologe Gregory Bateson und die Anthropologin Margaret Mead.

32 Vgl. Silvia Federici: *Caliban und die Hexe. Frauen, der Körper und die ursprüngliche Akkumulation*, Wien 2012, sowie Merchant: *Der Tod der Natur*.

33 Analog zur Behandlung der Schwarzen im Code Noir wurde Frauen im Code Civil der napoleonischen Zeit schließlich das Recht auf eigenständige ökonomische Beziehungen abgesprochen, die Frauen wurden so ein weiteres Stück der Verfügungsgewalt der Männer unterworfen und damit zum Objekt.

34 In Großbritannien wurden mit dem New Poor Law von 1834 fast alle Armenunterstützungen gestrichen mit dem ausdrücklichen Ziel, die Arbeiter durch die Androhung des Hungertodes in die Lohnarbeit zu zwingen. Die Folge war die größte Verelendungswelle in der britischen Geschichte. Federführend beteiligt an dieser Kampagne war der Ökonom Thomas Robert Malthus, der Darwin entscheidend beeinflusste (siehe Kapitel 3). Malthus lehrte am East

India Company College, der Privatuniversität der Britischen Ostindienkompanie.

35 Karl Polanyi: *The Great Transformation. Politische und ökonomische Ursprünge von Gesellschaften und Wirtschaftssystemen*, Frankfurt a. M. 1995 [1944].

36 Gallup Report: *State of the Global Workforce*, Washington 2013, www.gallup.com/poll/165269/worldwide-employees-engaged-work.aspx?, abgerufen am 25. 10. 2020.

37 Siehe insbesondere Michel Foucault: *Überwachen und Strafen*, Frankfurt a. M. 1994.

38 Dass Lernen umso besser gelingt, je mehr Sinne daran beteiligt sind, ist in der neuzeitlichen westlichen Pädagogik spätestens seit Johann Heinrich Pestalozzi (1746–1827) bekannt. Pestalozzi prägte auch den Begriff des Lernens »mit Kopf, Herz und Hand«.

39 In der endlosen Kette von Kriegen, die westliche Mächte auf europäischem Boden und in den Kolonialgebieten führten, wird in der Geschichtsschreibung bisweilen auf die sogenannte »Pax Britannica« von 1815–1914 als Ausnahmezeit eines 100-jährigen Friedens verwiesen. Obwohl die Zahl innereuropäischer Konflikte aufgrund der erdrückenden Dominanz Großbritanniens tatsächlich zurückging, kann von Frieden trotzdem keine Rede sein, da besonders die zweite Hälfte des 19. Jahrhunderts von einer Kette brutaler kolonialer Kriege geprägt war. Auch in Europa herrschte keineswegs Frieden, allein der deutsch-österreichische Krieg von 1866 kostete fast 200 000 Menschenleben. Der etwa gleichzeitig stattfindende Amerikanische Bürgerkrieg forderte sogar 650 000 Opfer.

40 Judith Herman: *Trauma and Recovery. The Aftermath of Violence – from Domestic Abuse to Political Terror*, New York 1992, S. 51 (Übers. d. Autors).

41 Zum Begriff des »Kohärenzgefühls« vgl. das Konzept der »Salutogenese«, das von Aaron Antonovsky (1923–1994) entwickelt wurde: Aaron Antonovsky: *Salutogenese. Zur Entmystifizierung der Gesundheit*, Tübingen 1997. Nach Antonovsky hat Kohärenz drei Aspekte: die Fähigkeit, die Zusammenhänge des Lebens zu verstehen; die Überzeugung, das eigene Leben gestalten zu können (Handhabbarkeit, Selbstwirksamkeit); und das Gefühl der Sinnhaftigkeit. Traumatische Erfahrungen können dieses Kohärenzgefühl tiefgreifend stören oder gar zerstören.

42 In einem Brief vom 15. Februar 1638 an Vopiscus Plempius beschreibt Descartes ausführlich, wie er einen lebenden Hasen vivisеziert hat.

43 Mit Ethnozid ist die systematische Zerstörung von Kulturen gemeint. Im Unterschied zum Genozid muss diese Vernichtung

nicht mit dem physischen Tod der Angehörigen der entsprechenden Kulturen verbunden sein. Vgl. Robert Jaulin: *La paix blanche. Introduction à l'éthnocide*, Paris 1970.

44 Aus einer Rede von Richard Pratt aus dem Jahr 1892: »A great general has said that the only good Indian is a dead one. [...] In a sense, I agree with the sentiment, but only in this: that all the Indian there is in the race should be dead. Kill the Indian in him, and save the man.« Zitiert nach Charla Bear: *American Indian Boarding Schools Haunt Many*, National Public Radio, 12. 5. 2008. Vgl. auch Ward Churchill: *Kill the Indian, Save the Man*, San Francisco 2004.

45 UNESCO Atlas of the World's Languages in Danger, www.unesco.org/languages-atlas, abgerufen am 25. 10. 2020.

46 Die Diskrepanz zwischen langsamer Entstehung komplexer Systeme und ihrem oft unverhältnismäßig raschen Zusammenbruch hat der italienische Chemiker Ugo Bardi als »Seneca-Effekt« bezeichnet. Auf den antiken Autor Seneca geht der Satz zurück: »Das Wachstum schreitet langsam voran, während der Weg zum Ruin schnell verläuft.« Vgl. Ugo Bardi: *Der Seneca-Effekt. Warum Systeme kollabieren und wie wir damit umgehen können*, München 2017.

47 Ein Strang der »Suche nach dem Ganzen« lässt sich zum Beispiel von der Romantik über die Lebensreformbewegungen um 1900 bis zur New-Age-Bewegung nachverfolgen.

48 Benedict Anderson: *Die Erfindung der Nation*, Frankfurt a. M. 1996.

49 Die erste internationale Konferenz zur synthetischen Biologie fand im Jahr 2000 am Massachusetts Institute of Technology (MIT) statt.

50 Eine kritische Bestandsaufnahme der synthetischen Biologie bietet die Studie *Extreme Genetic Engineering. An Introduction to Synthetic Biology* von der Action Group on Erosion, Technology and Concentration (ETC), Kanada 2007. Download unter: www.etcgroup.org/content/extreme-genetic-engineering-introduction-synthetic-biology, abgerufen am 25. 10. 2020. Die Studie warnt u. a. vor den unabsehbaren Folgen einer Freisetzung von synthetisch erzeugten Organismen für die Biosphäre.

51 David Montgomery: *Dreck. Warum unsere Zivilisation den Boden unter den Füßen verliert*, München 2010.

52 Vgl. *The Status of the World's Soil Resources*, FAO Main Report, Rom 2015. Die Zahl von 60 verbleibenden Ernten bezieht sich auf eine Zusammenfassung des Berichts durch die stellvertretende Generaldirektorin der UN-Ernährungs- und Landwirtschaftsorganisation (FAO). Vgl. Scientific American, 5. 12. 2014.

53 Die Insektenbiomasse ging zwischen 1989 und 2013 in Deutschland um 77 Prozent zurück. Vgl. Gretchen Vogel: *Where have all the insects gone?*, in: Science, 10. 5. 2017, sowie Martin Sorg et al.:

Ermittlung der Biomassen flugaktiver Insekten im Naturschutzgebiet Orbroicher Bruch mit Malaise Fallen in den Jahren 1989 und 2013, in: Mitteilungen aus dem Entomologischen Verein Krefeld, Bd. 1 (2013), S. 1–5. Eine Metastudie aus dem Jahr 2019 kommt international zu ähnlichen Ergebnissen, siehe: Francisco Sánchez-Bayoa: *Worldwide decline of the entomofauna: A review of its drivers*, in: Biological Conservation, Bd. 232, April 2019, S. 8–27.

54 Corona-Viren sind seit Langem für schätzungsweise 5–15 Prozent der grippeähnlichen Erkrankungen (echte Grippe, also Influenza, und grippale Infekte) verantwortlich. Die neue Variante SARS-CoV-2 erwies sich als besonders aggressiv und infektiös, weist aber im Verhältnis etwa zum Erreger der Spanischen Grippe, dem Influenza-Ableger H1N1, die während und nach dem Ersten Weltkrieg Millionen von Todesopfern forderte, eine weit geringere Letalität auf.

55 Vgl, New York Times, 17. 3. 2023, https://www.nytimes.com/article/covid-origin-lab-leak-china.html sowie Wall Street Journal, 26. 2. 2023, https://www.wsj.com/articles/covid-origin-china-lab-leak-807b7b0a

56 Vgl. Sonia Shah: *Think Exotic Animals Are to Blame for the Coronavirus? Think Again*, in: The Nation, 18. 2. 2020. Vgl. auch dies.: *Pandemic: Tracking Contagion from Cholera to Ebola and Beyond*, New York 2016.

57 Ebd.

58 Der Prozess, durch Zerstörung von Habitaten und intensive Nutztierhaltung Epidemien zu erzeugen, begann bereits im Neolithikum mit der Sesshaftwerdung des Menschen und intensivierte sich mit der frühen Staatenbildung. (Vgl. dazu auch: James C. Scott: *Die Mühlen der Zivilisation: eine Tiefengeschichte der frühesten Staaten*, Frankfurt a. M. 2019.) Das Influenza-Virus etwa stammt ursprünglich von Enten, der Keuchhusten von Schweinen, Masern und Tuberkulose stammen von Kühen.

59 Paul Crutzen: *Albedo enhancement by stratospheric sulfur injections: A contribution to resolve a policy dilemma?*, in: Climatic Change, Bd. 77, 2006, S. 211–220.

60 Eine kritische Bestandsaufnahme des Geo-Engineering bietet *The Big Bad Fix. The Case against Climate Geoengineering*, hg. v. der Heinrich-Böll-Stiftung, der ETC Group und Biofuelwatch, 2017, Download unter www.boell.de/en/2017/12/01/big-bad-fix-case-against-geoengineering, abgerufen am 25. 10. 2020.

61 Spektrum der Wissenschaften online, 30. 7. 2018, www.spektrum.de/news/der-traum-vom-terraforming/1581948, abgerufen am 25. 10. 2020.

62 Elon Musk in einem Interview in der Late Show, September 2015; www.youtube.com/watch?v=gV6hP9wpMW8, abgerufen am 25. 10. 2020.

63 Eine Studie aus dem Jahr 2018 etwa kommt zu dem Schluss, dass Terraforming auf dem Mars entweder gar nicht möglich ist oder mehrere Millionen Jahre dauern würde. B. M. Jakosky, C. S. Edwards: *Inventory of CO_2 available for terraforming Mars*, in: Nature Astronomy 2 (2018), S. 634–639.

64 John Searle hat in seinem berühmten Gedankenexperiment »Das chinesische Zimmer« demonstriert, dass Computer auch komplexe Fragen sinnvoll beantworten können, ohne irgendetwas zu verstehen; John R. Searle: *Minds, Brains, and Programs*, in: The Behavioral and Brain Sciences, 1980 (3), S. 417–457. Das Gedankenexperiment war eine Antwort auf den sogenannten »Turing-Test«, den der britische Informatiker Alan Turing in den 1950er-Jahren entwickelt hatte, um zu testen, ob Computer denken können. Eine Versuchsperson stellt per Tastatur Fragen an einen Menschen und einen Computer, die beide in separaten Räumen untergebracht sind. Kann die Versuchsperson die Antworten von Mensch und Maschine auf seinem Bildschirm nicht mehr unterscheiden, dann, so Turing, sei die Maschine des Denkens mächtig. Der Test ist seither weiter ausgearbeitet worden, und immer wieder dringen Meldungen von »denkenden Computern« in die Öffentlichkeit. Doch dieser Test zeigt, wie Searle zu Recht herausstellt, lediglich, wie gut ein Computer Denken *simulieren* kann.

65 Natürlich gibt es, wie wir im 2. Kapitel gesehen haben, keine Möglichkeit, prinzipiell auszuschließen, dass auch nichtlebende Strukturen über Vorformen oder Potenziale von Innensichten verfügen, und das gilt auch für Rechenmaschinen. Es gibt aber keinen Grund, warum wir ausgerechnet Computern mehr Potenzial in dieser Hinsicht zusprechen sollten als einem Haufen Kupferblech und Silizium oder dem Strom, der durch unsere Steckdose fließt.

66 Vgl. Kurzweil: *Menschheit 2.0.*

67 Im Jahr 2017 etwa verringerte sich die globale Waldfläche um 30 Millionen Hektar (300 000 km^2). Daten von Global Forest Watch, siehe: www.regenwald.org/news/8950/30-millionen-hektar-pro-jahr-weltweite-abholzung-auf-rekordniveau, abgerufen am 25. 10. 2020.

5 Das Ganze denken: Weltsichten und Kosmologien

1 Die Ausdehnung des Begriffs Kosmologie auf alle Lebewesen hat eine Parallele in der Verwendung des Begriffs *image* (Bild) durch den US-Ökonomen und Pionier der Systemtheorie Kenneth Boul-

ding in dessen Buch *The Image: Knowledge in Life and Society*, Ann Arbor 1956 (deutsch: *Die neuen Leitbilder*, Düsseldorf 1958). Die Erforschung der inneren Strukturen von Weltmodellen bei allen Arten von Lebewesen und in so unterschiedlichen Bereichen wie Biologie, Kulturwissenschaften, Psychologie und Ökonomik nannte Boulding *eikonics* (von griechisch *ikón*, Bild).

2 Vgl. dazu Lorenz: *Die Rückseite des Spiegels*.

3 Vgl. das Konzept der »Kohärenz« und der »Salutogenese« nach Antonovsky: *Salutogenese. Zur Entmystifizierung der Gesundheit*.

4 Sowohl die Natur- als auch die Sozial- und Geisteswissenschaften beschreiben, was *ist* (oder genauer: was war, denn sie blicken stets auf Beobachtungen zurück), und zwar aus der Außenperspektive. Daraus lässt sich aber, wie bereits der schottische Philosoph David Hume (1711–1776) in seinem *Treatise on Human Nature* bemerkte, niemals mit den Mitteln der Empirie und Logik folgern, was *sein soll*. Denn was sein soll, hängt von Wertentscheidungen und damit auf wesentliche Weise von den Innensichten ab. Das bedeutet aber nicht, dass Fragen nach dem, was sein soll (sogenannte »normative« Fragen), keine Rolle in der Wissenschaft spielen. Im Gegenteil: Die Auswahl von Forschungsgegenständen und Methoden etwa ist eine weitgehend normative Entscheidung (was ist wichtig?, wo sollen Ressourcen hineinfließen?, etc.). Diese normativen Fragen gehen der eigentlichen Forschung stets voraus, auch wenn sie bisweilen nicht ausgesprochen werden. In diesem Sinne ist jede Wissenschaft »normativ«. Wissenschaft kann sich auch damit beschäftigen, was *sein kann*. Wenn aus normativen Gründen zum Beispiel entschieden wird, dass es sinnvoll ist, sich mit der Begrünung von Wüsten zu befassen, können sowohl Natur- als auch Sozialwissenschaften erforschen, ob und unter welchen ökologischen und sozialen Bedingungen Pflanzungen auf extrem ariden Böden gelingen können. Aber wenn es sich dabei um mehr als nur ein Gedankenexperiment handeln soll, müssen diese Dinge tatsächlich in der Praxis, etwa in einem Pilotprojekt, untersucht werden; die Wissenschaft wird also auch in diesem Fall beschreiben, was ist (oder war), allerdings mit einer auf die Zukunft gerichteten Fragestellung.

5 Vom Konzil von Nicäa (325) bis zum Konzil von Konstantinopel (381) stritten Bischöfe und Gelehrte erbittert um die Frage, ob Jesus mit Gott wesensgleich sei oder nur wesensähnlich. Die beiden Fraktionen sind auch als Homousianer und Homöusianer bekannt. Die Homousianer, die auf der Wesensgleichheit beharrten, setzten sich schließlich durch, andere Standpunkte wurden als Irrlehren verworfen. Das Glaubensbekenntnis der Homousianer bildet bis heute das *Credo* in der katholischen und evangelischen Liturgie.

6 Siehe Michael Bergunder: *Was ist Religion? Kulturwissenschaftliche Überlegungen zum Gegenstand der Religionswissenschaft*, in: Zeitschrift für Religionswissenschaft, Bd. 19, Heft 1/2, 2011, S. 3–55.

7 Werner Heisenberg: *Der Teil und das Ganze. Gespräche im Umkreis der Atomphysik*, München 1969, S. 120–123.

8 Bertrand Russell: *Is There a God?*, in: John G. Slater (Hg.): *The Collected Papers of Bertrand Russell*, Bd. 11: *Last Philosophical Testament, 1943–68*, London 1952, S. 542–548.

9 Der sogenannte Wirtschaftsnobelpreis ist kein von Alfred Nobel gestifteter Preis – wie etwa die Preise für Physik, Chemie, Medizin und Frieden –, sondern wurde 1968 von der schwedischen Reichsbank ins Leben gerufen. Der offizielle Name lautet: »Preis der Schwedischen Nationalbank für Wirtschaftswissenschaft in Erinnerung an Alfred Nobel«.

10 Ulrike Herrmann: *Den Nutzen maximieren. Worst-of der Wirtschaftsnobelpreisträger*, taz, 22. 8. 2017.

11 Vgl. etwa: Robert Nelson: *Economics as Religion: From Samuelson to Chicago and Beyond*, University Park (PA) 2001; Thomas Frank: *One Market Under God: Extreme Capitalism, Market Populism, and the End of Economic Democracy*, New York 2000.

12 Paul Romer: *The Trouble With Macroeconomics*, Vortrag an der Stern School of Business, New York University, 5. 1. 2016, später veröffentlicht in The Economist. Romer schreibt darin auch: »Die Parallele zur Stringtheorie in der Physik deutet auf ein allgemeines Versagen der Wissenschaft, das dadurch verursacht wird, dass sich der Respekt vor hoch angesehenen Führern zu einer Unterwürfigkeit gegenüber Autoritäten entwickelt, was an die Stelle von objektiven Fakten als letztlich entscheidendes Kriterium wissenschaftlicher Wahrheit tritt.« (Übers. d. Autors.)

13 Vgl. Philippe Descola: *Jenseits von Natur und Kultur*, Berlin 2011. Descola unterscheidet vier Typen von Kosmologien: Animismus, Totemismus, Analogismus und Naturalismus. Der Animismus (zu dem auch die Kosmologien im westlichen Amazonas zählen) zeichnet sich, so Descola, dadurch aus, dass das Innenleben von Menschen und Nichtmenschen als verwandt, ebenbürtig oder gleich eingestuft wird, die physischen Erscheinungen der Wesen aber als grundlegend verschieden. Im Gegensatz dazu geht der westliche Naturalismus davon aus, dass Menschen und Nichtmenschen aus derselben physischen Substanz bestehen (Atomen), ihre Innenleben aber radikal verschieden sind. Da der Bereich der Innenwelten anderer Wesen uns grundsätzlich nicht direkt zugänglich ist (Kapitel 2), bleibt er für vielfältige Interpretationen offen. Aus diesem Grund zähle ich die Kosmologie der Tukano und anderer Amazo-

nas-Völker auch nicht zu den »Teekannen-Dogmen«. Denn solche Dogmen, wie sie sich in den autoritär-wörtlichen Religionen finden, beruhen auf Aussagen über Dinge in der im Prinzip beobachtbaren Außenwelt (z. B. das Auffinden des Buches Mormon), die sich aber aufgrund zeitlicher und räumlicher Entfernung niemals überprüfen lassen. Die Aussagen der Tukano über die Seelen von Tieren und Pflanzen dagegen betreffen einen Bereich, der grundsätzlich nur unserer Imagination offensteht.

14 Gerardo Reichel-Dolmatoff: *Cosmology as Ecological Analysis: A View from the Rain Forest*, in: Man, New Series, Bd. 11, Nr. 3 (September 1976), S. 318.

15 Ebd. Vgl. auch Gerardo Reichel-Dolmatoff: *The Forest Within: The World-view of the Tukano Amazonian Indians*, Totnes 1996.

16 Philippe Descola: *Jenseits von Natur und Kultur*, Berlin 2011, S. 512–521.

17 Selbst die Beziehungen zu den Kulturpflanzen sind von einer kriegerisch-räuberischen Logik. Von der wichtigsten Nahrungspflanze, dem Maniok, heißt es, er wolle das Blut der Kinder trinken. Wenn der Maniok von den Frauen umgekehrt wie ein Kind behandelt wird, dann als ein räuberisches, das es zu vertilgen gibt, bevor es einen selbst verschlungen hat.

18 Allerdings sind auch die Campa ausgesprochen wehrhaft, wenn es um die Verteidigung gegen Invasoren von außen geht, ob es sich um die Inkas des 16. Jahrhunderts, um die spanischen Konquistadoren und Missionare oder die modernen Staaten samt den mit ihnen verflochtenen transnationalen Konzernen handelt. Für die Campa gehören alle diese Invasoren dem Reich der *kamari* an, der bösen Geister. Die Solidaritätsprinzipien, welche die Campa untereinander pflegen, haben sich als ausgesprochen hilfreich erwiesen, wenn es darum geht, schlagkräftige Bündnisse zur Verteidigung der eigenen Lebensweise gegen die *kamari* zu schmieden.

19 Wir wissen nur, dass die Kopfjagden der Jívaro zunahmen, als westliche Händler ihnen Gewehre im Tausch gegen Schrumpfköpfe anboten. Dieser Befund kann allerdings nur die Ausweitung, nicht aber die Entstehung der kriegerischen Raubkultur erklären.

20 Der zentrale Ankerpunkt der Orientierung in Bali ist der höchste Vulkan, Gunung Agung, der sich etwa im Zentrum der Insel befindet und als heiligster Ort gilt. Was in Richtung des Vulkans liegt, wird als *kaja* bezeichnet, was zum Meer hin liegt, als *kelod*. Jedes Dorf, jeder Dorfteil *(banjar)*, jedes Haus und jeder Teil des Hauses ist entlang dieser Achse ausgerichtet. Friedhöfe etwa liegen stets am *kelod*-Ende des Dorfs, der Wischnu-Tempel dagegen am *kaja*-Ende. Man schläft stets mit dem Kopf Richtung *kelod*, mit den Füßen

Richtung *kaja*, und so weiter. Eine zweite Achse besteht zwischen dem Ort des Sonnenaufgangs *(kangin)* und dem des Sonnenuntergangs *(kauh)*, was in etwa Ost und West entspricht. Da die *kaja-kelod*-Achse von Ort zu Ort je nach Lage zum Vulkan sehr verschieden ist, entsteht kein überall gleiches Koordinatensystem, sondern eine Art Kompass mit variablen Achsen. Wenn sich zwei Arbeiter Anweisungen für die Platzierung einer bestimmten Last zurufen, dann werden sie nicht »Etwas weiter nach links!« rufen, sondern »etwas weiter *kangin!*« oder »etwas weiter *kelod!*«. Die Balinesen haben also zwei Bezugssysteme verinnerlicht, die spezifische Landschaft der Insel und die Einbettung der Erde ins Sonnensystem. Vgl. Fred B. Eisenman: *Bali. Sekala and Niskala*, Vol. 1: *Essays on Religion, Ritual, and Art*, Hongkong 1990, S. 2–10.

21 Ebd., S. 6.

22 Der Sinn für Balance ist zentral für alle Lebensbereiche Balis. In den Theater- und Tanzkünsten zum Beispiel, die zu den bemerkenswertesten der Welt zählen, sind die Bewegungen der einzelnen Körperteile in einer extrem komplexen dynamischen Balance organisiert. Der Körper wird zu einem Mikrokosmos, in dem sich die prekären Gleichgewichte zwischen den verschiedenen Kräften der sozialen Welt und des Kosmos spiegeln. Vgl. Bateson: *Ökologie des Geistes*, S. 172.

23 Das Subak-System wurde über Jahrzehnte von dem US-Anthropologen Stephen Lansing studiert. Vgl. J. Stephen Lansing: *Priests and Programmers. Technologies of Power in the Engineered Landscape of Bali*, Princeton 1991, sowie ders.: *Perfect Order: Recognizing Complexity in Bali*, Princeton 2012.

24 Vgl. https://whc.unesco.org/en/list/1194, abgerufen am 25. 10. 2020.

25 Der Konzern Ciba-Geigy wurde 1996 aufgeteilt in eine Chemiesparte (Ciba AG), die später von BASF übernommen wurde, und die übrigen Geschäftsbereiche (Pharma u. a.), die mit Sandoz zu Novartis fusionierten. Ciba-Geigy und Sandoz waren 1986 auch für die Chemiekatastrophe am Rhein verantwortlich, durch die der größte Teil des Tier- und Pflanzenlebens im Fluss vernichtet wurde.

26 Lansing: *Priests and Programmers*, S. 111–125; ders.: *Perfect Order*, S. 7–10.

27 Auf dem australischen Kontinent kreuzen sich Traumpfade verschiedener Völker. Trotzdem missioniert keine der Gruppen die andere, weil sie glaubt, im Besitz der einzig wahren Lehre zu sein. Stattdessen werden die verschiedenen Traumpfade als einander ergänzend in einem größeren kosmologischen Universum verstanden, von dem jeder Mensch und jede Gruppe nur einen Teil kennen kann. Bei Wanderungen und Zeremonien entstehen die vollstän-

digen Songlines erst dadurch, dass alle Beteiligten ihre jeweiligen Abschnitte in der richtigen Reihenfolge miteinander verknüpfen. Die Welt als Sinngefüge muss in jedem Moment von allen gemeinsam co-kreiert werden.

28 Die Zeile stammt aus Georg Trakls Gedicht *Ein Winterabend*, entstanden im Dezember 1913. Das vollständige Gedicht lautet: »Wenn der Schnee ans Fenster fällt,/Lang die Abendglocke läutet,/Vielen ist der Tisch bereitet/Und das Haus ist wohlbestellt.//Mancher auf der Wanderschaft/Kommt ans Tor auf dunklen Pfaden./Golden blüht der Baum der Gnaden/Aus der Erde kühlem Saft.//Wanderer tritt still herein;/Schmerz versteinerte die Schwelle./Da erglänzt in reiner Helle/Auf dem Tische Brot und Wein.«

6 Planetare Krise und gesellschaftlicher Umbau

1 Lloyd's Emerging Risk Report 2015: *Food System Shock. The insurance impacts of acute disruption to global food supply*.

2 Centre for Arms Control and Non-Proliferation: https://armscontrolcenter.org/world-nuclear-arsenal-sizes, sowie: Small Arms Survey: www.smallarmssurvey.org., beide abgerufen am 25. 10. 2020.

3 Olof Palme schrieb 1968: »Wenn man die Gesellschaft verändern und demokratisieren will, so ist die Schule ohne Zweifel eines unserer vornehmsten Instrumente. Allerdings sollten wir nicht allzu große Hoffnungen an die Demokratie in der Schulklasse knüpfen, wenn wir nicht gleichzeitig bereit sind, Demokratie auch an den Arbeitsplätzen außerhalb der Schule zu verwirklichen.« Zitiert nach: Thomas Meyer: *Praxis der Sozialen Demokratie*, Wiesbaden 2006, S. 65.

4 Vgl. George Monbiot: *Neoliberalism is creating loneliness. That's what's wrenching society apart*, The Guardian, 12. 10. 2016.

5 Jo Cox Commission on Loneliness: Final Report, download unter www.ageuk.org.uk/globalassets/age-uk/documents/reports-and-publications/reports-and-briefings/active-communities/rb_dec17_jocox_commission_finalreport.pdf, abgerufen am 25. 10. 2020.

6 *Loneliness* bezeichnet im Englischen ein negatives Gefühl der Verlassenheit, wogegen *solitude* für ein physisches Alleinsein steht, dass auch positiv konnotiert sein kann. Während der Gebrauch des Wortes *solitude* schon lange vor 1800 bezeugt ist, taucht *loneliness* erst in der Industrialisierung auf und findet immer größere Verbreitung, wogegen der Gebrauch von *solitude* seit 1800 kontinuierlich sank. Vgl. Fay Bound Alberti: *A Biography of Loneliness. The History of an Emotion*, Oxford 2019.

7 Hartmut Rosa: *Resonanz. Eine Soziologie der Weltbeziehung*, Frankfurt a. M. 2016, S. 522.

8 Rebecca Solnit: *A Paradise Built in Hell: The Extraordinary Communities That Arise in Disaster*, New York 2010.

9 Vgl. Umweltbundesamt: *Beitrag der Landwirtschaft zu den Treibhausgas-Emissionen*, www.umweltbundesamt.de/daten/land-forstwirtschaft/beitrag-der-landwirtschaft-zu-den-treibhausgas, abgerufen am 25. 10. 2020.

10 Vgl. Kapitel 4 sowie dort die Anmerkungen 51 und 52.

11 UN Biodiversitäts-Report: E. S. Brondizio, J. Settele, S. Díaz, H. T. Ngo (Hg.): *Global assessment report on biodiversity and ecosystem services of the Intergovernmental Science-Policy Platform on Biodiversity and Ecosystem Services*, IPBES secretariat, Bonn 2019; https://ipbes.net/global-assessment, abgerufen am 25. 10. 2020.

12 Maude Barlow, Tony Clarke: *Blaues Gold. Das globale Geschäft mit dem Wasser*, München 2003, S. 32.

13 International Assessment of Agricultural Knowledge, Science and Technology for Development (IAASTD): *Weltagrarbericht. Synthesebericht*, Hamburg 2009; online: www.weltagrarbericht.de/original-berichte.html, abgerufen am 25. 10. 2020. Bericht des UN-Sonderberichterstatters für das Recht auf Nahrung: Olivier de Schütter: *Agroecology and the Right to Food*, Report presented at the 16th Session of the United Nations Human Rights Council [A/HRC/16/49], 8. 3. 2011, www.srfood.org/en/report-agroecology-and-the-right-to-food, abgerufen am 25. 10. 2020.

14 Vgl. Frank Adloff, Tanja Busse (Hg.): *Welche Rechte braucht die Natur? Wege aus dem Artensterben*, Campus Verlag, Frankfurt/M. 2021

15 Vgl. Elisabeth Weydt: *Die Natur hat Recht. Wenn Tiere, Wälder und Flüsse vor Gericht ziehen – für ein radikales Umdenken im Miteinander von Mensch und Natur*, Knesebeck Verlag, München 2023

16 Vgl. dazu auch den Science-Fiction-Roman *Das Wort für Welt ist Wald* von Ursula K. Le Guin, der von der Eroberung und Ausbeutung eines erdähnlichen Planeten durch menschliche Kolonisatoren erzählt. Der Roman wurde später zur Inspiration für den Film *Avatar* (der diese Quelle aber nicht im Abspann nennt).

17 *Chomsky on Democracy*, hg. v. C. P. Otero (Kapitel 15, Abschnitt »The autocratic structures of twentieth-century absolutism«), New York 2003, S. 238–240.

18 Der Begriff »mehr-als-menschliche Welt« (»more-than-human world«) wurde von dem Kulturökologen David Abram geprägt. David Abram: *Im Bann der sinnlichen Natur. Die Kunst der Wahrnehmung und die mehr-als-menschliche Welt*, Klein-Jasedow 2015.

19 Kate Raworth: *Die Donut-Ökonomie. Endlich ein Wirtschaftsmodell, das den Planeten nicht zerstört*, München 2018.

20 Vgl. etwa Niko Paech: *Befreiung vom Überfluss: Auf dem Weg in die Postwachstumsökonomie*, München 2012.

21 Susanne Götze: *Lithium-Abbau in Südamerika – Kehrseite der Energiewende*, Deutschlandradio, 30.4.2019.

22 Vgl. Umwelt- und Prognoseinstitut Heidelberg/Dieter Teufel et al.: *Ökologische Folgen von Elektroautos. Ist die staatliche Förderung von Elektro- und Hybridautos sinnvoll?* UPI-Bericht Nr. 79, 3. Auflage 2019; Winfried Wolf: *Mit dem Elektroauto in die Sackgasse: Warum E-Mobilität den Klimawandel beschleunigt*, Wien 2019.

23 Mit Geldvermehrung ist hier die Vermehrung des inflationsbereinigten *Wertes* des Geldes gemeint, nicht die bloße Anhäufung von Banknoten oder Ziffern auf einem Konto. Nun wird bisweilen gesagt, dass Geldvermehrung und Materialdurchsatz zwar zusammenhängen, sich aber nach und nach entkoppeln ließen. Pro erwirtschaftetem Euro könne man Schritt für Schritt mit einem immer geringeren Input an Energie und Ressourcen auskommen. Auf diese Weise könnte das Kapital gemehrt und zugleich der Umweltverbrauch gesenkt werden. Eine solche Entkopplung findet auch tatsächlich statt, und zwar bereits seit Jahrhunderten. Denn Unternehmen haben ein Eigeninteresse daran, die Kosten ihres Inputs zu senken. Allerdings werden diese Effizienzgewinne stets durch Wachstum aufgefressen. Der Grund dafür ist in der Ökonomik unter dem Begriff »Rebound-Effekt« bekannt. Denn das eingesparte Geld wird eben an anderer Stelle in eine Ausweitung der Produktion investiert – ebenso wie Konsumenten Geld, das sie etwa durch Energiesparlampen bei der Stromrechnung sparen, dann eben in eine Spritztour mit dem Billigflieger nach London investieren. Vgl. Tilman Santarius et al. (Hg.): *Rethinking Climate and Energy Policies: New Perspectives on the Rebound Phenomenon*, New York 2016. Auch eine Ausweitung des Dienstleistungssektors bietet keine Lösung, denn auch Dienstleistungen erfordern in der Regel eine materielle Basis, zum Beispiel in Form von Infrastrukturen.

24 Vgl. Scheidler: *Das Ende der Megamaschine*, 10. Auflage 2019, S. 98–101.

25 In Stanley Kubricks Film *Dr. Seltsam oder: Wie ich lernte, die Bombe zu lieben* stellt der Forscher Dr. Seltsam am Ende eine Maschine vor, die automatisch in den Weltuntergang führt, wenn sie einmal in Gang gesetzt wird.

26 *The Corporation*, Dokumentarfilm von Joel Bakan, Mark Achbar und Jennifer Abbott, Kanada 2003.

27 Christian Felber: *Die Gemeinwohlökonomie*, Wien 2012.

28 Internationale Energieagentur (IEA): *Word Energy Outlook 2019*,

www.worldenergyoutlook.org/resources/energysubsidies; David Coady et al.: *How Large Are Global Energy Subsidies?* IMF Working Paper, Washington 2015; IMF Survey: *Counting the Cost of Energy Subsidies*, www.imf.org/external/pubs/ft/survey/so/2015/NEW070215A.htm, abgerufen am 25.10.2020.

29 Umweltbundesamt: *Umweltschädliche Subventionen in Deutschland*, aktualisierte Ausgabe 2016, S.44.

30 Vgl. das Federal Paper Nr. 10 von James Madison, dem Hauptautor der amerikanischen Verfassung. https://en.wikisource.org/wiki/The_Federalist_(Dawson)/10, abgerufen am 25.10.2020.

31 Vgl. das Kapitel »Masken« in: Scheidler: *Das Ende der Megamaschine*, S.154f.

32 *Notes of the Secret Debates of the Federal Convention of 1787*, von Robert Yates. https://avalon.law.yale.edu/18th_century/yates.asp, abgerufen am 25.10.2020.

33 US-Präsident Donald Trump kündigte seit seinem Wahlkampf im Jahr 2016 immer wieder an, er werde »den Sumpf trockenlegen« (»drain the swamp«), womit er sich vor allem auf das politische »Establishment« in Washington bezog.

34 Die Einrichtung eines Internationalen Umwelt-Gerichtshofes (IUGH) – bzw. die Erweiterung der Rechtsprechung beim Internationalen Gerichtshof in Den Haag auf Klima- und Umweltverbrechen – fordert eine Reihe von zivilgesellschaftlichen Organisationen, darunter Client Earth, die International Court of the Environment Foundation (ICEF) und die International Court of the Environment Coalition (ICE). Das Pariser Klimaabkommen bietet, auch wenn es nur unzureichende und unverbindliche Reduktionsziele enthält, als völkerrechtlich bindender Vertrag im Prinzip die Möglichkeit, Klagen gegen Personen und Organisationen zu führen, welche die Ziele des Vertrages untergraben.

35 Ute Scheub: *Demokratie. Die Unvollendete*, München 2017; freier Download unter: www.oekom.de/broschuere/demokratie-die-unvollendete-7?p=1, abgerufen am 25.10.2020.

36 Zum Medienkonsum vgl. https://de.statista.com/statistik/daten/studie/165834/umfrage/taegliche-nutzungsdauer-von-medien-in-deutschland/, abgerufen am 25.10.2020. Zählt man Messenger, E-Mails und Printmedien hinzu, kommt man sogar auf über zehn Stunden.

37 John Langshaw Austin: *Sense and Sensibilia*, Oxford 1962, S.8.

38 Vgl. Ilya Prigogine, Isabelle Stengers: *Dialog mit der Natur. Neue Wege naturwissenschaftlichen Denkens*, München 1990.

39 Der Philosoph Ernst Bloch unterschied zwischen einer ausbeuterischen »List-Technik« und einer auf Kooperation mit den »Bilde-

kräften der Natur« beruhenden »Allianz-Technik«. In seinem Hauptwerk *Das Prinzip Hoffnung* bemerkte er: »Unsere bisherige Technik steht in der Natur wie eine Besatzungsarmee im Feindesland« (*Das Prinzip Hoffnung*, Frankfurt a. M. 1985, S. 814). Der Ökonom Ernst Friedrich Schumacher sprach von »angemessener Technik« (»appropriate technology«, vgl. *Small Is Beautiful. Die Rückkehr zum menschlichen Maß*, Stuttgart 2013) und der Philosoph Ivan Illich von »konvivialer« Technik (»tools for conviviality«, vgl. *Selbstbegrenzung. Eine politische Kritik der Technik*, München 1998).

40 Der Begriff der »zwei Kulturen« wurde von Charles Percy Snow geprägt (»Die zwei Kulturen«, 1959; in: Helmut Kreuzer (Hg.): *Die zwei Kulturen. Literarische und naturwissenschaftliche Intelligenz. C. P. Snows These in der Diskussion*, München 1987. Seit den 1970er-Jahren ist allerdings eine tiefgreifende Veränderung des Selbstverständnisses – und teilweise sogar eine Konvergenz – von Naturwissenschaften und Sozialwissenschaften zu beobachten, etwa in der Annäherung von »complexity studies« und »cultural studies«. Vgl. dazu Immanuel Wallerstein: *European Universalism: The Rhetoric of Power*, New York 2006, S. 67–70.

41 Lakatos: *The Methodology of Scientific Research Programmes*, S. 5.

42 Bertrand Russell bemerkt in seinem Buch *The Analysis of Matter*, Nottingham 2007 [1927], S. 388, dazu: »Es gibt [...] drei Stufen der Gewissheit. Die höchste Stufe gebührt meinen eigenen Wahrnehmungen; die zweite Stufe der Wahrnehmung anderer Menschen; die dritte Ereignissen, die von niemandem wahrgenommen werden.« (Übers. d. Autors.)

43 Neben mechanischen Ursachen können auch Entzündungen, etwa eine Arthritis, oder Medikamente (z. B. Antibiotika, die zu Knorpelabbau führen) Arthrosen verursachen.

44 Vgl. Petra Bracht, Roland Liebscher-Bracht: *Die Arthrose-Lüge: Warum die meisten Menschen völlig umsonst leiden – und was Sie dagegen tun können*, München 2017.

Bild- und Abdrucknachweis

Kapitel 1:
William Shakespeare: »Der Sturm«, Übersetzung von Gerd Stratmann, Reclam, Stuttgart 1982

Kapitel 3:
Albert Einstein: »Mein Weltbild«, hg. von Carl Seelig, Ullstein Taschenbuch, Frankfurt a. M. 2010 [1934]

Kapitel 4:
Albrecht Dürer: »Vermessung einer Liegenden«: Wikicommons

Register

M

N

T

U

V